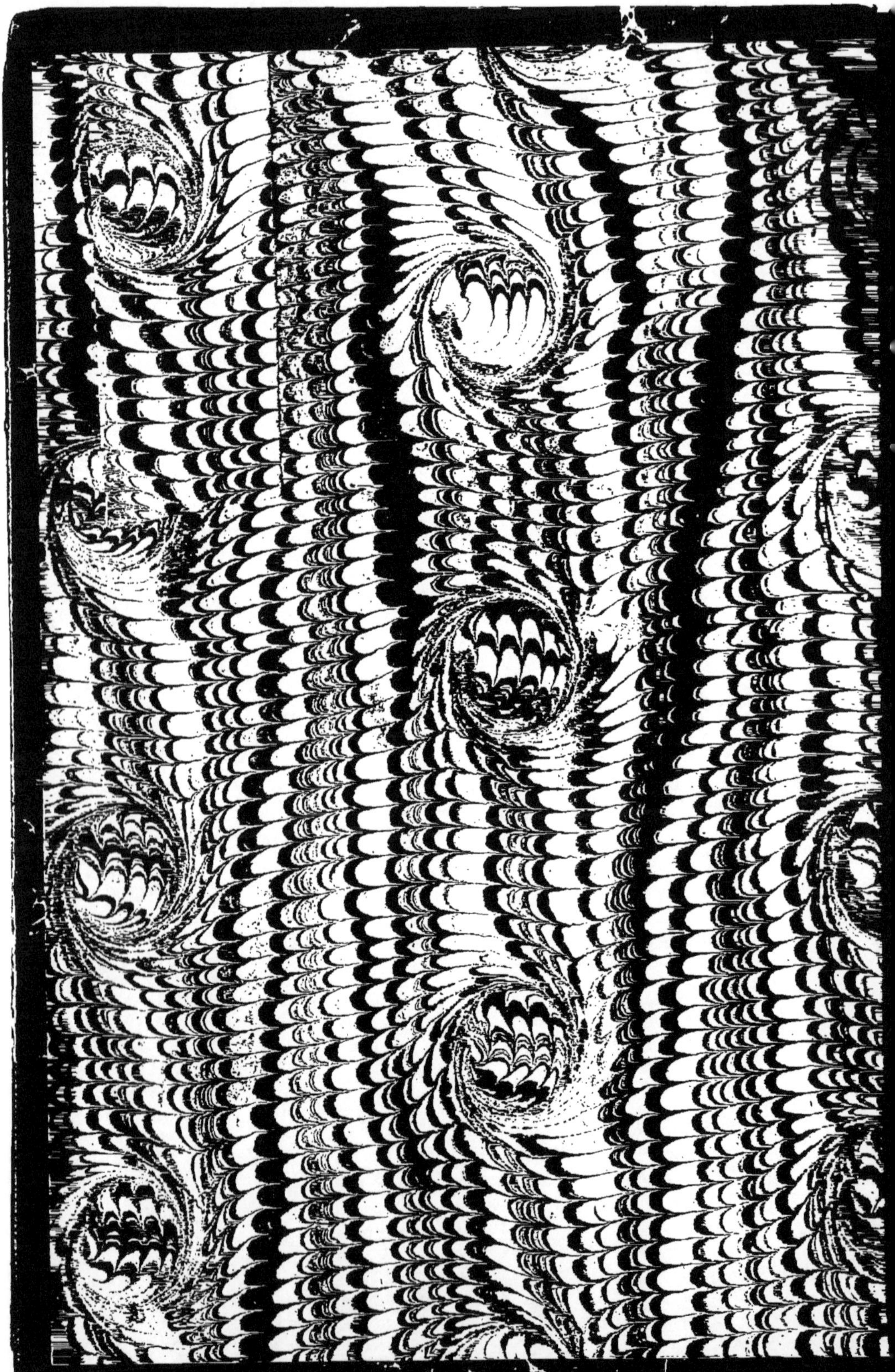

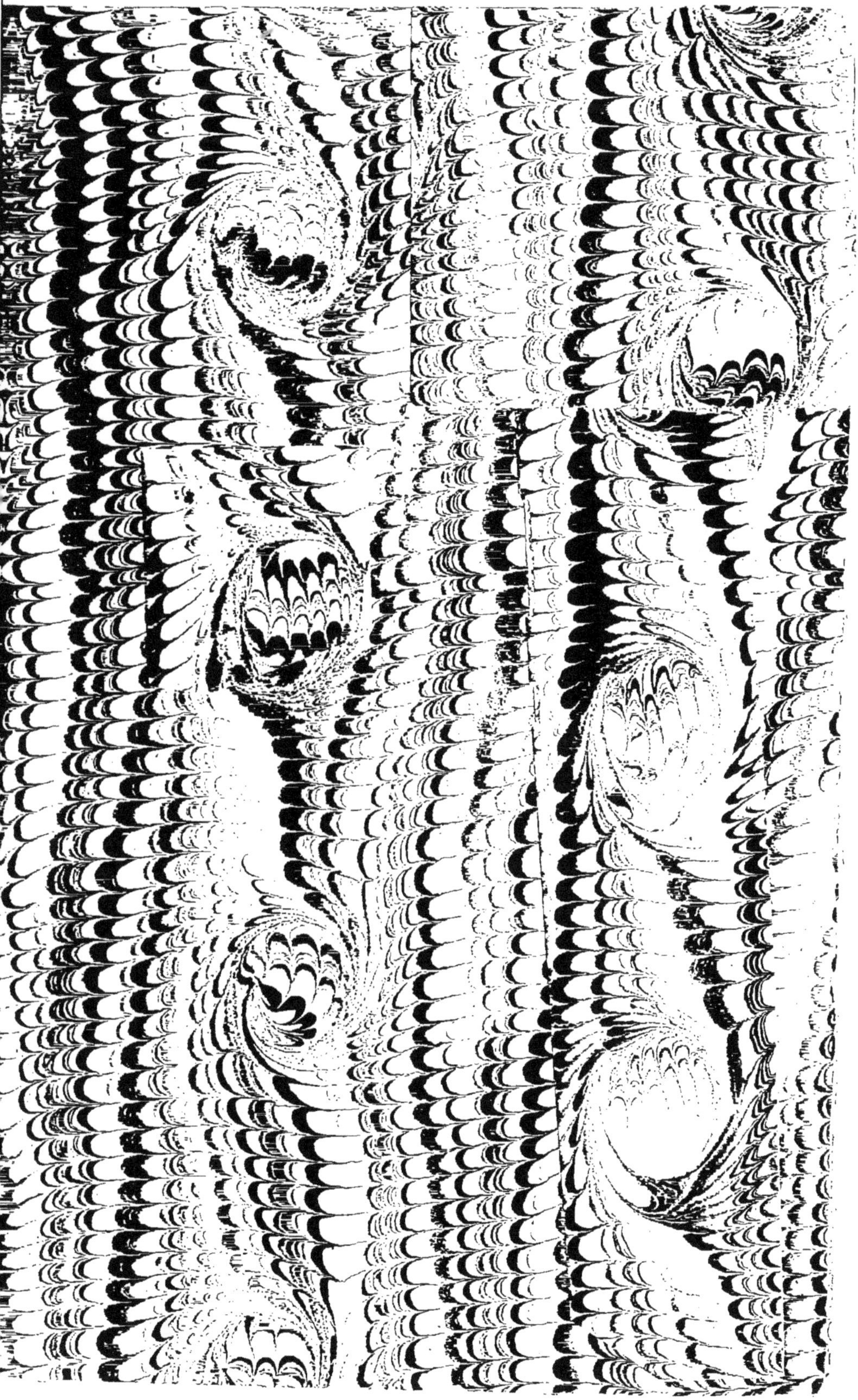

Doctor FLEISCHMANN

La Guillotine en 1793

L'AURORE DU COUTEAU

L'INSTRUMENT AU TRAVAIL

LES RÉGICIDES

L'ÉPOPÉE DE LA FILLE A GUILLOTIN

Nombreuses Illustrations, Photographies
Fac-Similés de Documents de l'Époque.

LES PUBLICATIONS
MODERNES
62, RUE DE PROVENCE
PARIS

Pour Maurice Dubois
peintre, évocateur et
poète de l'Épopée,
avec mon admiration,
avec mon amitié
Henri Welschinger

La Guillotine en 1793

1911.

DU MÊME AUTEUR :

Les Horizons hantés, (pages sur la Révolution) . . . . *épuisé*

L'Epopée du Sacre (1804-1805), avec une préface de M. HENRY HOUSSAYE, de l'Académie Française. . . . I *vol.*

Napoléon et la Franc-Maçonnerie. . I *plaq.*

La Guillotine en 1793 . . . . . . I *vol.*

Les Femmes et la Terreur . . . . I *vol.*

Les Discours civiques de Danton . . I *vol.*

Les Réquisitoires de Fouquier-Tinville. I *vol.*

Les Filles publiques sous la Terreur (en préparation) . . . . . . I *vol.*

COLLECTION DES DESSOUS DE L'HISTOIRE

(*à la même Librairie*)

Anecdotes secrètes de la Terreur . I *vol. illustré*

Napoléon et l'amour . . . . . I *vol. illustré*

PROCHAINEMENT :

Apologie de Maximilien de Robespierre.

Réhabilitation de Fouquier-Tinville, d'après des **documents inédits.**

THÉATRE :

L'Affaire Capet, adaptation dramatique en quatre actes du procès de Louis XVI devant la Convention nationale, représentée pour la première fois sur la scène du théâtre des Indépendants, le 11 juillet 1905 . . . I *vol.*

HECTOR FLEISCHMANN

La
Guillotine en 1793

D'APRÈS DES DOCUMENTS INÉDITS
DES ARCHIVES NATIONALES

Couverture de GEORGES ROCHEGROSSE - Cent cinquante
Hors-Texte et Illustrations
d'après des Documents originaux de l'époque

PARIS
Librairie des Publications Modernes
62, rue de Provence
1908

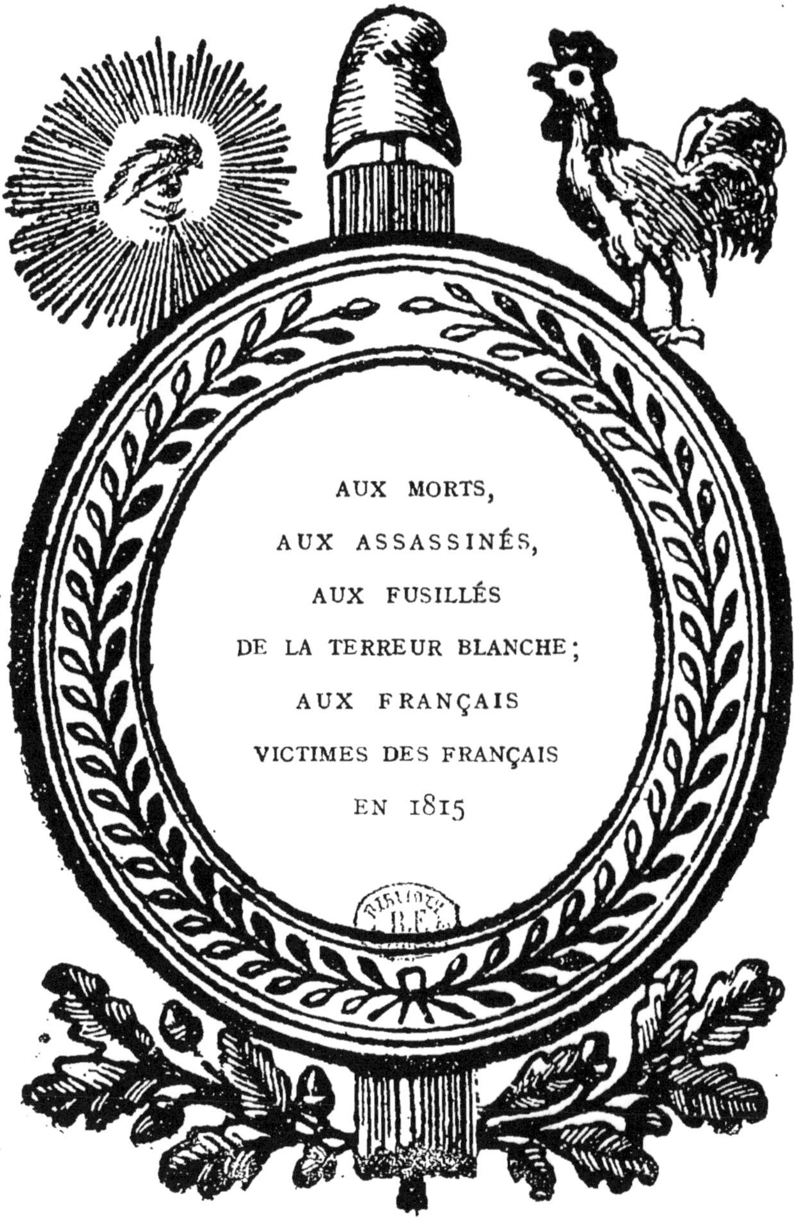

AUX MORTS,

AUX ASSASSINÉS,

AUX FUSILLÉS

DE LA TERREUR BLANCHE;

AUX FRANÇAIS

VICTIMES DES FRANÇAIS

EN 1815

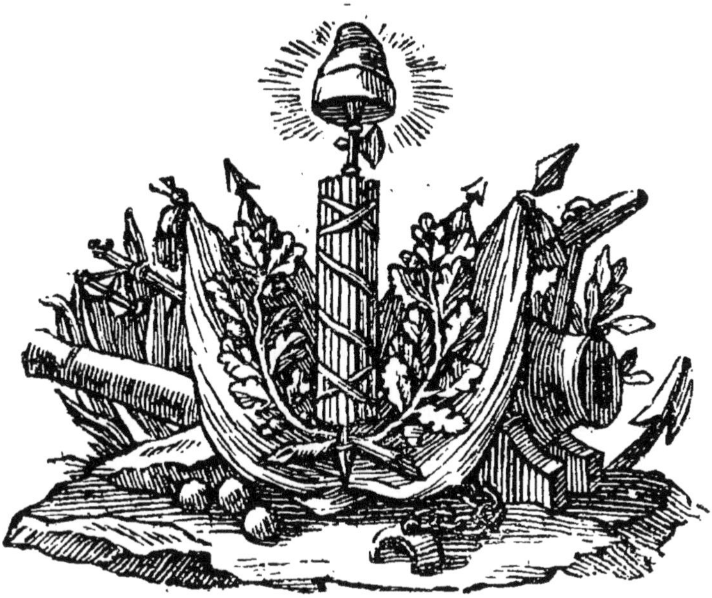

AVANT-PROPOS

Par hoquets, jusqu'à nous s'est prolongée la vie de la guillotine révolutionnaire. A l'heure où elle s'apprête à choir au rang d'horrible objet de musée rétrospectif, il a paru intéressant d'en fixer la légende, sa légende rouge de l'heure de 93. Elle a, pour beaucoup, conservé le privilège de symboliser la Terreur, cette guillotine adoptée à l'aurore d'une ère de liberté, et c'est avec le casier judiciaire de cette marque infamante qu'elle apparaît aux yeux de la postérité. C'est qu'autour d'elle ont grouillé, hurlé, dansé, sangloté, les foules passionnées ; c'est que la vie française a, pendant sa période la plus extraordinairement émouvante, réglé sa faveur politique sur le jeu de son couperet, c'est qu'enfin, il faut à la Révolution la guillotine, comme Louis XIV *à Versailles et Camille Desmoulins au Palais-Royal.*

C'est donc son histoire que nous livrons aujourd'hui au public, son histoire anecdotique, pitto-

resque, si nous osons employer ces mots pour un pareil sujet. Volontiers avons-nous négligé la cause pour étudier plus particulièrement l'effet, c'est-à-dire, par exemple, que nous n'avons pas retracé le rôle politique de Danton ou de Robespierre, pour mieux pouvoir les montrer, simplement comme des hommes, debouts sur le tréteau de la place de la Révolution. Peut-être, dans cette matière, valait-il mieux s'attacher à ces détails menus de la vie privée, intime, que d'étudier l'ensemble que le lecteur retrouvera plus aisément dans la première Histoire de la Révolution qui lui tombera sous la main.

Il ne faut pas s'y tromper. C'est ici la chronique à la fois secrète et publique de la Fille à Guillotin, et non l'histoire de la Terreur. Sans doute comprendra-t-on mieux celle-ci par celle-là, et de l'abondance des documents inédits ou peu connus accumulés ici, se dégagera peut-être la physionomie du Paris de 93.

On nous pourra reprocher précisément cette accumulation de documents et de notes mentionnés dans nos références, mais avec M. Aulard — dont nous ne saurions toutefois partager toutes les idées — nous n'hésitons pas à reconnaître que c'est là « une des règles les plus essentielles de la méthode historique (1) » *Ce qu'enfin nous avons tenté de faire, c'est de rassembler dans un format commode tout ce qui demeurait épars, dispersé, dans les mémoires, les journaux du temps, les libelles, les pamphlets, les rapports et les dossiers des Archives.*

Peu importe de savoir si nous avons réussi. Nous ne demandons que de nous voir décerner le mérite de la tentative.

Paris, janvier 1908.

(1) A. Aulard, *La Révolution Française*, n° 10, 14 avril 1901, p. 373.

LIVRE I

L'AURORE DU COUTEAU

I

LE DOCTEUR IGNACE GUILLOTIN, PHILANTHROPE

Un matin de l'année 1766, le coche de Bordeaux déposa sur le pavé de Paris un jeune homme d'allure provinciale, un peu gauche dans ses habits de coupe ecclésiastique, effaré au milieu du tumulte de la grande ville à son réveil. Dans la cour de l'hôtellerie il restait embarrassé, immobile, dépaysé parmi les cris du postillon, les appels des valets, triste aussi devant les embrassements accueillant les voyageurs attendus par les parents ou les amis. Lui, personne ne l'attendait ; il arrivait seul, il demeurait seul, petit professeur d'un collège de province venu à Paris pour tenter, avec un nom obscur et inconnu, la fortune.

C'était l'époque où, à Arras, dans les plaines automnales, le jeune Maximilien de Robespierre promenait l'invincible mélancolie d'une âme sensible marquée de la forte empreinte sentimentale de Jean-Jacques Rousseau.

Cependant le jeune homme, dans la cour de l'auberge, prit son parti, empoigna son léger paquet de hardes, et, après un rapide repas dans la salle basse, sortit pour prendre contact avec Paris.

On peut imaginer cette promenade de Joseph-Ignace Guillotin, à travers les ruelles bruyantes ; sa curiosité éveillée à mille objets divers ; sa flânerie du bord de l'eau qui le mena vers la place Louis XV entourée de ses profonds fossés où, le jour des noces de Louis XVI, cent trente-deux personnes devaient trouver la mort.

Sans doute, ce jeune provincial dut médiocrement goûter la beauté de ce vaste désert orné de nobles balustrades, balayé par le vent matinal qui ondulait dans les frondaisons des arbres moutonnant vers Chaillot. Au loin, devant lui, c'était la belle ordonnance des bâtiments du Garde-Meuble ; la verdure des Tuileries, la ligne droite de la rue Royale menant vers le cimetière de la Ville-l'Evêque. Ayant regardé d'un œil distrait ce paysage inconnu et, en somme, banal, Guillotin s'en alla.

Vingt-deux ans plus tard, un instrument de mort, sur cette place déserte, allait faire entrer son nom dans l'histoire.

De ce premier contact de Guillotin avec Paris, nous savons peu de chose. Désormais, à l'aide des registres de la Faculté, nous allons pouvoir le suivre dans sa carrière médicale et, à ses succès, juger de son caractère et voir se dessiner sa personnalité.

« De Me Joseph Guillotin, avocat à la Cour et de « demoiselle Catherine-Agathe Martin » ainsi que s'exprime son acte de naissance que nous avons sous les yeux, il naquit le 28 mai 1738, à Saintes, dans la Charente-Inférieure.

C'est une race sobre et rude au travail que celle de cette région. Guillotin semble en avoir eu les qualités. On le trouve étudiant à Bordeaux avec une assiduité exemplaire, gagnant, sur la foi de son prénom d'Ignace, la confiance de ses maîtres ecclésiastiques qui le dirigent, avec une vigilance attentive, dans le chemin des études religieuses. Le 11 décembre 1761, il reçoit le titre de *magister artium*, et les Jésuites l'installent, comme professeur, à Bordeaux, dans leur collège des Irlandais.

Que se passe-t-il à cette époque ? La foi abandonne-t-elle ce jeune homme de vingt-quatre ans mûri par une dure discipline pédagogique et religieuse ? Son âme est-elle en proie au trouble et au doute ? Hésite-t-il au carrefour où commence sa vie ? Questions qu'il est difficile de résoudre avec certitude. Toujours est-il que le jeune Guillotin débarque un matin à Paris pour venir étudier la médecine sous la direction d'un homme célèbre à l'époque, Antoine Petit.

Il fit honneur à ses maîtres, apportant dans ses études cette sorte d'âpreté, d'obstination qui triomphe des obstacles et marque la victoire des âmes volontaires sur les difficultés de la vie. A la date du 7 janvier 1768, le voilà reçu docteur, et le 27 du même mois, après un concours des plus brillants, il est nommé pupille de la Faculté. Il ne s'arrête pas en si beau chemin.

Il commence sa carrière, sous les plus heureux auspices, à Reims, où il est nommé docteur de la Faculté, puis devient docteur-régent à la Faculté de Paris.

Sa vie privée est marquée d'un dernier événement le 14 juillet 1787, date à laquelle il épouse une jolie fille, Marie-Louise Saugrain, née d'Antoine Saugrain, maître-libraire, et de Marie Brunet.

C'est à cette époque, ainsi que nous le représente le portrait de Voyez, un homme qui semble plus âgé qu'il ne l'est réellement. Le front est déjà profondément ridé. Sous le sourcil épais brille un œil intelligent et vif. La carrure est étroite. C'est le type accompli du citoyen du Tiers-Etat.

Nous voici à l'heure où commence la carrière politique du docteur Guillotin. S'il est vrai, comme l'a dit plus tard, non sans ironie, un de ses confrères, que « de tout temps les médecins ont fait de la politique (1) » on ne doit pas s'étonner de voir, dès 1788, apparaître le nom de Guillotin dans un de ces conflits qui divisaient si souvent à l'époque la Bourgeoisie et le Parlement. La convocation des Etats Généraux venait d'être décidée et chacun s'évertuait à donner son avis sur l'organisation de l'Assemblée. Guillotin donna le sien sous la forme d'une brochure in-8, de trente-cinq pages, devenue aujourd'hui introuvable, et intitulée : « *Pétition des citoyens domiciliés à Paris* ; *Résultat du Conseil d'Etat du Roi* ; *Très humble adresse de remerciements présentée au Roi par les six corps de la ville de Paris* ».

C'est ce recueil de trois pièces qui est devenu célèbre sous le titre de *Pétition des six corps*. Guillotin y demandait notamment que les membres du Tiers-Etat fussent en nombre égal à celui des deux autres ordres pris ensemble. Il n'en faut pas plus pour le déférer au Parlement. Petit débat qui signale son nom à l'attention publique, d'autant plus qu'il en sort victorieux (2).

Arrivent les élections, et, quoique « exposé aux colères et aux railleries de ses adversaires politiques » (3), le voici choisi par la ville de Paris, le 15 mai 1789, comme député aux Etats Généraux. Il s'y signale surtout dans des questions professionnelles. Le 17 juin,

(1) Docteur J. Barraud, *Le Corps médical devant le tribunal révolutionnaire de Bordeaux*, extrait d'un ouvrage annoncé sous le titre : *Bordeaux révolutionnaire : vieux papiers Bordelais*. (*La chronique médicale*, n° 16, 15 août 1907).

(2) « Le Parlement enjoint de déposer les exemplaires au greffe de la Cour ». H. Monin, *L'Etat de Paris en 1789 ; études et documents sur l'ancien régime à Paris* ; pp. 229, 230.

(3) Etienne Charavay, *Revue des documents historiques*, tome III, p. 56 (1875-1876).

il monte à la tribune pour protester contre l'insalubrité de la salle des Menus-Plaisirs où le roi a envoyé siéger, à Versailles, l'Assemblée, et il déclare que « la disposition des bancs est très insalubre, chacun est resserré derrière son voisin, à peine peut-on respirer ». Et il ajoute très gravement, car le médecin reparaît toujours sous le député : « Remarquez que les banquettes actuelles sont des sièges très incommodes pour des séances de douze et quatorze heures comme celle d'aujourd'hui ». C'était le temps où les députés travaillaient douze heures ! Guillotin conclut donc : « Je crois qu'il est nécessaire d'y faire des dossiers (1) ». Enfin on le trouve acteur dans la tragédie dont le premier acte débute dans la salle du jeu de Paume. C'est lui, Guillotin, qui a proposé après le coup de force de Louis XVI, de venir continuer les débats dans ce triste local où la liberté française donna son premier coup d'aile.

Mais l'Assemblée regagne Paris et une fois encore le nom de Guillotin reparaît, le 6 novembre 1789, quand, dans la salle du Manège, il fait installer deux poêles à vapeur qui la chauffent en même temps que le poêle de faïence représentant la Bastille avec les attributs du despotisme, offert par le potier Ollivier.

Comme Constituant, nous trouvons sa signature à côté de celles de Gaultier de Biauzat ; du baron de Marguerittes ; de Charles-Maurice, prince de Talleyrand et évêque d'Autun ; de J.-B. de Nompère de Champagny ; du marquis de Bonnay; de Lapoule; du comte de Castellane ; d'Alexandrine-Charlotte-Sophie de Rohan-Chabot ; de la duchesse de la Rochefoucauld d'Enneville (2), sur une pétition de Latude à la Constituante en faveur du sieur Girard qui aida

(1) BUCHEZ et ROUX, *Archives parlementaires de 1787 à 1860*; tome VIII, p. 129.

(2) Femme du Constituant qui mourut massacré à Gisors, le 14 septembre 1792.

Mme Legros à le délivrer de la prison de Bicêtre(1).
En cette même noble compagnie, le docteur Guillotin se retrouve en d'autres endroits, dans ce *Club de* 1789 (*ou Société de* 1789) qui se joindra plus tard aux Jacobins (2) et que Vadier appellera, dans son affiche du 24 juillet 1793 contre Condorcet, le *Club Hermaphrodite* (3). Parmi ses 416 membres, ce club compte : Le Chapelier, Rabaut Saint-Étienne, Kersaint, Custine, Brissot, Alexandre de Beauharnais, Trudaine de la Sablière, Trudaine de Montigny (frère du précédent), Thouret, Lavoisier, André Chénier, Bailly, qui tous feront, un jour prochain, connaissance avec l'instrument que leur collègue va proposer à l'Assemblée nationale, persuadé qu'il assumera, suivant un philosophe contemporain, « le maximum de défense sociale avec le minimum de souffrance individuelle (4) ». Au *Club de* 1789 se réunissent avec Beaumetz : Dupont de Nemours, Girardin, Pastoret, et d'autres peu suspects de libéralisme outrancier,

(1) « Mme Legros secourut Latude dans son cachot, lui fournit des habillements, intéressa en sa faveur Mme Necker et le cardinal de Rohan et le fit mettre en liberté en 1784. L'Académie lui décerna un prix Montyon. Le sieur Girard qui était à la charge de la charitable Mme Legros est nommé huissier surnuméraire, puis huissier en titre de l'Assemblée par les membres composant le bureau de celle-ci ». — *Catalogue de la collection d'autographes de feu M. Paul Dablin.*

(2) « Quatre-vingt-neuf et tout ce qui s'en suit, va se joindre aux Jacobins : si c'est pour un bien, tant mieux ; mais je crois que malgré la nullité de Quatre-vingt-neuf, il valait mieux séparé qu'il ne pourra faire de bien réuni ». *Lettre de Madame Elisabeth à Madame de Raigecour*, mai 1791.

(3) *Le montagnard Vadier à M. Caritat, ci-devant marquis de Condorcet, académicien, auteur d'une constitution à la détrempe rejetée par la Convention Nationale, et d'une feuille empoisonnée, corruptrice de l'esprit public, appelée la « Chronique », ci-devant président du club Hermaphrodite, dit de* 1789, etc. — De l'imprimerie des 86 départements, faubourg Poissonnière.

(4) Guyau, *Esquisse d'une morale sans obligation ni sanction.*

ceux qui seront les conventionnels de demain : Barère, Brissot, Collot d'Herbois, David, Sieyès, Villette. Parmi eux, Guillotin est inconnu, obscur encore. Attendez le jour de sa motion célèbre et il sera illustre, il s'assurera une part de tragique immortalité.

Ainsi lancé dans le mouvement politique, Guillotin

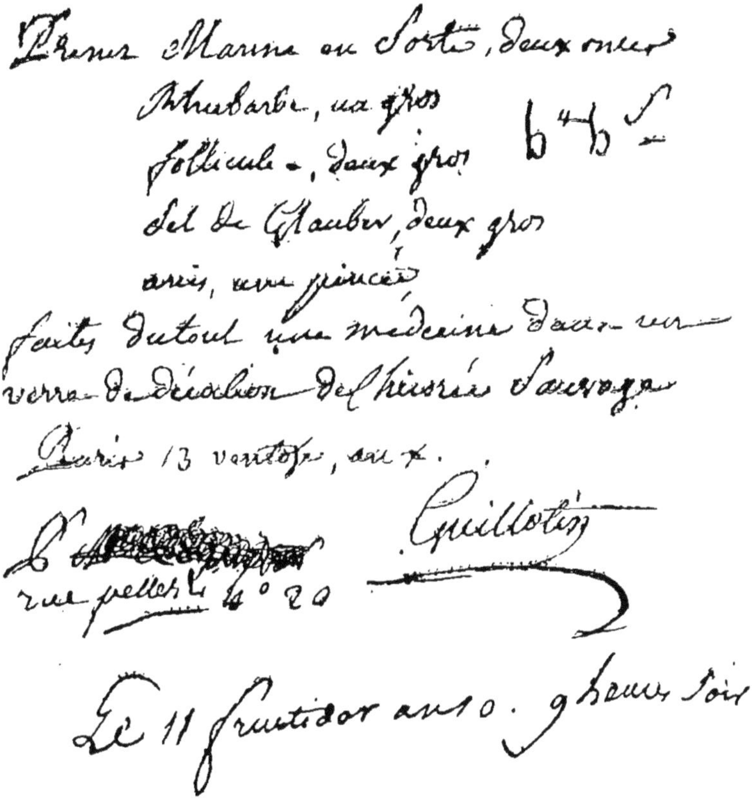

Prenez Manne en Sorte, deux onces
Rhubarbe, un gros
follicule, deux gros
Sel de Glauber, deux gros
anis, une pincée
faites du tout une médecine dans un
verre de décoction de chicorée sauvage
Paris 13 ventose, an X.
Guillotin
rue pelletier n° 20
Le 11 fructidor an 10. 9 heures soir

Ordonnance du docteur Guillotin.

ne s'arrêtera qu'au lendemain de sa proposition d'un supplice uniforme. En attendant, il se fait initier à la loge maçonnique, la *Candeur*, où fréquentent Lafayette, Laclos, Sillery, le duc d'Aiguillon et les frères

Lameth (1). Est-ce là, devant le niveau égalitaire décorant l'Orient entre les flambeaux symboliques, l'équerre et la truelle, qu'il a rêvé l'égalité des citoyens coupables, devant la mort légale? Peut-être, car c'est animé du sentiment égalitaire que nous le verrons monter à la tribune de l'Assemblée (2).

Sa proposition adoptée il rentrera dans l'ombre, laissant derrière lui l'instrument rêvé par sa philanthropie. Car c'est sous ce jour qu'apparaît aujourd'hui Guillotin. C'est pour les uns le « médecin philanthrope (3) », pour les autres le « docteur doux, bienfaisant, humanitaire (4) ». Nous ne voyons, pour notre part, aucun inconvénient à partager cet avis. Il n'a cependant point été récompensé selon ses œuvres et l'infâme machine a traîné jusqu'à nous, dans une boue sanglante, son nom d'honnête homme et de probe citoyen. Piqué des mille épingles de la raillerie, on l'a vu accepter sans récriminer sa rouge auréole. La guillotine a été et demeure le pilori de sa gloire. « Il y a des hommes malheureux ; Christophe Colomb ne peut attacher son nom à sa découverte ; Guillotin ne peut détacher la sienne de son invention, » écrira dans le *Journal d'un révolutionnaire de* 1830, Victor Hugo. Cette gloire macabre et néfaste fut d'ailleurs pleine d'amertume pour lui. « Quand on lui parlait de l'adoption de son idée, dit Charles Maurice, il en montrait du regret, bien que persuadé qu'elle n'avait

(1) Maurice TALMEYR, *La Franc-Maçonnerie et la Révolution Française*, p. 36.

(2) On trouve la signature maçonnique de Guillotin, à côté de celles de Pingré, de G. Poncet, du duc de Luxembourg sur le brevet maçonnique de Jérôme de Lalande. La pièce figura au *Catalogue des Autographes Charavay*, en avril 1888, sous le n° 52.

(3) Paul MIMANDE, *Le Centenaire de la déportation à la Guyane ; le Correspondant*, 25 juillet 1895.

(4) Jean BERNARD, *Les lundis révolutionnaires, histoire anecdotique de la Révolution Française*, 1790, p. 301.

pas influé sur le nombre des victimes dont la Révolution aurait toujours fait sa proie. Mais il ne se consolait pas de ce que son nom était resté attaché à la lugubre machine (1) ». On peut croire, au contraire, que l'excessive simplification du supplice contribua étrangement au nombre des condamnés. En effet, quel moyen aussi expéditif aurait remplacé celui de Guillotin, qui permit les grandes fournées rapides de trente, quarante et soixante victimes ? Si son époque a accueilli avec un enthousiasme si peu dissimulé sa proposition, c'est qu'on y trouvait une promptitude dont manquaient les anciens supplices, et que, d'autre part, elle flattait la manie égalitaire si fort à la mode. Et cela se résume éloquemment en ces trois lignes de *l'Almanach du Nostradamus moderne* : « Ce brave docteur ne suit point du tout la route ordinaire des médecins. Il a inventé une machine ingénieuse pour ôter promptement la vie aux criminels (2) ».

Au lendemain du vote de sa proposition, le rôle de Guillotin est fini en politique. La sanglante carrière de la guillotine commence, la sienne se termine. Il traverse la Terreur, protégé peut-être par la gloire sinistre de sa « *fille* ». Sous l'Empire, il demeure suspect aux Jacobins repentis et surtout à Fouché qui, suivant le mot terrible de Chateaubriand, enveloppa la corde de la lanterne dans le cordon de la Légion d'Honneur. Au coin de la rue de la Sourdière, rue Saint-Honoré 533, dans cette même rue qui vit passer tant de cortèges en marche vers la place de la Révolution, il établit son cabinet de consultation. Ses clients — et il en avait ! — ne passaient-ils point son seuil avec un léger frisson ? Mais la fâcheuse impression était vite dissipée sans

(1) Charles MAURICE, *Histoire anecdotique du théatre et de la littérature et de diverses impressions contemporaines tirée du coffre d'un journaliste avec sa vie à tort et à travers*, 1856. Tome I, p. 16.

(2) Cité par H. WELCHINGER, de l'Institut : *Les Almanachs de la Révolution.*

doute. L'homme était aimable, réservé, poli, discret sur son passé pourtant probe (1). Le cabinet était de bon ton, un peu sévère, digne cadre du savant. C'est là que le 26 mars 1814 (2), à l'heure tragique du régime impérial s'écroulant après la République et le Directoire, le docteur Guillotin mourut. Cet homme qui avait doté son pays d'un terrible appareil de mort, décédait d'une affection bénigne à la vérité, mais inquiétante à soixante-seize ans : un anthrax à l'épaule gauche. Sa mort passa inaperçue : ce jour-là on chantait le *Requiem* sur le cadavre de l'Empire.

(1) « M. Guillotin que j'ai connu dans sa vieillesse, ne pouvait se consoler de ce qu'il appelait une tache involontaire dans sa vie. Sa vénérable figure portait l'empreinte d'une tristesse profonde et ses cheveux, parfaitement blancs, témoignaient tout ce qu'il avait souffert. Il voulut soulager l'humanité, et contribua, sans le prévoir, à la destruction d'un grand nombre d'individus ». — Anonyme (Mlle Georgette Ducrest), *Mémoires sur l'impératrice Joséphine, la Cour et les Salons de Paris sous l'Empire.* Paris, 1828.

(2) C'est la date qu'indiquent la plupart des biographes de Guillotin. M. Louis du Bois a pourtant donné celle du 26 mai dans son ouvrage : *Recherches historiques et physiologiques sur la guillotine, et détails sur Sanson : ouvrage rédigé sur pièces officielles par M. Louis du Bois, ancien bibliothécaire de l'École centrale de l'Orne ; membre de plusieurs académies de Paris, des départements et de l'étranger.* A Paris, chez France, libraire-éditeur, quai Malaquais, n° 19, 1843. — P. 4. — L'erreur de date semble manifeste.

II

LA MORT LÉGALE SOUS L'ANCIEN RÉGIME

L'arsenal pénal des anciennes lois avait à sa disposition des supplices qui témoignaient d'une ingéniosité atroce. Tel supplice pour les nobles, tel autre pour les vilains, et ce avec une abondance de choix rare. En effet, les brodequins, les chevalets, la dislocation et distension des membres, les tenailles, le feu ardent, l'huile bouillante, le plomb fondu, le bûcher, la noyade, la potence, la roue, la mutilation, les tortures les plus diverses pouvaient être appliquées suivant les cas. Le coupable pouvait être condamné à « avoir les bras, jambes, cuisses et reins rompus vifs, puis a être exposé sur une roue, la face tournée vers le ciel, jusqu'à ce que mort s'ensuive (1) ». Il pouvait avoir, comme Damiens, la main serrée dans une menotte pour être brûlée au feu de soufre, « ce qui lui faisait jeter des hurlements horribles. (2) ». Quatre chevaux, par secousses successives, pouvaient lui emporter les membres pendant plus d'une heure (3), tandis que le bourreau

(1) Charles DESMAZE, *Curiosités des anciennes justices d'après leurs registres*, Paris, 1867, p. 340.

(2) Extrait par LEMONTEY des *Mémoires manuscrits du duc de Croy*, tome XIV. *La Revue Rétrospective*, 1833, tome I, p. 368.

(3) Idem, p. 368.

tailladait le haut des cuisses. Les femmes elles-mêmes n'échappaient pas à ces mutilations, et le procès-verbal d'une exécution en 1625 nous est resté, qui surpasse en horreur tout ce que le marquis de Sade rêva d'infliger à ses pitoyables héroïnes. Dans le cas qui nous occupe, il s'agit d'une fille, Hélène Gillet, âgée de vingt-deux ans, habitant aux environs de Dijon, à Bourg. Accusée d'infanticide et condamnée à mort malgré ses dénégations désespérées, elle fut menée au tréteau de justice. Une scène extraordinaire allait s'y passer. « Le bourreau, qui s'était communié le matin et confessé l'après-dînée dans la prison, tremble, s'excuse au peuple sur une fièvre de trois mois qui le tenait encore, le prie de lui pardonner ou il manquerait à son devoir ; cependant qu'on exhortait la patiente (1) à souffrir constamment la mort, il donne toutes les marques d'une grande inquiétude, il chancelle, il tord ses bras, il les lève au ciel avec les yeux, puis se jette à terre, demande pardon à la patiente, puis la bénédiction aux prêtres qui l'assistaient ». Et la boucherie commence. Le bourreau donne un coup sur la mâchoire gauche. La patiente tombe. Le peuple hue, les pierres tombent sur le misérable groupe. « Le bourreau quitte ses armes, se présente au peuple, et demande de mourir ». Un nouveau personnage, que le procès-verbal nomme la « bourrelle », entre en scène. Cette femme ramasse le couteau jeté par son mari, le lui présente. Un nouveau coup, à l'épaule droite, abat pour la seconde fois la victime. Les pierres tombent toujours. « Le bourreau se sauve ». La bourrelle reste sur l'échafaud, frappe à coups de pied la condamnée, lui attache une corde au cou et la traîne « à bas la montée de l'échafaud ». Arrivée à cet endroit elle saisit les ciseaux apportés pour couper les cheveux d'Hélène Gillet et tente de

(1) Elle était assistée de deux jésuites et de deux capucins.

l'égorger. N'y réussissant pas, elle se contente de la larder « en divers endroits », dit le procès-verbal que nous citons et qui émane d'un témoin oculaire, lequel ajoute : « Aucun autre que moi ne peut vous écrire ce qui s'est passé sur ce sujet avec plus de certitude et de vérité ».

La foule est en révolte. Les capucins se sauvent. Le bourreau est lapidé. On arrache la condamnée à la femme du bourreau et on compte ses blessures : deux coups de couteau, six coups de ciseaux. « Un lui passe entre le gosier et la veine jugulaire, un autre sous la lèvre d'en bas, qui lui égratigne la langue et entre dans le palais, un en dessous du sein, autant entre deux côtes, proche de l'emboîture de l'épine du dos, deux en la tête, assez profonds, quantité de coups de pierre, les reins entamés fort avant du coutelas sur lequel elle était couchée lorsqu'on la secouait pour l'étrangler, et son sein et son cou plombés de coups de pied de la bourrelle ». Pendant ce temps, on tuait le bourreau et sa femme à coups de pierres, de marteaux et de poignards (1).

Depuis 1793 les écrivains royalistes n'ont pas manqué de voiler d'un crêpe funèbre la mort de Marie-Antoinette et des nobles conspiratrices. Mais qu'est ce donc que le brutal et rapide coup de couteau qui trancha le beau cou de l'Autrichienne, à côté de l'épouvantable agonie de cette pauvre fille inconnue dont un manuscrit oublié nous évoque, près de trois cents ans plus tard, le barbare et incroyable supplice ?

On pourra nous répondre que c'est là, sinon un incident, au moins un accident. Oui, certes, nous savons ; mais cent, mais mille autres procès-verbaux enfouis dans les archives départementales contiennent le lugubre récit de pareilles tortures. Quand la victime

(1) Cet effroyable procès-verbal a été publié pour la première fois par Taschereau, *Revue Rétrospective*, 1834, tome II, p. 76 et suivantes.

défaille, le procès-verbal constate qu'on l'a ranimée « par les secours des eaux spiritueuses (1) » ; des chirurgiens étaient présents pour « prévenir les accidents ! »

Sous l'ancien régime, combien peu de coupables, que disons-nous, de prévenus, ont échappé à la *question préparatoire* qui, appliquée aussi bien aux innocents qu'aux accusés, tentait d'obtenir les aveux pendant l'instruction de leur procès ? Enfin, au moment du supplice, surgissait la dernière torture, l'ultime *question* destinée à obtenir le nom des complices. Cela, la Révolution à laquelle on a reproché les fournées et les noyades, cela quand donc le fit-elle ? Mais ce n'est point la défense du régime de 93 que nous avons à tenter ici.

Le 24 août 1780, la torture ou toute autre coercition corporelle à l'égard des accusés disparut du code par ordre de Louis XVI, sur le conseil du lieutenant de police Jean-Charles-Pierre Lenoir. Etrange coïncidence ! Le monarque qui, le premier, humanisait la mort, s'il est permis de se servir de cette expression contradictoire, celui que Marie-Antoinette appelait « le pauvre homme (2) » allait recueillir le bénéfice d'un des derniers gestes de clémence de la monarchie expirante.

***

Il n'a peut-être pas été inutile de s'étendre quelque peu sur les anciennes pénalités, pour comprendre l'importance de l'initiative du docteur Guillotin.

(1) Archives de la ville de Montauban.

(2) *Correspondance secrète entre Marie-Thérèse et le comte de Mercy-Argenteau, avec les lettres de Marie-Thérèse et de Marie-Antoinette*, publiée avec une introduction et des notes par M. le chevalier Alfred d'Arneth, directeur des Archives de la maison impériale et de l'Etat d'Autriche, et M. A. Geffroy, professeur à la Faculté des lettres de Paris (1874), tome II, p. 362.

La Guillotine au XVIe siècle.

Gravure faite en 1555 par Jules Bonasone pour le livre d'Achille Bocchi : *Symbolicæ quæstiones de universo genere.* (*Cabinet des Estampes*).

Après cet exposé de quelques-unes des tortures du régime absolu, on ne peut manquer d'admettre que ce fut véritablement « dans un but essentiellement humanitaire que Guillotin proposa de substituer à tous ces procédés barbares un moyen plus prompt et moins infamant (1) ».

Et c'est ici qu'on peut poser une nouvelle fois la question déjà tant de fois discutée : Guillotin inventa-t-il la Guillotine ? Nettement, en nous basant sur d'irréfutables documents, nous répondrons : non.

Lui-même n'en revendiqua jamais formellement la paternité, et l'eût-il fait qu'on aurait aujourd'hui beau jeu pour la lui dénier. Il « indiqua une machine depuis longtemps connue propre à donner la mort sans causer de douleurs au patient... la machine dont il n'était point l'inventeur et qu'il n'avait fait qu'indiquer ; car le modèle existait déjà en Italie sous le nom de *Mannaïa* (2) ». Cette *mannaïa*, Achille Bocchi en donna pour la première fois le modèle, en 1555, dans le XVIIIe symbole de son curieux ouvrage : *Symbolicæ quæstiones de universo genere*, gravé par Jules Bonasone. « L'appareil, dit à ce propos M. Louis du Bois, est comme notre guillotine élevé sur un échafaud auquel on monte par une échelle. La hache carrée est placée au haut de deux coulisses, réunies ensemble à leur sommet par une traverse ». Ce fut à l'aide de cette guillotine primitive que fut guillotinée, en 1598, à Rome, la belle Béatrice Cenci.

(1) Docteur Cabanès, *Le Cabinet secret de l'Histoire*, tome IV, pp. 109, 110.

(2) *Galerie historique des contemporains ou nouvelle Biographie* (Mons, 1827), art. *Guillotin*.

« ...Il n'inventa pas la machine qui porte son nom, il se contenta de l'indiquer : elle existait depuis longtemps en Italie sous le nom de *Norinaïa* ». Jean Bernard, vol. cit. p. 37 *note*. — « *Mannaya* ou *Mannaïa* des Italiens que les lexicographes définissent : *Hache à trancher la tête* ». Louis du Bois, vol. cit., p. 11.

C'est aussi en Ecosse, au XVIe siècle, que l'on rencontre le terrible instrument. « C'est, dit Robertson, un tranchoir arrêté dans un cadre et qui, glissant sur deux coulisses, tombait sur le col du patient ». Ce témoignage se trouve confirmé par l'abbé de la Porte (1), que cite M. Louis du Bois : « En Ecosse la noblesse est décapitée d'une manière particulière à ce pays. L'instrument dont on se sert est une pièce de fer carrée, large d'un pied, dont le tranchant est extrêmement affilé. A la partie opposée est un morceau de plomb d'une pesanteur si considérable qu'il faut une très grande force pour le remuer. Au moment de l'exécution, on l'enlève au haut d'un cadre de bois à dix pieds d'élévation et, dès que le signal est donné et que le criminel a le col sur le billot, l'exécuteur laisse librement tomber la pièce de fer qui ne manque jamais du premier coup de séparer la tête du col ».

C'est une description à peu près semblable que nous donne la brochure de M. Héron (2), et partout, si la forme varie quelque peu, le principe reste toujours le même.

Enfin, en France même nous le rencontrons. M. Lenôtre assure que la « décapitation à l'aide d'une machine était un supplice usité en France avant la conquête romaine. On a trouvé, en effet, en 1865, à Linné, dans le canton de Sains (Aisne), près de la route de Guise à Vervins, un volumineux couperet de silex, pesant environ une centaine de kilogrammes, et que les antiquaires ont reconnu être un tranche-tête gaulois, une *guillotine* de l'âge de pierre (3). On tenta,

(1) L'abbé DE LA PORTE, *Le Voyageur français*, tome XIX, p. 317.

(2) HÉRON, *La Guillotine au* XIIIe *siècle*, Rouen, in-8°.

(3) Voir *Notice raisonnée sur... un tranche-tête et une lancette*, par M. PEIGNET-DELACOURT, Paris, S. Claye, imprimeur, 1866, in-4°.

à l'aide de ce disque de silex, des expériences qui furent concluantes. En le faisant mouvoir sous forme

Gravure de Henri Aldegrever figurant dans le recueil des *Gravures de Jean de Bavières, prince, évêque de Liège, comte de Hollande* (1390-1425).

de pendule suspendu à une longue tige, on opéra facilement la section des têtes de mouton (1) ». Sans

(1) G. LENOTRE, *La Guillotine et les exécuteurs des jugements criminels pendant la Révolution*, p. 219.

nous arrêter à l'étude de cette guillotine préhistorique, devant laquelle nous avouons bien volontiers notre incompétence, nous devons mentionner l'exécution du maréchal Henri II, de Montmorency, guillotiné en 1632 dans la cour du Capitole de Toulouse pour sa révolte avec Gaston d'Orléans. Puységur note à ce propos : « En ce pays-là, on se sert d'une doloire qui est entre deux morceaux de bois, et quand on a la tête posée sur le bloc, on lâche la corde, et cela descend et sépare la tête du corps (1) ». Cette exécution fut un événement à cause de sa rareté et de sa nouveauté (2). Il nous la fallait citer cependant ici pour démontrer une fois de plus que Guillotin n'inventait rien. Cette accumulation de faits, un peu aride, nous ne nous le dissimulons pas, établit nettement ce point, et avec le docteur Cabanès on peut conclure : « que Guillotin ait eu des précurseurs, cela ne fait point de doute ; qu'il ait été le premier en France à *proposer* et à *faire adopter le principe* d'une machine à décapiter, c'est un mérite qu'on ne peut songer davantage à lui contester (3) ».

Soit. Mais qui donc y songeait ?

(1) PUYSÉGUR, *Mémoires*, 1690.

(2) « Cependant ce mode d'exécution était rarement appliqué », Etienne CHARAVAY, vol. cit. p. 54. — « L'application de ce supplice étoit extrêmement rare ». Article de Pétion sur la guillotine. Collection d'autographes de M. Alfred Sensier.

(3) Docteur CABANÈS, ouvr. cit., p. 120.

LA LOI

III

LA GUILLOTINE DEVANT L'ASSEMBLÉE NATIONALE

Le 10 octobre 1789, l'Assemblée nationale, dont un des membres disait : « Nous sommes actuellement le plus mauvais club de France », voyait paraître à sa tribune Guillotin. Le discours qu'il prononça ce jour-là semble perdu à jamais pour l'histoire. Nous savons qu'il y exprima ses idées sur l'égalité devant la mort et qu'il réclama un trépas sûr, prompt, uniforme pour tous les criminels. Le premier article de son projet, conçu en ces termes : « Les délits du même genre seront punis par le même genre de peine, quels que soient le rang et l'état des coupables », recueillit des applaudissements enthousiastes. Ces hommes, dont beaucoup n'avaient plus que trois ou quatre années à vivre, acclamaient celui qui leur apportait la promesse du couteau qui les allait frapper. Lugubre vote des condamnés de demain ! tragique débat des prochains proscrits, des futurs hors-la-loi ! Bien qu'une partie de l'Assemblée demandât le vote immédiat, la proposition de Guillotin fut ajournée (1). Renvoyé au jour de la discussion du Code Criminel, Guillotin reparaît à la tribune le 1er décembre suivant, alors que s'ouvre le débat sur l'ancien système pénal. Cette fois il propose : « Le criminel sera décapité, il le sera par l'effet d'un simple mécanisme ». La semence est jetée, elle ne tardera pas à mûrir dans ce sol meuble, bouleversé. L'Assemblée approuve le principe posé par Guillotin et une fois de plus décide de son ajournement. Le 21 janvier 1790 — date qui sera quatre ans plus tard un tragique anniversaire ! — l'Assemblée vote quatre des six articles proposés par Guillotin. D'après la minute conservée aux Archives (2), le docteur Achille Chereau (3) nous a donné ce décret où dort tout le système qui sera demain celui de la Terreur :

« L'Assemblée nationale a décrété et décrète ce qui suit :

« Article I. — Les délits du même genre seront punis par le même genre de peine, quels que soient le rang et l'état des coupables.

« Article II. — Les délits et les crimes étant personnels, le supplice d'un coupable et les condamnations infamantes quelconques n'impriment aucune flétrissure à sa

(1) « M. Guillotin lit un travail dans lequel il établit en principe que la loi doit être égale pour tous, quand elle punit comme quand elle protège, et chaque développement de ce principe amène un article que M. Guillotin propose à la délibération de l'Assemblée. Ce discours est fréquemment interrompu par des applaudissements ; une partie de l'Assemblée, vivement émue, demande à délibérer sur le champ, mais une autre partie paraît vouloir s'y opposer ». *Moniteur*, 11 octobre 1789.

(2) Archives nationales, C. G. carton 33, dossier 303.

(3) Docteur Achille Chereau, *Guillotin et la Guillotine* ; Paris, aux bureaux de l'*Union médicale*, 11 rue Grange Batelière et chez l'auteur : 45, rue du Rocher. 1870, p. 6.

famille. L'honneur de ceux qui lui appartiennent n'est nullement entaché, et tous continueront d'être admissibles à toutes sortes de professions, d'emplois et de dignités.

« Article III. — Les confiscations des biens des condamnés ne pourront jamais être prononcées en aucun cas.

« Article IV. — Le corps du supplicié sera délivré à sa famille si elle le demande. Dans tous les cas il sera admis à la sépulture ordinaire, et il ne sera fait sur le registre aucune mention du genre de mort.

« Arrête en outre, que les quatre articles ci-dessus seront présentés incessamment à la sanction royale, pour être envoyés aux tribunaux, corps administratifs et municipalités, etc.

« *Jeudi soir*, 21 *janvier* 1790.

Guillotin. »

Désormais la guillotine a conquis droit de cité, et c'est Lepeletier de Saint-Fargeau, qu'elle épargnera pour le laisser au sabre d'un assassin, qui propose d'inscrire, le 3 juin 1791, dans l'article 3 du titre I du Code Pénal : « Tout condamné à mort aura la tête tranchée (1) ». Tous ces débats, cet enthousiasme, ces votes, ces décrets, ces projets, tout cela aboutit à « une planche, place de la Révolution (2) ».

Certes, les débats n'avaient pas duré longtemps, et on peut, en effet, penser que les députés « adoptaient la guillotine parce qu'elle simplifiait les supplices et en abrégeait les angoisses (3) ». Par eux, le peuple sanctionnait ce que Chateaubriand appelle « le crime légal » dont le régne n'allait pas tarder à commencer. La promesse d'abolition de la peine de mort faite par la Convention dans sa dernière séance du 4 brumaire

(1) *Moniteur*, 4 juin 1791.

(2) Honoré Riouffe, *Mémoires d'un détenu pour servir à l'histoire de la tyrannie de Robespierre.*

(3) Docteurs Cabanès et Nass, *La névrose révolutionnaire*, ch. IV, p. 35.

an IV (26 octobre 1795) ne devait pas se réaliser (1). Aujourd'hui encore elle demeure lettre morte. La Révolution est passée, l'Empire est tombé, la Royauté a disparu, la guillotine est debout, dernier vestige de la tourmente effroyable de 93.

(1) La Convention avait siégé plus de trente-sept mois, du 20 septembre 1792 au 4 brumaire an IV. Dans ce laps de temps elle rendit 11.210 décrets. La Constituante, en vingt-huit mois, en avait rendu 2.557 ; la Législative en onze mois et demi, 1.712. Le dernier décret de la Convention ordonna : « La peine de mort sera abolie, à la paix générale ; la place de la Révolution prendra désormais le nom de *place de la Concorde ;* tous les détenus pour faits relatifs à la Révolution seront immédiatement élargis, excepté les conspirateurs de vendémiaire, les prêtres déportés, les fabricants de faux assignats, les émigrés ».

Citons, pour terminer, à propos de cette dernière séance, ce fait rapporté par M. Costa de Beauregard : « On raconte que le 26 octobre 1795, au moment où le président déclarait la Convention dissoute, quelqu'un demanda quelle heure il était et qu'une voix avait aussitôt répondu : « L'heure de la justice ». Introduction au *Mémoire écrit par Marie-Thérèse-Charlotte de France sur la captivité des princes et princesses, ses parents, depuis le* 10 *août* 1792 *jusqu'à la mort de son frère arrivée le* 9 *juillet* 1793. *Publié sur le manuscrit autographe appartenant à la duchesse de Madrid.*

IV

L'Instrument

Le décret adopté, l'Assemblée songea à avoir un avis détaillé sur le nouveau genre de mort qu'elle venait d'introduire dans le Code. Proposé par un médecin, on songea tout naturellement, par cet éternel esprit de contradiction qui caractérise les partis dans les assemblées, à lui opposer un médecin. Ce fut le docteur Antoine Louis qui fut choisi pour rédiger le rapport.

Né à Metz, le 13 février 1723, son père étant chirugien-major de l'hôpital militaire de cette ville, Antoine Louis avait rapidement et brillamment, tout comme Guillotin, franchi les échelons de sa profession.

Elève de Lapeyronie, il obtient au concours la place de chirurgien de la Salpêtrière. Pendant la guerre d'Allemagne, il devient chirurgien en chef des armées et, la paix venue, il regagne son cabinet sur la porte duquel il avait fait placer cette inscription caustique, empreinte d'une philosophie impertinente : « Ceux qui viennent chez moi me font honneur ; ceux qui n'y viennent pas me font plaisir (1) ». A l'époque de la

(1) *Biographie moderne ou galerie historique, civile, militaire, politique, littéraire et judiciaire*, 2e édit. Paris, 1816, tome III, p. 315. (Chez Alexis Eymery, libraire, rue Mazarine n° 30 ; Delaunay, Palais-Royal, Galerie de Bois, à Paris ; et à Mons, chez Leroux, libraire).

RAFFET. — La dernière charrette (9 thermidor, an II)

proposition de Guillotin, il était l'oracle des tribunaux, ayant acquis une renommée incontestable dans la médecine légale (1). Le 7 mars 1792, en conséquence du choix de l'Assemblée nationale, fut déposée sur son bureau la « *Consultation motivée sur le mode de décollation nouveau, par Louis, Secrétaire perpétuel de l'Académie de chirurgie* ». La pièce est des plus curieuses et mérite, malgré sa longueur, d'être rapportée ici. Elle apporte à l'histoire de la guillotine une contribution précieuse. Copiée par Villenave, l'auteur de l'article *Guillotine* dans *l'Encyclopédie des gens du monde*, elle a été donnée par M. Etienne Charavay, dans la *Revue des documents historiques* (2), parmi d'autres pièces fort intéressantes que nous aurons l'occasion de citer à leur date. Ecoutons la consultation de Louis :

« Le Comité de législation m'a fait l'honneur de me consulter sur deux lettres écrites à l'Assemblée nationale concernant l'exécution de l'article 3 du titre I du Code pénal, qui porte que tout condamné à mort aura la tête tranchée.

« Par ces lettres, Monsieur le ministre de la Justice, et le directoire du département de Paris, d'après les représentations qui leur ont été faites, jugent qu'il est de nécessité instante de déterminer avec précision la manière de procéder à l'exécution de la loi, dans la crainte que si, par la défectuosité du moyen, ou faute d'expérience et par maladresse, le supplice devenait horrible pour le patient et pour les spectateurs, le peuple, par humanité, n'eût mission d'être injuste et cruel envers l'exécuteur ».

Cette phrase de Louis fut sans doute inspirée par le souvenir de quelqu'une de ces horribles exécutions

(1) Il mourut le 20 mai 1792, succombant à une « hydropisie de poitrine. » Conformément aux clauses de son testament, il fut inhumé dans le cimetière de la Salpêtrière.

(2) Tome III (1875-1876), p. p. 47, 48.

de l'ancien régime, dont nous avons cité un exemple, dans un précédent chapitre. On y pourra aussi noter l'attention spéciale dont est l'objet Sanson, que le prospectus des *Révolutions de France et de Brabant*, de Camille Desmoulins, appelait en novembre 1789 le « représentant du pouvoir exécutif ».

« Les difficultés concernant l'exécution de l'article 3 du Code pénal, continue Louis, sont bien fondées ; l'expérience et la raison démontrent également que le mode en usage par le passé pour trancher la tête à un criminel, l'expose à un supplice plus affreux que la simple privation de la vie suivant le vœu de la loi. L'exécution doit être faite en un instant et d'un seul coup. Les exemples prouvent combien il est difficile d'y parvenir. Le souvenir de la décapitation de M. de Lally est récent. Il était à genoux, les yeux bandés : l'exécuteur l'a frappé à la nuque, le coup n'a pas séparé la tête et ne pouvait le faire. Le corps, à la chute duquel rien ne s'opposait, a été renversé en devant, et c'est par trois ou quatre coups de sabre que la tête a été séparée du tronc : on a vu avec horreur cette *hacherie*, s'il est permis de se servir de ce terme (1).

« En Allemagne, où les exécuteurs sont plus expérimentés, par la fréquence de ces sortes d'exécutions, principalement parce que les personnes du sexe féminin, de quelque condition qu'elles soient, ne subissent pas

(1) Dubois (d'Amiens) dans ses *Recherches historiques sur les derniers jours de Louis et de Vicq d'Azyr*, publiées en 1866 dans le *Bulletin de l'Académie de médecine* (Paris), a donné un écrit saisissant du dialogue entre le bourreau et le chevalier de la Barre. « Cet héroïque enfant lui dit résolument : « Tes armes sont-elles bonnes ? Voyons-les ». — Cela ne se montre pas, Monsieur, lui dit le bourreau ». — « Est-ce toi, reprit le chevalier, qui as exécuté la comte de Lally ? » — « Oui, monsieur ». — « Tu l'as fait souffrir ? » — « C'est sa faute, il était toujours en mouvement. Placez-vous bien, et je ne vous manquerai pas, soyez-en sûr ». — En effet, ce maître bourreau balança plusieurs fois son arme et enleva la tête d'un seul coup ». — Ce dialogue est aussi émouvant que le procès-verbal de l'horrible exécution d'Hélène Gillet.

d'autre supplice, cependant la parfaite exécution manque souvent, malgré l'attention de fixer le coupable assis dans un fauteuil.

« En Danemark, il y a deux positions et deux instruments. L'exécution, qu'on pourrait appeler honorifique, se fait avec sabre ou coutelas. Le criminel a un bandeau sur les yeux, il est à genoux et a les mains libres. Si le supplice doit porter infamie, le coupable est couché sur le ventre, et on lui coupe la tête avec une hache. Personne n'ignore que les instrumens tranchants n'ont que peu ou point d'effet lorsqu'ils frappent perpendiculairement ; et, en les examinant au microscope, on voit qu'ils ne sont que des scies plus ou moins fines, qu'il faut faire agir en glissant sur les parties à diviser. On ne réussirait pas à décapiter, d'un seul coup, avec une hache ou couperet dont le tranchant serait en ligne droite ; mais, avec le tranchant convexe, comme aux anciennes haches d'armes, le coup asséné n'agirait perpendiculairement qu'au milieu de la portion du cercle : mais l'instrument en pénétrant dans la continuité des parties qu'il divise, a une action oblique en glissant, et atteint sûrement son but.

« La structure du col dont la colonne vertébrale est le centre, composée de plusieurs os dont la connexion forme les enchevauchures de manière qu'il n'y ait point de joint à chercher, montre qu'il n'est pas possible d'être assuré d'une parfaite séparation en la confiant à un agent susceptible de varier en force et en adresse par des causes morales et physiques. Il faut nécessairement, pour la certitude du procédé, qu'il dépende de moyens mécaniques invariables dont on puisse également déterminer la force et l'effet. C'est le parti qu'on a pris en Angleterre : le corps du criminel, fixé entre deux poteaux, est couché sur le ventre. Du haut d'une traverse qui unit les deux poteaux on fait, au moyen d'une déclique (ou lâcher la corde passée dans une poulie, rien de plus simple), tomber la hache convexe dont le dos doit être assez fort et assez lourd pour agir efficacement, comme le mouton pour enfonçer des pilotis ; on sait que sa force augmente suivant la hauteur d'où il tombe. L'effet d'une pareille machine, d'une très facile construction, est immanquable : la décapitation sera faite en un instant, suivant l'esprit et le vœu de la loi sur la peine de mort ».

La copie faite par Villenave s'arrête ici. Cependant M. Lenôtre (1), qui publie la consultation de Louis d'après l'exemplaire annexé à la loi du 25 mars 1792, et le docteur Cabanès qui la cite d'après la source utilisée par nous (2), la font suivre de ces lignes non mentionnées par Villenave :

« Il est aisé de faire construire une pareille machine, dont l'effet est immanquable ; la décapitation sera faite en un instant, suivant l'esprit et le vœu de la nouvelle loi ; il sera facile d'en faire l'épreuve sur des cadavres et même sur un mouton vivant. On verra s'il ne serait pas nécessaire de fixer la tête du patient par un croissant qui embrasserait le cou au niveau de la base du crâne ; les cornes ou prolongements de ce croissant pourraient être arrêtées par des clavettes sous l'échafaud. Cet appareil, s'il paraît nécessaire, ne ferait aucune sensation et serait à peine aperçu ».

Cet avis, l'Assemblée l'adopte sans discussion (3).

Quelques jours plus tard s'engage, entre le docteur Louis, Roederer, procureur-syndic du directoire du département de Paris, et Clavière, ministre des Contributions publiques, une vive correspondance. La

(1) G. Lenotre, *vol. cit.* p. p. 224 à 227.

(2) Cabanès, *vol. cit.* p. p. 113, 114. Il y a là une erreur certaine de la part du docteur Cabanès. Le texte qu'il rapporte diffère sensiblement de celui publié par M. Etienne Charavay, et, en outre, ce dernier ne donne aucunement le paragraphe cité dans le *Cabinet secret de l'Histoire*.

(3) « Le Comité de législation a fait adopter un projet de décret sur le mode de décollation des malheureux condamnés à mort. Il a été rendu sans être lu et discuté. Ce décret n'est autre chose que l'avis de M. Louis, secrétaire perpétuel de l'Académie de chirurgie, qui propose pour l'exécution de cet article du Code pénal une machine à peu près semblable à celle que son inventeur avait fait appeler la guillotine ». *Journal de Perlet*, 22 mars 1792.

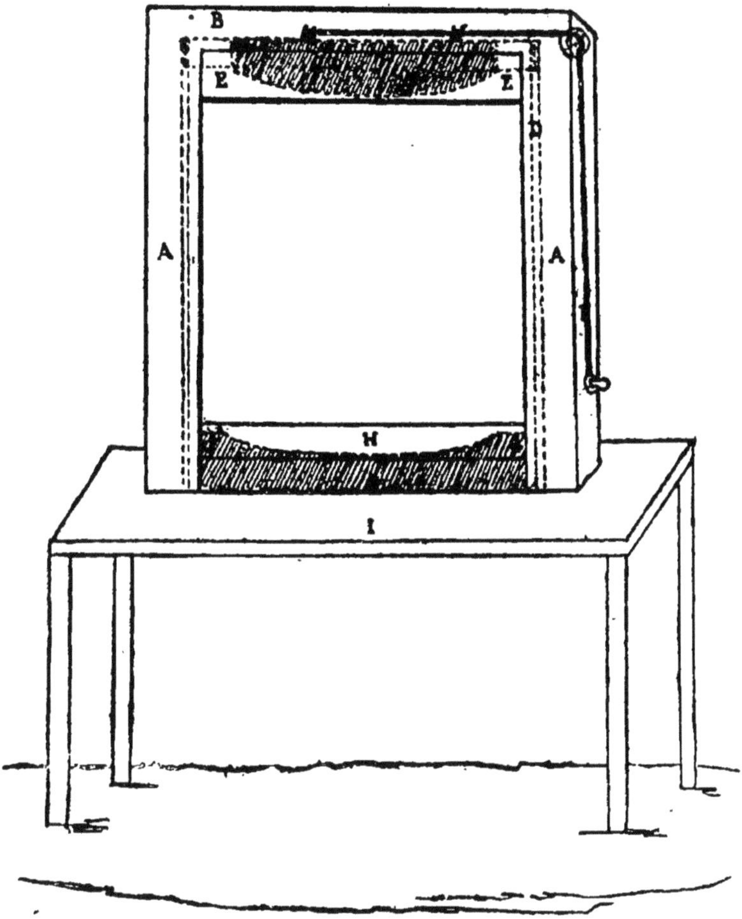

A Poteaux. — *B* Traverse. — *C* Hache convexe du poids d'un quintal, attaché par deux anneaux, et qui tombe en glissant entre deux rainures. — *D* Les deux rainures. — *E* Planche immobile qui couvre la hache convexe avant l'exécution. — *F* Corde qui roule sur une poulie et qui tient à une déclique. — *G* Hache concave à demeure sur laquelle se réunit la convexe quand elle tombe. — *H* Planche à laquelle il faut donner la même concavité qu'à la hache. Cette planche s'échappe par le bas au moment où la hache convexe se réunit à la concave, ce qui a lieu par un rappel mécanique. — *I* — Echafaud auquel on donnera l'étendue convenable afin que le patient puisse se coucher sur le ventre, de manière à ce qu'il soit décollé conformément à la Consultation ou Avis du docteur Louis.

construction de l'instrument en fait tous les frais. L'inscription placée par le docteur Louis sur la porte de son cabinet, nous a révélé sa causticité. Sa lettre à Roederer, à la date du 24 mars 1792, n'est pas pour diminuer cette impression. Il écrit :

« Monsieur,

« Un Allemand, facteur de clavecins (1), a cru pouvoir exercer son génie pour la machine à décoller. Je ne le connais pas, mais je loue son industrie. Le patient ne sera ni lié, ni couché. Sa tête, au pilori, sera tranchée d'une manière sûre par une coupe oblique. Je me fais un devoir de vous adresser ce machiniste et un plaisir de vous assurer des sentiments respectueux dont je suis pénétré pour vous, Monsieur.

Ce 24 mars 1792.

LOUIS. »

On ne saurait plus galamment écrire sur un aussi pénible sujet, et sans s'arrêter à ce « génie qui s'exerce » où la plaisanterie est évidente, il suffit de faire remarquer l'idée baroque de ce patient dont la tête sera tranchée alors qu'il sera placé debout.

Roederer répond en priant le docteur Louis de s'entendre avec le charpentier du Domaine, le sieur Guidon,

(1) Louis entend désigner ici Tobias Schmidt, au sujet duquel le docteur Cabanès indique : « Sur Schmidt, voir le *Bulletin de la Société de l'Histoire de Paris*, tome XVI, p. 123 ; le *Moniteur* du 21 septembre 1794 et du 21 décembre 1799, et la brochure du docteur Chereau, *Guillotin et la Guillotine*... Ce Schmidt s'amouracha, sur le tard, d'une danseuse du nom de Chameroi, qui passait pour être au mieux avec Eugène de Beauharnais. Schmidt avait connu la « belle impure » dans le salon de la Grazini (ou la Grassini) vers 1800. Le grossier soupirant, réduit au rôle d'amoureux surnuméraire, fournissait à la danseuse les sommes qu'elle ne pouvait tirer de la bourse, fort plate, du militaire à qui elle avait réservé son cœur. Schmidt était au contraire très riche, ayant gagné plusieurs millions dans les entreprises de constructions dont il avait été chargé ».

pour la construction de l'instrument. En réponse à cette demande, Louis dépêche ce mot :

« *A Paris, ce* 30 *mars* 1792.

« Monsieur,

« J'ai rempli sans perte de temps la mission que le Directoire m'a donnée, et le jour même j'ai été m'informer de la demeure du Sr Guidon, charpentier ordinaire du Domaine, et je lui ai écrit à son domicile fauxbourg du Temple, au coin de la rue Fontaine aux rois. Il est venu ce matin : je lui ai lu et laissé l'instruction que j'avois préparée et dont je joins icy copie. Il a très bien conçu la construction de la machine. Il s'étoit fait accompagner, par précaution, d'un de ses confrères, expert dans l'art de charpenterie. Nous nous sommes parfaitement expliqués et entendus. Le Sr Guidon ira reçevoir vos ordres ultérieurs et sera porteur de mon paquet.

Je suis avec respect,
Monsieur,

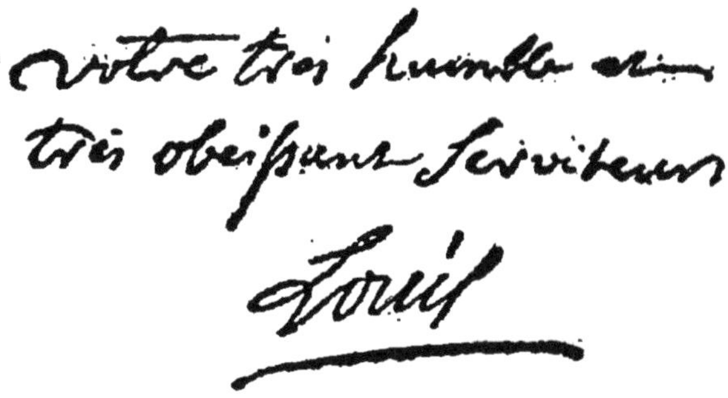

L'instruction donnée au charpentier constitue la description la meilleure qui puisse se faire de la guillotine. Tout y est prévu avec un soin rare :

« Cette machine doit être composée de plusieurs pièces.

« 1° Deux montans parallèles en bois de chêne de la hauteur de 10 pieds, joints en haut par une traverse et montés solidement sur une sole, avec des contrefiches de côté et par derrière.

« Ces deux montans seront, dans œuvre, à un pied de distance, et auront six pouces d'épaisseur ; à la face interne de ces montans sera une cannelure longitudinale, quarrée d'un pouce de profondeur, pour reçevoir les oreillons d'un tranchoir. A la partie supérieure de chacun de ces montans, au dessous de la traverse et dans leur épaisseur, sera placée une poulie de cuivre.

2° Le tranchoir de bonne trempe, de la solidité des meilleurs couperets, fait par un habile taillandier, coupera par sa convexité. Cette lame tranchante aura huit pouces d'étendue transversale et six de hauteur. Le dos de cette lame coupante sera épais comme celui d'une hache ; sous ce dos seront par le forgeron pratiquées des ouvertures pour pouvoir, avec des cerceaux de fer, fixer sur ce dos un poids de trente livres ou plus ; si dans les essais on trouvoit convenable de rendre plus lourde la masse de cette espèce de mouton, ce poids sera garni d'un anneau de fer dans son milieu.

« Le tranchoir devant glisser de haut dans les rainures des deux montans, son dos aura un pied en travers plus deux oreillons quarrés d'un pouce de saillie, pour entrer dans ces rainures.

3° Une corde assès forte et d'une longueur suffisante, passera dans l'anneau et soutiendra le tranchoir sous la traverse supérieure : chaque bout de cette corde sera engagé de dedans en dehors sur la poulie correspondante, et sera arrêté extérieurement vers le bas de chaque montant.

4° Le billot de bois sur lequel doit être posé le col du patient, aura huit pouces de haut et quatre pouces d'épaisseur. Sa base aura un pied de largeur, mesure de la distance des deux montans ; une cheville amovible traversera chaque montant et fixera de chaque côté le dit billot par sa base. La partie supérieure de ce billot n'aura que huit pouces de largeur. Elle sera creusée supérieurement d'une gouttière, pour recevoir le bord tranchant du couperet convexe. Ainsi les rainures latérales internes des deux montans ne doivent pas s'étendre plus bas que cette gouttière, afin que le billot ne soit pas coupé par le tranchoir. La partie supérieure du billot sera légèrement échancrée pour loger à l'aise le col du patient.

5° Mais pour assujettir la tête et qu'il ne puisse la relever au moment de l'exécution, il faut qu'un croissant de fer, en manière de fer à cheval, bien arrondi par ses bords, embrasse le col du patient, au haut de la nuque, au niveau de la base du crâne, où finit le cuir chevelu, et que les extrémités de ce croissant assez prolongées soient percées pour être assujetties par un boulon qui traversera la base de la partie supérieure du billot dont l'épaisseur est de quatre pouces.

« Le patient, couché sur le ventre, aura la poitrine soulevée par ses coudes, et son col sera placé sans gène dans l'échancrure du billot. Toutes choses bien disposées, l'exécuteur placé derrière la machine pourra réunir les deux bouts de la corde qui soutient le tranchoir, et, les lâchant en même temps, cet instrument tombant de haut, par son poids et l'accélération de la vitesse séparera la tête du tronc, en un clin d'œil (1).

« S'il y avait quelques erreurs dans ces détails, elles seraient faciles à vérifier par le constructeur le moins intelligent. »

Si le sieur Guidon commet des erreurs, il saura ce que le plaisant docteur pense de lui. Mais Guidon n'en a guère le loisir, car, le lendemain même, il remet à Louis le devis des frais de construction pour la machine : il s'élève à la somme de 5.660 livres, basée sur une excuse que Sanson fera lui-même valoir plus tard pour ses aides, à savoir la difficulté qu'on éprouve à trouver des ouvriers se chargeant de la sinistre besogne. Louis communique ce prix élevé à Roederer :

(1) Sur la foi de l'*Histoire de la Constituante* de Buchez, on attribue souvent cette expression « en un clin d'œil » à Guillotin lui-même. Ce document démontre que la plaisanterie est de Louis. Rendons à César...

« *A Paris, le 1er avril 1792.*

« Monsieur,

« J'ai vu ce matin, le Sr Guidon, charpentier, chargé de la fourniture des bois de justice, titre que portent ses provisions, qui m'a donné connoissance du devis de la machine pour décapiter. Vous serés peut être effrayé du prix qu'il demande pour sa construction : il estime qu'elle pourra durer 50 ans et que, d'après son modèle, la construction des autres pourra ne coûter que de 12 à 1500 francs. Il m'a démontré que les ouvriers qu'il employe étoient, par un absurde préjugé mais difficile à détruire, des espèces de proscrits, qu'il lui falloit payer exorbitamment et qui ne trouveroient pas d'ouvrage dans un autre attellier de charpenterie, qu'il étoit obligé à entretenir chevaux, voitures et manœuvres, pour dresser et enlever à chaque exécution les échaffauds. Dans ce prix il comprend les escaliers, enceinte, etc. Il croit que les coulisses doivent être garnies en cuivre ; enfin il a bien saisi le plan et senti les avantages de la construction la plus soignée.

« Je suis avec respect,

« Monsieur,

« Votre très humble et très obéissant serviteur,

LOUIS. »

Le 5 avril, Roederer communiqua la lettre de Louis et le devis de Guidon à Clavière, lequel refusa net de le sanctionner (1). Tobias Schmidt fut appelé. Son devis ne fut que de 824 livres. Il fut choisi et se mit à l'œuvre avec une rapidité telle que Louis pouvait annonçer à Roederer, quelques jours plus tard, la date de l'expérience et des essais qui devaient avoir lieu à l'hôpital de Bicêtre. Sa lettre est du 12 avril :

« Monsieur,

« Pendant que le Sr Schmitts, facteur d'instrumens de musique, s'occupoit sous vos ordres de la construction

(1) On trouvera dans la *Revue Rétrospective* (janvier 1835) cette correspondance entre Roederer et Clavière.

de celui qui a une toute autre destination, je ne perdois pas de vue le vœu général pour la plus prompte fabrication de cette machine. J'ai prévenu le chirurgien de Bicêtre dont je vous envoye la réponse qui prouve son zèle pour la chose publique. Le mécanicien vient de me dire que l'expérience peut avoir lieu mardi prochain. Elle doit avoir un témoin nécessaire, celui qui doit opérer publiquement et en réalité. Ainsi, Monsieur, il faut enjoindre par un ordre précis à l'exécuteur de se transporter mardi prochain à dix heures du matin au château de Bicêtre où je me trouverai pour dresser procès-verbal de l'expérience. Il demandera M. Cullerier, chirurgien principal de cette maison.

« Je suis avec respect,

« Monsieur,

« Votre très humble et très obéissant serviteur,

LOUIS. »

Et sa plaisanterie sur le facteur de pianos faite, il écrit au docteur Michel Cullerier, chirurgien de l'Hôpital général :

« *Samedi*, 12 *avril* 1792.

« Le mécanicien, Monsieur, chargé de la construction de la machine à décapiter, ne sera prêt à en faire l'expérience que mardi. Je viens d'écrire à M. le procureur-général syndic afin qu'il enjoigne à la personne (1) qui doit opérer en public et en réalité, de se rendre mardi à deux heures au lieu désigné pour l'essai. J'ai fait connaître au Directoire avec quel zèle vous avez saisi le vœu général sur cette triste affaire. Ainsi donc à mardi.

« Pour l'efficacité de la chute du couperet ou tranchoir, la machine doit avoir quatorze pieds d'élévation. D'après cette notion vous verrez si l'expérience peut être faite dans l'amphithéatre ou dans la petite cour adjacente.

« Je suis de tout cœur, Monsieur, le plus dévoué de vos obéissants serviteurs.

LOUIS. »

(1) Sanson.

Au jour dit, Sanson, ses deux frères et son fils arrivèrent à Bicêtre. Dans la cour, devant les poteaux rigides levant au ciel le clair éclat du couperet, ils retrouvèrent les docteurs Louis, Guillotin, et Cullerier en compagnie de quelques membres de l'Assemblée nationale et du conseil des Hospices, du fameux Philippe Pinel, et du médecin de Mirabeau, Cabanis.

Un premier cadavre fut apporté. Lourd et prompt, le couteau tomba sur la nuque froide. Un peu de sang ruissela. On recommença deux fois encore l'expérience, Sanson jouant du déclic. Les médecins se félicitèrent. Guillotin triomphait modestement. Le succès était agréable au cœur de Louis. C'est une lettre allègre et pleine de satisfaction contenue qu'il dépêche à Roederer, le 19 avril :

« Monsieur,

« Les expériences de la machine du Sr Schmitt ont été faites mardi à Bicètre sur trois cadavres qu'elle a décapités si nettement, qu'on a été étonné de la force et de la célérité de son action. Les fonctions de l'exécuteur se borneront à pousser la bascule qui permet la chute du mouton portant le tranchoir, après que ses valets auront lié le criminel et l'auront mis en situation. C'est de la bonne trempe de l'instrument coupant que dépendra la sûreté de l'opération.

« Je pense qu'il seroit utile qu'il fut construit, pour tous les départemens, sous la direction du Sr Schmitt, son ingénieur inventeur : car on trouvera partout des charpentiers pour le reste, d'après les dessins et les proportions qu'ils indiqueront. Monsieur Moreau, juge du second tribunal criminel, m'avoit dépéché à Bicètre un de ses greffiers, pour savoir de moi quand la machine pourroit servir en réalité. Le charpentier ordinaire du Domaine étoit présent aux expériences avec l'exécuteur, ses deux frères et son fils. Ils n'ont trouvé aucune difficulté à préter leur triste ministère dès le lendemain. Mais le charpentier a observé que l'échafaud devoit avoir une construction plus solide qu'à l'ordinaire, et que la première exécution ne pourroit être faite avant lundi.

« Le greffier du tribunal a porté ma réponse à Monsieur Moreau, et j'avois pensé que vous seriez informé par lui de ce qui s'étoit passé.

« Je suis avec respect, Monsieur,

« Votre très humble et très obéissant serviteur.

LOUIS. »

Là se clôt la correspondance de Louis relative à la guillotine.

Elle allait apparaître, au grand soleil, dans l'Histoire.

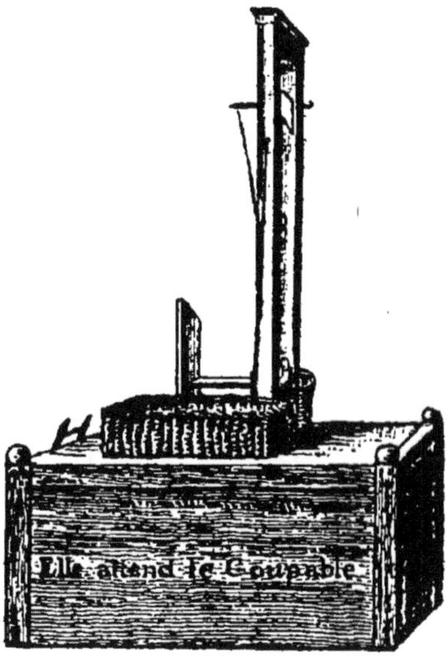

Dessiné par Villeneuve
(1793)

V

La première exécution en Grève

La rue Bourbon-Villeneuve, où habita Fouquier-Tinville, est une voie paisible qui, aux premières ombres de la nuit, s'endort dans une quiète obscurité. La lanterne fumeuse qui prétend l'éclairer trouble à peine la ténèbre. Tout y est silence, paix et sommeil.

Pourtant, dans la nuit du 14 octobre 1791, vers minuit, des cris d'effroi, des appels de secours réveillèrent les habitants de cette rue tranquille. Aux fenêtres des volets battirent. Des visages bouffis de sommeil tentèrent de discerner le drame inconnu qui se jouait dans l'ombre. On cria à la garde, et, par merveille, la garde accourut. On arrêta un homme qui fuyait, on ramassa un individu geignant.

C'est en raison de ces faits que Nicolas-Jacques Pelletier, accusé et convaincu d'avoir, avec l'aide d'un complice inconnu, rossé un paisible passant après s'être approprié son portefeuille contenant 800 livres en assignats, fut condamné à la peine de mort le 24 janvier 1792 par le deuxième tribunal criminel de Paris (1). On avait sursis à l'exécution à cause du débat sur le nouveau mode de décollation devant l'Assemblée. Cependant le juge Moreau s'impatientait, et nous avons vu par la lettre de Louis rendant compte à Roederer des essais, qu'il avait envoyé à Bicêtre son greffier. Le juge Moreau n'avait pas longtemps à s'impatienter. Dix jours plus tard, le 25 avril (2), la guillotine prenait possession de la place de Grève, très petite alors (3), dit Michelet qui la vit en sa jeunesse. Roederer avait prévu un concours considérable de peuple et avait écrit à Lafayette (4), le priant de maintenir l'ordre. Il ne s'était pas trompé : la foule fut énorme (5) pour venir considérer la nouveauté du spectacle.

Pour la première fois la guillotine apparaissait aux yeux des bourgeois de Paris, par une riante journée de clair avril, souriante à son règne qui commençait. Parmi ceux-là qui se bousculaient autour du tréteau,

(1) Et non pour viol, comme l'affirment Edmond et Jules de Goncourt dans leur *Histoire de la Société Française pendant la Révolution*, chap. XVII, p. 432. C'est ajouter un crime superflu à tout ceux que Pelletier expia.

(2) La tradition veut, mais rien n'est moins certain, que ce soit Laquiante, greffier du tribunal de Strasbourg, qui ait dessiné le modèle de la guillotine exécuté par Tobias Schmidt. M. Louis du Bois, *vol. cit.* p. 16, assure que ce modèle ne fut présenté au ministre de la Justice que le 27 avril 1792. L'erreur est évidente, puisque Pelletier fut exécuté le 25.

(3) J. Michelet, *La Révolution Française*, tome VI, *la Terreur*, p. 319.

(4) On trouvera la lettre de Roederer dans le dossier des pièces publié par la *Revue Rétrospective* (janvier 1835).

(5) « Hier, à trois heures de l'après-midi, on a mis en usage, pour la première fois, la machine destinée à couper la tête aux criminels... La nouveauté du spectacle avait considérablement grossi la foule de ceux qu'une pitié barbare conduit à ces tristes spectacles... » *Chronique de Paris*, n° 118, 26 avril.

combien devaient gravir les dix marches raides, poings liés, col nu ?

Pelletier, mené en Grève revêtu de la chemise rouge, fut promptement exécuté. On admira la rapidité de l'appareil. Pour ses débuts, la guillotine eut une bonne presse. « On ne saurait imaginer, écrit Prudhomme, un instrument de mort qui concilie mieux ce qu'on doit à l'Humanité et ce qu'exige la loi, du moins tant que la peine capitale ne sera point abolie (1) ».

La chose entrait dans les mœurs, le mot entrait dans la langue. Dès 1789, on avait cherché un nom à la nouvelle machine, et les *Actes des Apôtres* pour qui la révolution commençait en vaudevilles, n'avaient pas manqué de plaisanter l'embarras où on se trouvait :

« Une grande difficulté s'est élevée sur le nom à donner à cet instrument. Prendra-t-on pour enrichir la langue, le nom de son inventeur ? Ceux qui sont de cet avis n'ont pas eu de peine à trouver la dénomination douce et coulante de *guillotine*. Sera-ce celui du président qui prononcera le vœu de l'Assemblée à ce sujet ? On aurait alors à choisir entre M. Coupé (2) et M. Tuault (3). On a observé que la mansuétude pastorale ne permettait pas à M. de Sabran (4) d'accepter cette place ; sans cela, il était assuré des voix de toute la noblesse. On ajoute qu'un nouveau candidat se présente pour avoir les honneurs de cette machine supplicielle. M. de Mirabeau s'est emparé jusqu'ici des motions qui ont porté les plus grands coups à la tyrannie. Ses essais si connus

(1) PRUDHOMME, *Les Révolutions de Paris.*

(2) L'Assemblée comptait deux membres du nom de Couppé (c'est ainsi que le nom doit s'écrire) : Gabriel-Hyacinthe Couppé, député de la sénéchaussée de Lanion, et Jean-Marie Couppé, député du département de l'Oise.

(3) Joseph Golven Tuault de la Bouvrie, député du Morbihan.

(4) L. H. R. M. de Sabran, évêque, duc de Laon, pair de France, premier aumônier de la Reine, député du clergé du bailliage du Vermandois aux Etats Généraux. Il émigra en 1792.

Le docteur Guillotin

Portrait de l'époque. (Cabinet des Estampes).

de jurisprudence criminelle lui donnent des droits incontestables au monument proposé. Avec un léger amendement, l'honorable membre pourrait prendre cette machine sous son nom, et le nom de *Mirabelle* remplaçerait à la grande satisfaction des bons Français celui de *Guillotine* » (1)

Mais c'était là le temps des plaisanteries qui bientôt allaient passer.

Avant de voir l'instrument au travail, il n'est peut-être pas inutile de le suivre à travers Paris, aux endroits où le fixèrent des arrêtés de la Commune et des décrets de la Convention.

Le 21 août 1792, à la place du Carrousel, « le théâtre du crime devenant le lieu de l'expiation » a lieu, à dix heures du soir, l'exécution de Collenot d'Angremont, accusé de s'être montré au 10 août parmi les ennemis du peuple. Après cette exécution, la Commune décide :

ARRÊTÉ DE LA COMMUNE :

« Le procureur de la Commune (2) entendu, le Conseil Général arrête que la guillotine restera dressée sur la place du Carrousel, jusqu'à ce qu'il en ait été autrement ordonné, à l'exception toutefois du coutelas que l'exécuteur des hautes œuvres sera autorisé d'enlever après chaque exécution. Les commissaires nommés pour faire enlever le coutelas au haut de la guillotine, sont MM. Merlin et Henriot ». (3)

En conséquence, du 21 août 1792 au 10 mai 1793, les exécutions se poursuivent en cet endroit, exception faite pour Louis XVI lequel eut les honneurs de l'inauguration de la place de la Révolution.

Le 10 mai 1793, un décret de la Convention, lassée

(1) *Actes des Apôtres*, décembre 1789.
(2) C'était Manuel.
(3) *Registres de la Commune de Paris*, tome IX, p. 350.

d'avoir en permanence, à sa porte, le «rasoir national», le fixe définitivement place de la Révolution.

Une curieuse lettre inédite trouvée dans les cartons des Archives (1) et adressée «*Au citoyen Fouquier, accuzateur public près le tribunal révolutionnaire* » nous indique en quel endroit Sanson abritait les accessoires de sa machine :

Paris, le 26 germinal l'an 2e.

Jacquier, (2) *agent nal du district de Paris près le département,*
A Fouquier, accuzateur public près le tribunal révolutionnaire.

« Je t'ai écrit hier, citoyen, pour te prévenir que ton intention était remplie, qui avait pour objet la recherche d'un local à portée de la place de la Révolution, et propre à renfermer l'instrument de mort destiné aux conspirateurs. Je te prevenois en même tems, que tu pourrais dispozer aujourd'hui à midi de ce local, et je finissois par t'indiquer la demeure du citoyen Demontier, ingénieur du département, au coin du quay des tuileries, qui est chargé de remettre les clefs à ceux qui se présenteront de ta part. Le gendarme porteur de ma lettre a eu le malheur de la perdre ; j'y supplée avec d'autant plus d'empressement que tu as paru dézirer fortement que cette mesure ne souffrit aucun retard.

Salut et fraternité.

JACQUIER (3) ».

Jusqu'au 20 prairial, la guillotine fonctionne face aux Champs-Elysées et abat 1.221 têtes, parmi les-

(1) Archives nationales, série W, carton 159, pièce 166.

(2) Jacquier, devenu suspect vers la fin de la Terreur, fut arrêté et ne fut libéré qu'en frimaire an III (Arch. nat. série W, carton 126; pièce 18).

(3) Voir nota 1 page 51.

quelles celles de Marie-Antoinette, des Girondins, des Hébertistes et des Dantonistes.

Le 21 prairial, on la retrouve près des ruines de la Bastille, à la place Saint-Antoine, où du 21 au 24 elle exécute 74 condamnés (2); Lavallée (3) porte ce nombre à 97, du 21 au 25 prairial ; M. Lenôtre (4) assure que la guillotine n'y fonctionna qu'un jour, le 26 prairial ; Michelet (5) indique, lui, la date du 24 prairial.

Le 25 prairial, nouveau changement. La guillotine recule vers les faubourgs et s'installe à la Barrière du Trône Renversé. En trois jours, le 7, 8 et 9 messidor (25, 26, 27 juin), 122 têtes tombent, et la besogne ne finit en cet endroit qu'au 9 thermidor. Le lendemain, elle se dresse derechef place de la Révolution pour frapper les hors-la-loi de la veille, Maximilien de Robespierre, Saint-Just, et les complices du « nouveau Catilina ». Pour abattre Fouquier-Tinville et les victimes de la réaction thermidorienne, la guillotine retourna place de Grève, au lieu de son premier exploit. Plus tard, elle y retrouva Georges Cadoudal et sa fournée de Chouans.

Mais les beaux jours de son règne étaient révolus. Elle ne devait plus opérer qu'en cachette, sournoisement, derrière la haie d'un escadron de dragons, dans la louche et blafarde lueur du jour levant. Elle

(1) Cette curieuse pièce nous a été signalée, avec quelques autres que nous citerons, par M. Pierre Gaumy, le modeste et consciencieux historien d'*Un Groupe d'habitants de la région de Rochechouart sous la Terreur*, œuvre sobre et remarquable à tous les titres. C'est publiquement que nous tenons à témoigner toute notre reconnaissance à M. Pierre Gaumy.

(2) *Archives Nationales*, Série W, carton 528.

(3) LAVALLÉE, *Histoire de Paris*, p. 274.

(4) G. LENOTRE, *vol cit.* p. 285.

(5) J. MICHELET, *ouvr. cit.*

devint une maladie honteuse, et, par une tardive pudeur, on la cacha (1).

(1) Le reste devient de l'histoire contemporaine. M. de Bondy, préfet de la Seine, par un arrêté qu'a publié Alexandre Dumas dans ses *Mémoires*, transporta la guillotine de la place de Grève à l'extrémité du faubourg Saint-Jacques. Commentant cet arrêté, le romancier ajoute : « Depuis ce temps la guillotine s'est encore rapprochée du condamné : on exécute maintenant devant la porte de la prison de la Roquette. De là à exécuter dans la prison, il n'y a que quelques pas. Et pour descendre de la cour de la prison dans le cachot lui-même, il n'y en a qu'un ». Toujours à propos de ce transfert, Victor Hugo écrivit : « La guillotine a perdu son assurance, sans abdiquer pourtant ; chassée de la Grève, elle a reparu barrière Saint-Jacques, elle a reparu à la Roquette. Elle recule, mais elle reste ». Lettre à M. Bost, de Genève ; Hauteville-House, 17 novembre 1862. (*Actes et paroles ; pendant l'exil.* Tome II, 1862-1870, p. 23.) Enfin, sur les exécutions à la Roquette, on lira avec intérêt le volume de Georges Grison : *La Place de la Roquette, histoire des exécutions.* Paris, Dentu, 1883, in-18.

VI

La tête coupée souffre-t-elle ?

Il est bien vrai que « la hantise de la mort a toujours pesé sur l'humanité, attirée et effrayée par le mystère de l'au delà (1) ». Dès les débuts de la guillotine, des débats passionnés s'engagèrent autour de cette question : la tête coupée cesse-t-elle de souffrir quand elle choit dans le panier ? Un nombre considérable de brochures, d'avis motivés, parurent à l'époque sur ce sujet, presque tous rédigés par des médecins. Au chapitre consacré à l'exécution de Charlotte Corday, nous aurons l'occasion de citer l'écrit du docteur Gastellier, de Sens, qui étudia la question d'une façon à la fois simple et savante. Ce serait nous engager dans une étude pour laquelle nous nous sentons trop désarmés, que de discuter les termes et les conclusions de tous ces écrits souvent contradictoires. Nous nous bornerons à signaler un fait curieux qui montrera à quel point la science se préoccupa sous la

(1) Docteur Lucien Nass, *Curiosités médico-artistiques*, p. 229.

Terreur de résoudre le grand et tragique problème posé par les têtes coupées.

Le fait est relaté dans les *Souvenirs de la marquise de Créquy* (1), qui, quoique apocryphes et fourmillant de grossières erreurs historiques, sont cependant intéressants à consulter. Ils rapportent cette anecdote du docteur Séguret :

« Deux têtes coupées ayant été exposées aux rayons du soleil, les paupières qu'on avait soulevées se refermèrent avec une vivacité brusque et toute la face en avait pris une expression de souffrance. Une de ces têtes, avait la bouche ouverte et la langue en sortait ; un élève en chirurgie s'avisa de la piquer avec la pointe d'une lancette, elle se retira, et tous les traits du visage indiquèrent une sensation douloureuse. Un autre guillotiné, qui était un assassin nommé Térier, fut soumis à des expériences analogues, et plus d'un quart d'heure après sa décollation, si ce n'est la mort, sa tête séparée du tronc tournait encore les yeux du côté par où on l'appelait (2).

Le père Guillou m'a dit qu'il avait su directement par le vieux Sanson avec lequel il avait tous les ans des rapports de conscience, que la tête d'un conventionnel et prêtre jureur, appelé Gardien (3), avait mordu (dans

(1) *Souvenirs de la marquise de Créquy*, tome VIII pp. 127 et suiv. Ils ont été rédigés par le Comte de Courchamps.

(2) L'éditeur renvoie ici au mémoire du « savant M. Julia de Fontanelle, intitulé : *Recherches médico-légales sur la douleur après la décollation*, Paris, 1883 ».

(3) C'est ici une des erreurs de ces *Souvenirs*. Gardien n'était nullement prêtre, mais avocat à l'époque de la Révolution. Arrêté le 2 juin 1793, et compris dans l'affaire des Girondins, il fut exécuté le 31 octobre. Sa femme demanda à partager sa captivité avec ses quatre enfants (Lettre autographe au président de la Convention, 25 juin 1793, 1 p. pl. in. fol.) — *Catalogue d'une importante collection de documents autographes et historiques sur la Révolution Française, depuis le* 13 *juillet* 1789 *au* 18 *brumaire an* VIII. — Paris, Charavay, 1862 p. 156. — Il était député d'Indre-et-Loire et habitait 31, rue du Colombier.

le même sac de peau) la tête d'un autre girondin, nommé Lacaze et que c'était avec tant de force et d'acharnement qu'il fut impossible de les séparer.

Le docteur Sue m'a dit que la sensibilité pouvait durer plus de vingt minutes (après la décollation) dans les différentes parties de la tête. M. Séguret et M. Sue considéraient comme très funeste à l'humanité cette opinion qu'on voulait accréditer, par hypocrisie d'abord, ensuite par un calcul de célérité pour les exécutions révolutionnaires, en soutenant que le supplice de la guillotine était purement instantané.

— Il est si peu douloureux, avait dit M. Guillotin, qu'on ne saurait que dire si on ne s'attendait pas à mourir et qu'on croirait n'avoir senti qu'une *légère fraîcheur* (1).

La guillotine est un des genres de mort les plus horribles et les plus inhumains qu'on ait jamais inventés, me disait le docteur Séguret... Les douleurs qui suivent la décapitation sont épouvantables, et je crois fermement qu'elles se perpétuent jusqu'à l'extinction de la chaleur vitale. Cette invention philanthropique est d'une exécution facile, elle est expéditive, elle est profitable à la république française, et sur toute chose elle est favorable à la commodité du bourreau, mais il ne faut pas nous dire qu'elle soit avantageuse ou favorable aux condamnés, car il est prouvé que la strangulation ne saurait être aussi douloureuse ».

Ce n'est là qu'une des centaines d'opinions émises sur le supplice et son action. De nos jours, il s'est trouvé quelqu'un, le docteur Dassy de Lignières, que ses recherches anthropologiques et physiologiques ont signalé à l'attention du monde médical, pour tenter de faire revivre une tête de guillotiné. On a raconté l'expérience (2) dans tous ses détails. La tête

(1) Il est incontestable que cette affligeante plaisanterie, généralement attribuée à Guillotin, est l'œuvre du caustique docteur Louis.

(2) *Les aventures d'une tête coupée*, *Le Matin*, 3 mars 1907.

choisie fut celle de l'assasin Menesclou, exécuté le 7 septembre 1880. Le docteur Dassy de Lignières opéra, en se servant d'un chien vigoureux, la transfusion du sang, trois heures après l'exécution. Ecoutons son récit, atroce procès-verbal digne d'un Edgar Poe :

« Dès le premier jet de sang artériel, à la soudaine impulsion du cœur, la face du décapité a rougi, surtout du côté droit qui était sain, car le côté gauche présentait une cicatrice vasculaire. Les lèvres se colorent et se tuméfient sensiblement. Les traits se dessinent et se précisent ; toute la physionomie s'éclaire. Ce n'est plus le masque livide et flasque de tout à l'heure, cette tête va parler, car elle vient de s'animer sous les battements d'un cœur.

« Et alors !... alors, je vis bien nettement, pendant l'espace de deux secondes (la décapitation avait trois heures et demie de date) je vis les lèvres s'agiter comme pour un balbutiement, les paupières clignoter et faire effort pour s'ouvrir ; je vis la face revivifiée dans une expression générale de réveil et d'étonnement. *J'affirme que, pendant ces deux secondes, le cerveau a pensé...* »

Et le médecin ajoute :

« Pour l'instant, retenez bien ceci. Il n'est pas de pire supplice que la décapitation par la machine de ce M. Guillotin, député humanitaire et sensible. Retenez, retenez bien ceci : quand le couteau a fait son œuvre, a chu, avec le bruit sinistre que vous connaissez, que la tête a roulé dans la sciure, cette tête, vous entendez bien ! *cette tête séparée de son corps entend les voix de la foule. Le décapité se sent mourir dans le panier. Il voit la guillotine et la clarté du jour* (1) ».

De tels témoignages rapprochés à une centaine

(1) Le docteur Dassy de Lignières ajoute qu'il a conservé le chien qui servit pour la transfusion du sang, et qu'il le baptisa *Loufoque*. Nous ne voulons pas penser que c'est en souvenir de l'expérience tentée sur la tête coupée de Menesclou.

d'années d'intervalle sont certes troublants. Faut-il cependant se hâter d'en conclure que M. Guillotin a manqué son but humanitaire et qu'il n'a fait qu'ajouter en France un supplice révolutionnaire à ceux de l'ancien régime ? Nous ne le pensons pas, et nous hésitons à nous prononcer devant ce grand point d'interrogation sanglant qui, de la sciure gluante, se dresse vers le couteau neuf.

LIVRE II

LES DEUX SOUTIENS DE LA TERREUR

I

LE « BARBIER » DU « RASOIR NATIONAL »

Les antithèses chères à Victor Hugo étaient celles qui lui permettaient d'imaginer le monde reposant sur ces deux soutiens : le Pape et l'Empereur, et la France s'appuyant sur ces deux autres soutiens : le Roi et le bourreau. L'ancien code criminel donnait au Roi droit de vie et de mort sur le sujet, et pour appuyer ce droit par la potence, la roue, le bûcher ou le glaive, le bourreau était là. La Révolution, en déracinant la monarchie, crut avoir effacé ce droit d'un code périmé et aboli. Sous le masque d'une forme vague, abstraite, elle le délégua au Tribunal révolutionnaire par le décret du 10 mars 1793, et dans l'ombre de cette juridiction souveraine, sans appel, un homme hérita du vieux droit de vie et de mort qui semblait désormais condamné.

L'homme porte aujourd'hui devant la postérité l'opprobre de cet héritage clandestin. Rouage de la Terreur, il fut broyé par elle et nous verrons bientôt de quelle manière, tenant de la fatalité des tragédies antiques. Nous restons en présence de l'autre personnage de l'antithèse : le bourreau.

C'est dans la vie dramatique et obscure de cet autre soutien de la Terreur que nous allons tenter de pénétrer, à l'aide de ces documents oubliés qui éclairent quelquefois des figures confuses d'une brusque lueur et mettent à nu des âmes qui croyaient se voiler pour l'éternité des choses humaines.

***

Dans le Gotha des tortionnaires, le nom des Sanson brille d'un éclat particulier. A Tours, à Reims, à Rouen, ils avaient successivement exécuté les arrêts criminels au nom du Roi, avant que de venir exécuter à Paris le Roi au nom de la Nation. Cette longue profession, de père en fils, d'une charge terrible et honnie, leur constituait, parmi les bourreaux de province, une véritable noblesse. « Il est peu de familles, dit à ce propos Balzac, qui puissent offrir l'exemple d'un office ou d'une noblesse conservé de père en fils pendant six siècles (1) ». Cet office, nous l'avons dit, les Sanson l'avaient conservé.

Chaque ville avait son bourreau attitré. Les Ferey

(1) H. DE BALZAC, *La dernière incarnation de Vautrin*, p. 73

opéraient à Pont-Audemer, à Provins, à Orléans ; les Jouenne à Melun, Evreux, Caen, Dieppe, Caudebec, le Mans ; les Desmorets à Etampes, Dourdan, Vitry-le-François, Senlis, Noyon, Laon, Epernay, Châlons ; Pierre Cauni, à Sarrelouis; Outredebanque, à Arras; Verdier, à Poitiers ; Ganié, à Rennes ; Dollé, à Compiègne ; les Olivier, à Gisors, à Mantes, à Troyes ; Doublot, à Blois ; Desfourneaux, à Issoudun; Hébert, à Meaux ; Brochard, à Sens ; Barré, à Metz ; Bergé, à Beauvais ; Carlier, à Pontoise ; Lacaille, à Pont-Lévêque ; Etienne, à Gien ; Oswald Barré, à Metz ; Meigeest, à Strasbourg ; Montagne à Vendôme ; Chrétien, à Loches; Filliaux, à Angers; Boistard, à Alençon; Chrestien, à Besançon. De leur vie publique et privée sous l'ancien régime, M. G. Lenôtre, nous a donné un récit très vivant, plein de détails curieux. Nous ne nous y arrêterons pas ; aussi bien le bourreau d'avant la révolution doit-il céder ici la place à l'exécuteur des jugements criminels de la Terreur.

Ce titre, les bourreaux l'avaient, par une ordonnance du 12 janvier 1787, obtenu de Louis XVI, et ce nom en tête d'une pareille ordonnance est bien fait pour impressionner. L'ordonnance, « extraite des registres du conseil d'Etat », porte :

« Le roi est informé qu'il arrive souvent que les exécuteurs des jugements rendus en matière criminelle sont, par erreur, désignés sous le nom de « bourreaux ».

« Sa Majesté, s'étant fait rendre compte de représentations qu'ils ont faites à ce sujet, les a trouvées fondées et, voulant faire connaître ses intentions à cet égard,

« Ouï les rapports, Sa Majesté, étant en conseil, a fait et fait expresses inhibitions et défenses de désigner sous le nom de « bourreaux » les exécuteurs des jugements criminels.

« Fait au Conseil d'Etat du Roi, Sa Majesté y étant, tenu à Versailles le 12 janvier 1787.

« Le baron de BRETEUIL. »

Plus tard, nous verrons, en vertu de cette ordonnance, Sanson poursuivre des journaux coupables de l'avoir désigné sous ce titre de l'opprobre populaire.

En 1778 il avait succédé à son père, Charles-Jean-Baptiste Sanson. Cependant, depuis quelques années il était déjà « entré dans la carrière » et dans maintes exécutions en Grève on le vit aider son père.

Charles-Henry Sanson était né en 1739. Ses six frères avaient, eux aussi, continué l'office de la famille et exerçaient en province.

Ce fut donc lui qui, en 1792, fut appelé à venir juger, à Bicêtre, de l'effet du nouvel instrument de supplice.

« Pendant que les spectateurs adressaient leurs félicitations aux deux médecins dont l'invention tendait à rendre plus prompte et moins douloureuse l'application de la peine capitale, seul, le vieux Sanson (1), les yeux fixés sur le dernier cadavre dont la tête avait roulé si rapidement, si facilement, sans que sa main exercée eût fait autre chose que de pousser un ressort, répétait avec tristesse : — Belle invention ! pourvu qu'on n'abuse pas de la facilité ! (2) »

Si l'anecdote n'est pas apocryphe, on peut louer la perspicacité prévoyante du bourreau qui allait être appelé à mener les grandes fournées de la place de la Révolution. Se doutait-il cependant qu'une des premières exécutions allait être fatale à son fils puîné ?

Le 27 août 1792, on exécutait, en place de Grève, l'abbé Sauvade et les nommés Vimal et Guillot, convaincus du crime de fabrication de faux assignats. Le fils Sanson qui montrait les têtes au peuple, s'étant

(1) Il avait à l'époque cinquante-trois ans.

(2) ALBOIZE et A. MAQUET, *Histoire anecdotique des prisons de l'Europe*. Le fait est cité par le Docteur Cabanès dans le tome IV du *Cabinet secret de l'Histoire*, au chapitre : *Guillotin et l'inventeur de la guillotine ?* p. 117.

approché du bord de la plate-forme, perdit pied. La colonne vertébrale fut brisée. On le releva mourant (1).

Peu après commençait la grande besogne révolutionnaire. Sanson y acquit rapidement une habileté qui devint fameuse et dont l'écho parvint au fond des départements, s'il faut en croire la lettre de Giraud au Comité du Salut Public, citée par Prudhomme : « A Paris... l'art de guillotiner a acquis la dernière perfection. Sanson et ses élèves guillotinent avec tant de prestesse qu'on croirait qu'ils ont pris des leçons de Comus (2), à la manière dont ils escamotent leur homme ». Cette « prestesse » expédia les vingt et un Girondins en trente-huit minutes et servit d'exemple aux aides qui, quelques années plus tard, en 1804, dépêchèrent en moins de temps encore, vingt-sept minutes, Cadoudal et ses vingt-cinq complices, en place de Grève. La leçon du vieux Sanson avait porté ses fruits.

Mercier, dans son *Nouveau Paris*, cache à peine son admiration pour le terrible exécuteur : « Quel homme que ce Sanson ! s'écrie-t-il. Il abat la tête qu'on lui amène, n'importe laquelle ! » Ce à quoi Madame Roland objecte : « Il fait son métier et gagne son argent (3) ». Son argent ! Sanson estimait sa peine peu payée et ses réclamations à cet égard n'étaient pas dénuées de quelque vivacité. Le décret du 13 juin 1793, établissant près des tribunaux criminels un exécuteur de leurs jugements, avait, en ces termes, fixé le traitement des bourreaux :

(1) « Un des fils de l'exécuteur qui montrait au peuple une des têtes sans regarder à ses pieds, est tombé de l'échafaud et s'est brisé la cervelle à terre. On le dit mort... » *Chronique de Paris*, n° du 29 août 1792. La *Chronique* ajoute que la douleur du père est grande. Pour être bourreau, fut-il moins homme ?

(2) On sait que dans la mythologie grecque, Comus fut le dieu de la gastronomie.

(3) *Mémoires de Madame Roland*, tome II, p. 18. Edit. de 1865.

« ARTICLE 1. — Il y aura dans chacun des départements de la République, près des tribunaux criminels, un exécuteur de leurs jugements.

« ARTICLE 2. — Le traitement des exécuteurs est une charge générale de l'Etat.

« ARTICLE 3. — Dans les villes dont la population n'excède pas 50.000 âmes, il sera de 2.400 livres.

Dans celles dont la population est de 50 à 100.000 âmes, de 4.000 livres.

Dans celles de 100 à 300.000 âmes, de 6.000 livres.

« Enfin, à Paris, le traitement de l'exécuteur sera de 10.000 livres. »

. . . .

A ces 10.000 livres stipulées par l'article 3 du décret, venaient s'ajouter une indemnité de 1.000 livres par aide (ils étaient quatre auprès de Sanson) et une indemnité annuelle de 3.000 livres pendant toute la durée du gouvernement révolutionnaire.

Ces 17.000 livres étaient insuffisantes à son budget. Il réclamait, et il n'apparaît pas qu'il eut grande satisfaction sur ce point.

Taschereau nous a laissé, avec son orthographe pittoresque, une de ces lettres de réclamation adressée par Sanson à Roederer. La pièce mérite d'être reproduite, car elle ouvre un jour nouveau sur la vie privée du tortionnaire fameux (1).

A MONSIEUR ROEDERER,
PROCUREUR GÉNÉRAL DU DÉPARTEMENT

A Paris, ce 6 août 1792.

Monsieur,

C'est très respectueusement que j'ai l'honneur de vous représenter la position dans laquelle je me trouve. Elle

(1) *Revue rétrospective*, 1834, vol. II, pp. 142 et suiv.

est telle, que je vous supplie, Monsieur, de vouloir bien y donner un moment d'attantion.

Le mode d'exécution qui se pratique aujourd'hui triple aisément les frais des dépenses enciennes, en oûtre du renchérissement de toutes les choses nécessaires à la vie. Le service et le nombre des tribunaux criminels me force d'avoir un nombre de personne en état de remplir les ordres que je reçois. Moi personnellement ne pouvant être partout. Il me faut du monde sure. Car le public veut encore de la décense. C'est moi qui paye cela.

Pour avoir du monde comme il le faut pour cette ouvrage, ils veulent des gages d'oubles des autres années entérieures. Encore viennent-il de me prévenir samdi dernier, que, sy je ne les augmentais pas d'un cart au moin, ils ne pouvaient plus faire ce service. Les circonstances actuelles mon forcés de promettre.

L'abolition des préjugés semblait m'avoir facilité sur la difficulté de trouver des sujets, aucontraire, je me suis apperçu quelle na servi, qua faire dis paraître tous ceux dans la classe des quels je pouvais en avoir par la facilitée qu'ils onts de servir chez des particuliers, de faire un autre état quelconque oû de s'engager.

Il faut al'ors, pour s'en procurer, les enchaîner par l'apas du gain.

J'ay quatorze personnes tous les jours à nourire, dont huits sonts à gages, trois chevaux, trois chartiers, les accessoires... Un l'oyer énormes, à raison de l'Etat. (De tous les tems l'exécuteur a toujours été l'ogé par le roi.)

Les faux frais d'exécution, journellement très commune, d'autres charges de famille, comme parents, et vieux domestiques infirmes qui ont sacrifiés leurs vies à ce service ; les-quels ont droit à l'humanitée.

Ma demande actuelle est, Monsieur, que voilà huit mois que j'ay donné dans le bureau des frais de justice des mémoires de dépenses et frais, qui de tous les tems monts étés payés sur le prix du tarif que j'en ait fourni, je ne peut parvenir à toucher ses mémoires ; je me suis cependant bien exactement renfermé dans les prix du tarif ; j'ay même fait des réductions moi même sur plusieurs articles.

J'ay eut l'honneur, Monsieur, de vous présenter sur cela une requeste le 11 juin dernier sans avoir eu réponse. Ma fortune gênée, j'ose même dire même bien endettée, ne me permet plus de faire des avances aussi conséquante, ne sachant plus de quel côté m'en procurer. Et ne pouvant plus m'adresser aux personnes aux quels je doit et aux quels je ne puis rendre sy je ne suis payé. Je n'aie plus recour qua vous, Monsieur, pour faire ordonner le payement de ce qui m'est dut, sans quoi après les sacrifices que j'ay fait pour parvenir j'usqua ce jour à faire exactement le service de mon office occasionneront la subversion total de mon existance local et une ruine inévitable en me forçant d'abandonner mon poste et ma famille après 42 ans de pareil service.

Comme ma position est pressante, je vous supplie Monsieur, de vouloir bien vous faire informer par quelquun de confiance de la véritée de ce que j'ay l'honneur de vous avancer.

J'ay celui destre avec le plus profond respect,

Monsieur.

Votre très humble et très obéissant serviteur.

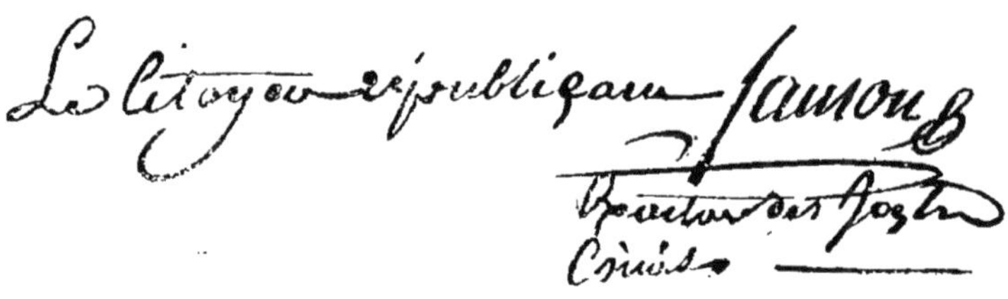

On voit par cette lettre que Sanson n'était pas loin de regretter l'ancien régime qui lui avait valu, avec une honnête aisance, des bénéfices que le nouveau gouvernement lui enlevait. La besogne croissante — et on n'était qu'à la veille de 93 ! — lui semblait médiocrement payée, et ce n'est pas cependant sans une nuance de regret qu'il parle d'abandonner cette fonction remplie avec honneur et avec cette « décense » que le public demandait.

Après cela il est peut-être intéressant de rappeler ici que, sous le règne de Louis-Philippe, époque pacifique pourtant, le bourreau de Paris touchait comme appointements annuels la somme de 8.000 frs ; celui de Lyon, 5.000 frs ; celui de la ville de Rouen, 4.000 frs. Le traitement était de 2.400 frs dans les villes de moins de 50.000 âmes. Les aides à Paris continuaient à toucher 1.000 frs. Ceux de province n'obtenaient que 800 frs. Aujourd'hui, au bagne de l'Ile Nou, un forçat libéré devenu bourreau, reçoit pour chaque exécution dix francs, deux bouteilles de vin et une boîte de sardines (1). C'est qu'aussi les temps ont changé.

Si on ne trouve pas trace de reproches faits à Sanson dans l'exercice de son terrible ministère, il n'en est pas de même de ses aides. L'histoire du soufflet sur la joue de la tête coupée de Charlotte Corday est connue, et nous y reviendrons en son temps. Mais voici, retrouvée dans un carton des Archives (2), une pièce inédite, curieuse, qui montre que des conflits s'élevaient quelquefois entre les aides du « barbier » et la force armée chargée d'escorter les charrettes. Nous respectons soigneusement l'orthographe simplifiée de ce document :

GENDARMERIE NATIONALE
PRÈS LES TRIBUNAUX ET A LA GARDE DES PRISONS DE PARIS

PREMIÈRE
DIVISION

—

Du 18 fructidor 1794, *l'an* 2e *de la République Française, une et indivisible.*

Le Citoyen Capitaine de la Gendarmerie de service près le Tribunal vous prévient, Citoyen, que hier il fit

(1) Jean Carol, *Le Bagne*, p. 225.
(2) Archives Nationales, Série W, carton 137, pièce 33. Les parties en italiques sont imprimées dans l'original.

une représentation au Citoyen Demaret, employé par le Vangeur, qu'il ne devait pas attacher les condamnés un demie-heure avant que de partir pour l'exécution, que l'huissier de service soit prest, de même que la force armée, et qu'il ne devait pas s'absenter près d'une demie-heure, le condamné étant attaché.

Le nommé Demaret m'a répondu insolament qu'il n'avait pas d'ordre à prendre de moi et que cela le regardait. Je demande au Tribunal à faire droit à qui il appartiendra.

Salut et fraternité.

Hausson Capitaine *Commandant la Gendarmerie non montée de la première division.*

Le citoyen Dobsent président est prévenu de cette affaire (1).

La plainte du capitaine Hausson n'eut aucun effet. Ne visait-elle point l'aide du « *Vangeur* », un des soutiens du régime ? Il est de bonne politique de ne point frapper ceux qui tiennent le glaive.

Quelquefois, cependant, des rapports des observateurs de l'esprit public signalaient les déportements, sinon de l'exécuteur, du moins de ses aides, témoin cette note du 7 ventôse an II : « On a été indigné de l'espèce de férocité avec laquelle l'exécuteur des jugements remplit ses fonctions. Il a saisi, dit-on, plusieurs de ces criminels (2) avec une violence qui a révolté beaucoup de spectateurs (3) ».

(1) Le condamné auquel il est fait allusion est un nommé Jean Paumier, accusé de vols et de dilapidations dans l'exercice de ses fonctions, étant commissaire dans l'administration des fourrages. Plusieurs individus pousuivis comme ses complices, furent acquittés. (Arch. nat. Série Wb,cart. 444).

(2) La fournée comprenait ce jour-là dix-sept condamnés.

(3) Rapport de police de l'observateur Latour-Lamontagne ; Archives nationales, Série W, carton 112.

Mais de telles observations sont rares. La Terreur eut en Sanson un serviteur fidèle, obstinément dévoué.

Regardons maintenant le masque obscur et tragique du second personnage de l'antithèse (1).

(1) On trouvera des détails curieux quelquefois sur Sanson dans les *Mémoires* (apocryphes) *de l'exécuteur des hautes œuvres, pour servir à l'histoire de Paris pendant le règne de la Terreur,* publiés par A. Grégoire. Une édition parut à Paris, en 1830, in-8 ; cette même année, on en publia une à Bruxelles du format petit in°-12, de 340 pages.

II

LE ROI ET LE BOURREAU

Si la chute d'une tête royale marque une grande date dans l'histoire de la France, elle demeure aussi d'une importance considérable dans la vie d'un bourreau.

Alors que les exécuteurs de hauts personnages sont demeurés inconnus et oubliés, cette tête sanglante à la main, Sanson se dresse au seuil de l'histoire de 93. Il est, il demeurera l'exécuteur de Louis XVI, et c'est avec cette sanglante auréole de la gloire qu'il continue pendant la Terreur sa fonction sans appel.

A peine la tête du Roi tombée, il s'élève autour de cette dépouille encore tiède un sinistre débat.

On accuse le bourreau de tirer profit des reliques du condamné. On vend des boutons, des cheveux. Ce commerce ne peut être fait que par Sanson. Sa protestation ne tarde pas à se faire entendre, et le *Thermomètre du jour* fait paraître cette note :

« Les boutons, les lambeaux de l'habit, de la chemise de Louis Capet, ses cheveux ont été recueillis et vendus très chèrement aux amateurs. L'exécuteur Sanson, accusé d'avoir participé à ce commerce d'un nouveau genre, vient d'écrire aux journalistes pour se disculper à cet égard ; voici ses expressions : « *J'apprends dans le moment qu'il court le bruit que je vends ou fais vendre les cheveux de Louis Capet. S'il en a été vendu, ce commerce infâme ne peut avoir eu lieu que par des fripons ; la vérité est que je n'ai pas souffert que personne de chez moi en emportât ou en prît le plus léger vestige* » (1).

C'est, à l'époque, une mode fort en honneur que la haine de la tyrannie. Cette mode, les *tyrannicides* ne craignaient pas de l'exercer sur les morts et c'est elle qui fit imprimer, dans le *Patriote*, que Louis XVI était mort lâchement. Quelques jours plus tard on put lire cette lettre de Sanson, véritablement stupéfiante, oui stupéfiante, tant à cause de la signature que de l'objet qu'elle défend :

Lettre du citoyen Sanson, principal exécuteur des jugements criminels, au rédacteur du *Patriote* (2) :

Citoyen,

Un voyage d'un instant a été la cause que je n'ai pas eu l'honneur de répondre à l'invitation que vous me faites dans votre journal, au sujet de Louis Capet. Voici, suivant ma promesse, l'exacte vérité de ce qui s'est passé. Descendant de la voiture pour l'exécuter, on lui a dit qu'il fallait ôter son habit ; il fit quelques difficultés en disant qu'on pouvait l'exécuter comme il était. Sur la représentation que la chose était impossible, il a lui-même aidé à ôter son habit. Il fit ensuite la même difficulté lorsqu'il s'est agi de lui lier les mains, qu'il donna lui-même lorsque la personne qui l'accompagnait (3)

(1) *Le Thermomètre du Jour*, n° du 29 janvier 1793.

(2) *Le Patriote*, n° du 22 février 1793. La rectification parut d'abord dans le *Thermomètre du Jour*, n° du 20 février 1793.

(3) L'abbé Henri Essex Edgeworth de Firmont, évidemment.

lui eut dit que c'était un dernier sacrifice. Il s'informa si les tambours battraient toujours ; il lui fut répondu qu'on n'en savait rien, et c'était la vérité. Il monta sur l'échafaud ; il voulut foncer sur le devant, comme voulant parler ; mais on lui représenta que la chose était impossible encore ; il se laissa alors conduire à l'endroit où on l'attacha et où il s'est écrié très haut : « *Peuple, je meurs innocent !* » Ensuite, se retournant vers nous, il nous dit : « *Je suis innocent, de tout ce dont on m'inculpe. Je souhaite que mon sang puisse cimenter le bonheur des Français.* » Voilà, citoyen, ses dernières et véritables paroles.

L'espèce de petit débat qui se fit au pied de l'échafaud roulait sur ce qu'il ne croyait pas nécessaire qu'il otât son habit et qu'on lui liât les mains. Il fit aussi la proposition de se couper lui-même les cheveux.

Et pour rendre hommage à la vérité, il a soutenu tout cela avec un sang-froid et une fermeté qui nous a tous étonnés, et je reste très convaincu qu'il avait puisé cette fermeté dans les principes de la religion, dont personne plus que lui ne paraissait pénétré et persuadé.

Vous pouvez être assuré, citoyen, que voilà la vérité dans son plus grand jour.

SANSON.

Paris, ce 20 février, an 1er de la république.

Cette défense du prince, du « tyran » mort, un homme a osé l'écrire à l'aube de la Terreur, et quel homme ! Celui qui sur cette nuque royale avait laissé retomber le lourd couperet ! La lettre parut alors ce qu'elle est encore aujourd'hui : audacieuse. On s'indigna de l'affirmation publique des sentiments de piété du roi, puis le silence se fit. Le temps passa sur cette protestation du bourreau en faveur du roi, et ce cri de la hache a traversé les siècles pour déposer du courage de Louis Capet devant le couteau levé.

La franchise de cette lettre est frappante ; comment admettre après sa lecture ce que dit M. de Bernard, un contemporain, de l'attitude de Sanson après le supplice du Roi ? La tête est tombée, le sang ruisselle sur les planches mal jointes de la plate-forme. « On dit, écrit M. de Bernard (1), que le bourreau répandait ce sang par forme d'aspersion sur ceux qui environnaient l'échafaud. Je n'aurais pas cru ces horribles récits, si je ne les avais entendu faire à vingt personnes dignes de foi ». Le témoignage de M. de Bernard n'a pas le mérite de la nouveauté. Quelques écrivains de la Restauration s'en sont fait l'écho, mais après la mort de Sanson. Il l'ignora sans doute toujours, car on peut être persuadé, par ce qu'on vient de lire, qu'il aurait protesté, comme il protesta dans le *Thermomètre du jour*, contre la vente des reliques, et dans le *Patriote* en faveur du courage du roi. Et, après cette lettre énergique et si révélatrice de son caractère, on n'aura pu hésiter entre les dires du gentilhomme et la parole du bourreau.

Mais s'ensuit-il de là qu'il nous faille admettre, comme le fait M. G. Lenôtre, qui d'ailleurs ne s'y arrête pas (2), la légende sentimentale et royaliste de la messe de Sanson ? On connaît la chose : pris de remords, le bourreau aurait, à l'église Saint-Laurent, fait célébrer, sa vie durant et même après sa mort, une messe anniversaire pour le repos de l'âme de celui qu'il avait exécuté au matin du 21 janvier. Cette messe publique aurait été elle-même précédée, le lendemain du supplice, d'un sacrifice expiatoire offert, sur la prière de Sanson, par un prêtre réfractaire dans un galetas du faubourg Saint-Martin.

Remontons, pour en démontrer nettement la puérilité, aux origines de la légende.

(1) Pierre de VAISSIÈRES, *Lettres d'aristocrates.*

(2) « On considère comme un fait certain que, le 21 janvier 1793, Sanson assista, pendant la nuit, à une messe pour le Roi que célébra un prêtre réfractaire dans la mansarde où se cachaient, faubourg Saint-Denis, deux religieuses chassées de leur couvent. Balzac à écrit sur cette donnée un fort dramatique récit... qui repose sur un fonds de vérité ». G. LENOTRE, *La Guillotine*, etc., p. 373.

En 1830, la Librairie centrale publiait deux forts volumes in-8°, pompeusement intitulés : *Mémoires pour servir à l'Histoire de la Révolution Française, par Sanson, exécuteur des arrêts criminels.* Est-il besoin de le dire ? Sanson était absolument étranger à cette affaire de librairie qui avait été imaginée de toutes pièces par Balzac et un certain Lhéritier (de l'Ain). C'était une compilation un peu désordonnée, rassemblant les anecdotes connues ou oubliées, que Balzac qualifiait de « faits historiques assez curieux que plus d'une personne est encore à même d'attester ».

Parmi ces *faits historiques* figurait une introduction anonyme due à Balzac lui-même, car elle reparut sous le titre : *Un Episode sous la Terreur,* dans les *Scènes de la vie Politique,* et, plus tard, à la suite de *Modeste Mignon* et d'*Une ténébreuse affaire,* sous un nouveau titre : *Une messe en* 1793 (1).

Résumons-la brièvement, pour l'intelligence de la réfutation que nous allons en faire.

Une vieille dame, le 22 janvier 1793, est suivie dans le faubourg Saint-Martin. Elle se hâte vers le pâtissier où elle va prendre des hosties destinées au prêtre réfractaire à qui elle donne refuge. A sa sortie de la boutique, l'homme continue à la suivre et ne la quitte qu'au seuil de la misérable maison où cette poursuite va jeter l'alarme. Mais l'homme n'a pas renoncé à son projet. A peine la vieille dame est-elle entrée que l'homme frappe à la porte du galetas. On ouvre. Il entre. Il parle calmement. Il sait qu'un prêtre est réfugié là : son bréviaire est là sur la table. Il sait

(1) Le récit est dédié à l'avoué Guillonnet-Merville, dans l'étude duquel Balzac travailla dix-huit mois. C'est Guillonnet-Merville qui, sous le non transparent de l'avoué Derville, joue un rôle dans quelques-uns des romans de Balzac, entre autres : *Splendeurs et misères des courtisanes, Gobseck, Le Père Goriot, Une ténébreuse affaire.* C'est l'avoué du colonel Chabert, et il fut pris, on le voit, sur le vif.

que la vieille dame est une religieuse proscrite, que sa compagne qui est là, tremblante, est sa sœur en religion, et que toutes deux sont des aristocrates : Mlles de Beauséant et de Langeais. Les deux femmes se sentent perdues. Le prêtre apparaît, sortant de sa cachette. Que leur veut l'inconnu ? Son désir est simple : il prie qu'une messe soit dite cette nuit pour l'âme de Louis XVI, mort sur l'échafaud. Le prêtre consent. L'autel est dressé sur la commode boîteuse du triste logis, et, dans le silence de cette nuit glaciale, le sacrifice est offert par ces proscrits devant cet homme mystérieux dont deux grosses larmes tracent leur sillon argenté « au long des joues mâles ». Les prières dites, il part, laissant au prêtre une boîte contenant « un mouchoir de batiste très fine souillé de sueur » et de sang, marqué de la couronne royale. Devant ce mystère, les deux religieuses et le prêtre restent tremblants. L'homme a promis de revenir. Il revient et c'est le 21 janvier 1794, la nuit anniversaire. Une nouvelle messe est dite, et une fois encore l'inconnu disparaît. Quelques mois plus tard le prêtre revoit l'homme. Il est debout sur la charrette qui mène Maximilien de Robespierre à la guillotine, et cet homme c'est l'exécuteur.

Voilà le récit. On ne peut lui dénier le pittoresque habituel aux pages de Balzac, mais on doit s'étonner d'avoir vu tenir compte de ce roman au point de vue historique. Chose curieuse ! Balzac semble avoir pris lui-même le souci d'en démontrer les invraisemblances et les meilleures armes pour détruire son conte sont celles-là qu'il nous fournit.

Dans le récit, le prêtre s'appelle de Marolles. On nous dit, et ces paroles sont placées dans la bouche de Sanson, qu'il « a miraculeusement échappé au massacre des Carmes ». Ce nom et cette date constituent deux points de repère précieux. En effet, nous possédons les Almanachs royaux jusqu'en 1792. Dans aucun d'eux ne se trouve le nom de l'abbé de Marolles. Supposons-le cependant attaché à un évêché de province, l'absence de nom peut en ce cas s'expliquer, quoi que les almanachs ne soient pas muets sur cet objet. Admettons l'oubli. Mais nous possédons les noms des quarante-quatre prêtres sauvés du massacre des Carmes auquel l'abbé de Marolles a «miraculeusement échappé». Là encore le nom ne se retrouve point. Il ne se retrouve pas davantage dans la liste des prêtres détenus, car si l'abbé s'est échappé, c'est qu'il était prisonnier. Que conclure jusqu'à présent ? Que l'existence de l'abbé de Marolles semble bien problématique. Cependant un curé de ce nom a existé. Ce n'est ni dans l'Almanach royal du temps, ni sur les listes des ecclésiastiques des Carmes que nous le trouvons, mais bien en un endroit où on ne s'attendait guère à le voir. C'est dans la liste des députés aux Etats-Généraux où l'élut le clergé du bailliage de Saint-Jean de Saint-Quentin, en 1789. Mais ici encore une cruelle désillusion nous attend pour le motif que voici : L'abbé C. E. F. Marolles (ou de Maroles, on voit le nom écrit des deux manières) sollicita, en 1790, l'augmentation du traitement des curés de campagne et se trouva parmi les soixante députés écclésiastiques qui prêtèrent serment à la tribune de l'Assemblée. L'abbé de Marolles, du conte de Balzac, est un prêtre réfractaire et on y insiste particulièrement. Or, en 1791, on trouve l'abbé de Marolles, celui des Etats-Généraux, évêque à Soissons, mais evêque constitutionnel. Pour achever cette courte biographie du personnage, disons que la Convention reçut, le 15 novembre 1793, ses lettres de prêtrise et sa démission. Il se maria et mourut deux années plus tard. Si nous l'avons suivi jusqu'ici, c'est uniquement pour épuiser toutes les preuves en faveur d'*Une messe en* 1793. Mais enfin, ce nom, Balzac l'a peut-être déguisé, travesti, caché sous la transparence, rebelle en la matière, du pseudonyme. Cependant, à l'époque où paraissaient les *Mémoires* apocryphes de Sanson, qu'avait-on à craindre en divulguant ce nom ? Ne servait-il pas, au contraire, la cause de Sanson ? Si, comme le dit M. Lenôtre, le récit repose « sur un fonds de vérité », le nom de l'abbé qui célébra la messe du 22 janvier ne devait pas être inconnu à Balzac. Dans ce cas, pourquoi s'obstina-t-il à le déguiser sous celui de Marolles ? A tous ces points d'interrogation la réponse est facile : l'abbé de Marolles n'exista que dans la féconde imagination du romancier. Ceci établi, d'une façon indiscutable, croyons-nous, il nous reste à élucider la question de la messe. Ce n'est qu'une légende qui s'en va. Mais il y a plus.

Sanson a-t-il pu faire célébrer cette messe ?

Cela est possible. «Il était doux et pieux (1)», a-t-on dit. D'autre part, nous savons qu'il avait un directeur de conscience, le père Guillou (2). Mais a-t-il fait célébrer la messe ? Toute la question se résume en ceci. La fantaisie de Balzac nous permet d'ajouter peu de foi à son *Episode sous la Terreur* ; force nous est donc de rechercher dans d'autres documents la confirmation du fait. C'est la *Biographie Universelle* de Michaud jeune qui va nous renseigner, et elle le fait abondamment :

« Par ses dispositions testamentaires, Sanson voulut qu'une messe d'expiation fût dite à ses frais, tous les ans, le 21 janvier, pour le repos de l'âme de Louis XVI, et, tant qu'il a vécu, son fils et successeur a religieusement rempli ce désir, en chargeant de faire dire cette messe le curé de Saint-Laurent. Dans ces temps de révolution, on fut souvent obligé d'y procéder dans le silence et sans

(1) MICHAUD jeune, *Biographie Universelle*, art. Sanson.

(2) «Le Père Guillou m'a dit qu'il avait su directement par le vieux Sanson avec lequel il avait tous les ans des rapports de conscience... » *Souvenirs de la marquise de Créquy* (de 1710 à 1803), tome VIII, p. 128.

apprêts funéraires. On priait seulement pour le repos de l'âme de *Louis*, sans autre désignation. Cette pieuse cérémonie fut continuée jusqu'en 1840, tant que vécut le fils de l'exécuteur, auquel le présent article est consacré » (1).

A cela des documents irréfutables viennent opposer leur démenti : les registres de la paroisse de Saint-Laurent. Aucun d'eux ne porte la mention d'une semblable fondation. M. Lenôtre signale la chose sans s'y arrêter. Elle a pourtant son importance puisqu'elle infirme, définitivement, la légende de la messe de Sanson qu'il tient pour un fait certain.

C'est imaginer au bourreau une sensibilité qu'il n'eut certes pas, car il n'en exécuta pas moins la Reine et Madame Elisabeth. Qui l'empêchait, après la messe du faubourg Saint-Martin (2), de faire dire celle pour Marie-Antoinette ? On ne comprend pas très bien ce Sanson pleurant la monarchie qu'il exécutait. On peut aimer l'antithèse. La logique se refuse a admettre celle-là. D'ailleurs, qui obligeait Sanson à accomplir une tâche qui lui répugnait ? Mais c'est déjà trop insister sur un sujet dont la naïveté n'aura pas échappé à nos lecteurs.

(1) Henry Sanson, né à Paris le 24 décembre 1767, mort le 18 août 1840.

(2) Et non *Faubourg Saint-Denis*, comme l'écrit, par erreur, M. LENOTRE. *La Guillotine*, etc., p. 373.

C'est à l'exécution de Louis XVI, que le sensible Michaud attribue la mort de Sanson qu'il fait décéder en 1793, quelques mois après le 21 janvier. A ce touchant tableau d'un exécuteur suivant de près sa victime dans la tombe, il n'y a qu'une ombre : c'est qu'il est inexact en tous points, comme d'ailleurs la plupart des détails fournis par Michaud.

Charles-Henry Sanson ne cessa d'exécuter qu'en l'an III, époque à laquelle il donna sa démission (13 fructidor-30 août 1795). Pendant onze années, dans l'ombre et le silence, avec ses tragiques souvenirs, il vécut. Autour de lui étaient tombés les derniers conventionnels. Brumaire terrassait les jacobins. Le Consulat sonna dans le cuivre ses conquêtes. La République fut étranglée. L'exécuteur de Louis XVI vit un nouveau maître prendre possession de ces Tuileries où, jadis, il allait percevoir le prix du sang. Enfin, au lendemain des fracas des *Te Deum* de Paris et des tonnerres d'Austerlitz, le vieux Sanson mourut. Cette mort passa inaperçue. Un modeste cortège le mena au cimetière du Nord, sur la butte Montmartre, près de l'endroit où ses fiançailles s'étaient faites avec la fille du maraîcher, Marie-Anne-Juguier. La dalle funèbre (1) loua le grand bourreau :

ICI
REPOSENT
CHARLES-HENRY
SANSON
NÉ A PARIS
LE 15 FÉVRIER 1739
DÉCÉDÉ LE 4 JUILLET 1806
CETTE PIERRE LUI FUT ÉRIGÉE
PAR SON FILS ET SA FAMILLE
DONT IL FUT REGRETTÉ.

(1) Actuellement dans le 20e section du cimetière Montmartre.

Dont il fut regretté!... Oui, cet homme avait été père, il avait souffert, aimé, ri. Cet homme avait un foyer où l'attendait, le soir, après le travail de la journée, le repas fumant. Les mains lavées, las et affamé, il rompait le pain... Dans cette terre bénie il s'en venait dormir le dernier sommeil, paisiblement, tandis que les milliers de guillotinés de 93 et de 94 pourrissaient dans un enclos abandonné, désert, oublié.

Ici reposent... dit la pierre que nous vîmes dans la mélancolique pluie d'octobre derrière la grille rouillée. Là encore dort cette famille de tortionnaires fameux et la pierre les énumère :

HENRY SANSON
NÉ A PARIS LE 24 X[bre] 1767
DÉCÉDÉ LE 18 AOUT 1840
IL FUT LE BIENFAITEUR
DE TOUTE SA FAMILLE
QUI NE CESSERA DE PRIER POUR LUI.

Puis, ce sont les femmes — ces hommes eurent des épouses, des mères, des filles. Qui saura leurs nuits aux côtés de ces hommes ?

MARIE-LOUISE DAMIDOT
VEUVE DE HENRY SANSON
NÉE A PARIS LE 14 OCTOBRE 1776
DÉCÉDÉE LE 18 JUIN 1850
REPOSE EN PAIX BONNE ET TENDRE MÈRE
TU N'AS FAIT QUE LE BIEN. DIEU
TE RÉCOMPENSERA SELON TES ŒUVRES.

***

VIRGINIE-EMILIE-LEFEBURE
FEMME SANSON
DÉCÉDÉE I E 29 AVRIL
1860
DANS SA 62e ANNÉE.

Ces femmes sont mortes vieilles, dans la paix de maisons d'où les passants s'écartaient. Là, dans l'oubli, leurs cheveux blanchirent. Les rides mirent leurs légères griffes à leurs tempes. Ce furent de « bonnes mères », des épouses fidèles. Mais ce ne sont pas les seuls secrets que livrent les vieilles pierres du tombeau oublié. Dans la biographie des Sanson, M. Lenôtre s'est demandé, en guise de conclusion, où le dernier des Sanson avait enseveli le nom de la sanglante dynastie. « Le dernier (*des Sanson*) ayant vécu de la guillotine, a su trouver une retraite tellement impénétrable que le mystère n'en a jamais été dévoilé » (1).

Ce mystère, la tombe des Sanson le livre. La pierre le dit :

HENRY-CLÉMENT SANSON
DÉCÉDÉ LE 25 JANVIER 1889
A L'AGE DE 89 ANS.

Voilà sa retraite. Sur lui, pour la dernière fois, a tourné la dalle. L'éternité du sommeil enveloppe cette fosse tragique où pleuvent, mélancoliquement, les dernières feuilles mortes de brumaire.

(1) G. LENOTRE, *La Guillotine*, etc. p. 213.

Vignette des affiches de l'an II.

III

LA HACHE DE LA LOI

Un matin du mois de mars 1793, les commis du Tribunal Révolutionnaire, les témoins attendant l'heure de l'audience et cette foule de plaideurs à qui les révolutions ne font pas abandonner le souci de leurs intérêts, regardaient curieusement, dans la Cour de Mai du Palais de Justice, un emménagement. Le fait, assez rare en pareil endroit, autorisait cette curiosité. D'une large voiture, des ouvriers descendaient une ottomane, des fauteuils recouverts de velours d'Utrecht jaune, une commode en bois de rose (1), et tous ces menus objets qui constituaient le charme des vieux intérieurs bourgeois du XVIIIe siècle. Une manière de solide paysan artésien, large d'épaules, grand, aux cheveux noirs abondants rejetés en arrière, surveillait le travail. Timidement, les commis se le désignaient du doigt :

— Le nouveau patron !

C'était Fouquier-Tinville qui s'installait dans l'appartement auquel lui donnait droit, avec

(1) Inventaire des meubles de Fouquier-Tinville après le décès de sa première femme (1782).

8000 livres d'appointements, sa nouvelle charge d'accusateur public auprès du Tribunal Révolutionnaire.

La voiture arrivait de la rue Saint-Honoré (1), dernière résidence de l'accusateur. Il avait, à cette époque, quarante-six ans. On savait que, le 26 janvier 1774, il avait acquis la charge de procureur postulant au Châtelet et siège présidial de Paris, que le 13 mars 1793, il était devenu substitut auprès du Tribunal extraordinaire crée par le décret du 10, et qu'enfin le 22 prairial an II l'avait vu coiffer le bicorne à plumes noires et revêtir le manteau d'accusateur public. Ses affaires n'avaient cependant pas toujours été, sinon prospères, du moins claires. Le mot banqueroute (2) avait été prononcé et on l'attribuait à sa passion du jeu. De fait, on vit souvent le futur accusateur public dans un tripot et vide-bouteilles du boulevard du Mesnil-Montant (3), situé en face de cette taverne fameuse de la *Galiote* où les viveurs de l'époque organisaient leurs parties fines. On n'a pas manqué,

(1) Ch. Nauroy dans *Le Curieux* cite quelques domiciles de Fouquier-Tinville, qui en changea souvent : rue de Bourbon-Ville-Neuve, rue du Faubourg Saint-Antoine (1785), rue Vieille-du-Temple (1786), rue Sainte-Croix de la Bretonnerie (1788), rue Bourg-Tibourg (1789), rue de Chartres (1791) et enfin rue Saint-Honoré (1792). Signalons, en passant, que ce fut rue Bourbon-Ville-Neuve que fut commis, dans la nuit du 14 octobre 1791, le premier attentat qui fut puni de la peine de mort par la guillotine. L'auteur en était ce Pelletier, dont nous avons précédemment parlé. Pelletier-Fouquier ! Ce double souvenir dans cette même rue de Bourbon-Ville-Neuve, méritait d'être souligné.

(2) « ...et termina sa carrière de légiste par une banqueroute ». *Biographie moderne ou galerie historique, civile, militaire, politique, littéraire et judiciaire*, tome II, p. 73 (Paris, 1816).

(3) « La chaussée de Mesnil-Montant était de temps immémorial fréquentée par une foule de Parisiens qui ne reculaient pas à gravir sa pente rapide pour se rendre aux guinguettes nombreuses sur sa hauteur. On y buvait un petit vin, produit des vignes dépendant du clos *Guinguet ;* c'est ce qui donna le nom de guinguettes aux endroits où on le débitait ». Charles VIRMAITRE, *Paris Historique*, p. 32.

depuis, d'ajouter le vice de la basse luxure à tous ceux qu'on lui attribuait un peu bénévolement. C'est une accusation à laquelle peu de conventionnels ont échappé. Ne nous a-t-on pas montré le chaste Robespierre organisant des orgies à Clamart et tentant d'y surprendre la vertu — quelque peu endommagée déjà — d'Emilie de Sainte-Amaranthe ? Quant à Fouquier, on nous l'a représenté se plongeant dans « les sales voluptés du libertinage » et prodiguant « à des courtisanes le fruit de son imposture » (1) dans des lieux où fréquentait Hérault de Séchelles (2). Les autres l'ont vu traîner parmi les eaux-de-vie de louches cabarets, ces pompeuses plumes noires du chapeau à la Henri IV, qui offusquaient si violemment le sans-culottisme des vrais patriotes (3). Enfin, malgré le véritable souci du droit des accusés dont il donna la preuve (4), s'il nous faut ajouter à ce tableau à la

(1) Des Essarts, *Procès fameux jugés depuis la Révolution.*

(2) « Hérault de Séchelles en avait fait la connaissance dans un lieu de débauches ». Anonyme (F. C. Galart de Montjoye). *Histoire de la Conjuration de Maximilien Robespierre*, nouvelle édition, Paris an IV, 1796 ; p. 166.

(3) « Les regards des républicains s'arrêtent toujours avec peine sur des plumes noires qui ombragent le chapeau à la Henri IV des magistrats du peuple, organes de la justice. Des juges sans-culottes, disoient quelques citoyens, ne doivent siéger qu'en pantalons et en bonnets rouges. Il faut que le costume de la liberté soit le premier objet qui frappe les yeux des lâches qui l'ont trahie ». — Rapport de l'observateur de police Latour-Lemontagne, 24 pluviôse an II (Archives nationales, série W, carton 191).

(4) A la date du 29 octobre 1792, on trouve sa signature avec celles de Dobsent, Le Bois, Loyseau et Crevet, membres du directoire du jury d'accusation, sur une pétition au comité de législation de la Convention. Les signataires demandent, par un sentiment qui leur fait honneur, l'autorisation de tenir trois audiences publiques de cinq heures par semaine, pour entendre tous les détenus sur les causes de leur arrestation et réparer de suite les erreurs qui auraient pu être commises. La pièce a trois pages et demie, in-folio. (*Catalogue de la collection d'autographes de feu M. Paul Dablin*).

manière noire sa légendaire cruauté sanguinaire, on conviendra que c'est beaucoup de vices pour un seul

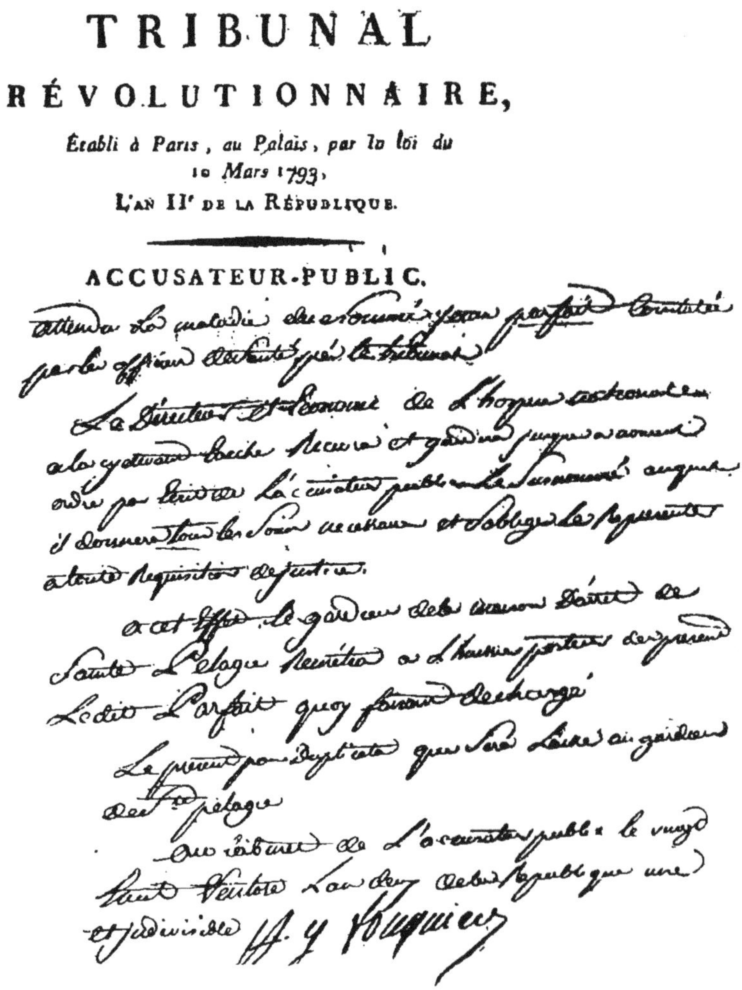

TRIBUNAL

RÉVOLUTIONNAIRE,

Établi à Paris, au Palais, par la loi du 10 Mars 1793,

L'AN IIe DE LA RÉPUBLIQUE.

ACCUSATEUR-PUBLIC.

Lettre de Fouquier-Tinville au directeur de l'hospice de l'Evéché, lui ordonnant de recevoir l'instituteur Jean Parfait, arrêté pour avoir tenu des propos nuisibles au recrutement. Le 2 Messidor an II, (21 mai 1794), Jean Parfait fut guillotiné.

homme qui ne sembla pas, d'autre part, indifférent aux joies de la famille. Les libertins ne s'encombrent ordinairement pas de sept enfants (1) et n'éprouvent pas le besoin impérieux de se marier deux fois (2).

Quoi qu'il en soit, il avait la réputation d'un homme de loi intelligent mais besogneux, qui avait donné des gages à l'ancien régime (3). Son nom était peu connu (4), mais au ministère de la guerre il comptait un ami puissant, le secrétaire général Camille Desmoulins. Il accueillit donc sa nomination avec joie (5) et s'empressa de gagner son poste. Son appartement était petit ; mais, décidé à travailler avec acharnement, il devait s'inquiéter à peine de la chose.

C'était là la raison de ce déchargement matinal de

(1) *Pierre Quentin*, né le 17 juillet 1776, décédé le 24 avril 1826; *Geneviève-Louise-Sophie*, née le 3 janvier 1778, décédée le..... ; *Emilie-Françoise*, née le 7 décembre 1778, décédée le 5 août 1856; *Adélaïde*, née le 7 décembre 1779, décédée le 31 avril 1786; *Aglaé-Joséphine*, née le 20 janvier 1782, décédée le 21 juin 1782 et enfin deux jumeaux en mars 1793: *Antoine-Henri*, décédé en 1795, et *Henriette* en 1812.

(2) A vingt-neuf ans il s'était marié pour la première fois avec Geneviève-Dorothée Saugnier, morte le 23 avril 1782, après sept années de mariage. En octobre de la même année il épousait Jeanne-Henriette d'Aucourt, décédée le 17 novembre 1827.

(3) Dans les *Femmes Illustres de France* (fasc. *Marie-Antoinette à Paris* (1755-1793), Mmes d'Arvor citent ce fragment d'une poésie de Fouquier-Tinville à Louis XVI (p. 283) :

Sous l'autorité paternelle
De ce prince, ami de la paix,
La France a pris une splendeur nouvelle,
Et notre amour égale ses bienfaits.

(4) Madame Roland (*Mémoires*, tome II, p. 305) l'écrit : *Fouquai-Tinville*, et nous l'avons trouvé imprimé dans le *Moniteur : Fouquet-Tinville* et *Foctainville*.

(5) « Fouquier a accepté avec joie l'emploi que lui offre la Révolution. Il s'y montra, au début, magistrat laborieux et instruit, point trop rigoureux, tant qu'une modération relative demeura à l'ordre du jour. C'est la bassesse d'âme et la servilité de son zèle professionnel qui, dans la suite, le rendirent implacable et cruel ». Edmond SELIGMAN, *Mme de Kolly, une conspiration politique et financière*, p. 243, chap. XX.

meubles dans la Cour de Mai. Quelques semaines plus tard, Fouquier-Tinville ne devait plus avoir de matinées à perdre : le tribunal était en pleine activité, et sa voix rude et grave (1) devait y réclamer inlassablement la rouge et sanglante moisson des têtes coupées.

Quelle pouvait être la mentalité de cet homme qui, du fond de son obscur et étroit cabinet, commandait la mort et se sentait entre les mains une puissance égale à celle d'un roi ? Il est difficile de faire la lumière sur ce cadavre enfoui sous les anathèmes royalistes, roulé dans la boue des diffamations réactionnaires. Etait-ce le buveur de sang — suivant l'expression consacrée — pour qui l'agonie des condamnés était une joie et leur mort une volupté ? L'ivresse du sang avait-elle envahi, elle aussi, le cerveau de ce rude paysan qui regrettait les labours de son village natal, là-bas, dans les plaines grasses de l'humide Artois, dans ces paysages où s'était formée l'âme romaine de Maximilien de Robespierre et son éloquence brûlante et électrique ? Son cri, à la tenancière de la buvette du Tribunal Révolutionnaire : « J'aimerais mieux être laboureur ! » est aussi poignant que celui jeté par l'Incorruptible terrassé par la crapule thermidorienne : « La République est perdue si les brigands triomphent ! »

Ce paysan égaré dans la chicane — et quelle chicane en 93 ! — avait une âme de procureur de l'ancien régime. Les procès-verbaux de torture du Grand-Châtelet nous ont dévoilé ces âmes, à la fois tortueuses et inflexibles, qui guettaient sur les lèvres du condamné, au chevalet, l'aveu défaillant. On peut souhaiter, on doit souhaiter pour la dignité humaine, qu'il n'y avait point là le sentiment abject de celui qui se complaît aux affres des moribonds, mais l'impassibilité

(1) « Sa voix rude passait soudain de l'aigu au grave ; elle avait, pour les accusés, le son de la hache sur le billot ». Louis Blanc, *Histoire de la Révolution Française*, tome XI, chap. 1, livre XI, *le Régime de la Terreur*.

de l'ancien juge, nourri de droit romain, devant le criminel livré au bon plaisir et à la justice du roi.

Telle on peut assez facilement s'expliquer l'âme de Fouquier-Tinville. Ce n'était point une brute de bas-étage lâchée dans la Révolution comme un Collot d'Herbois ou un Henriot. Son passé témoigne en la circonstance pour lui. Cette rigueur, cette rude austérité qui galvanisa tant d'hommes de la Terreur, peut faire admettre l'acharnement laborieux de l'accusateur public. Il se sent en présence d'un devoir. Il accomplit une besogne commandée. Songe-t-il à quel point elle est souvent effroyable ? Peut-être, mais il sent derrière lui l'ombre de Comité du Salut-Public, la menace de la Convention. Jusqu'en thermidor, il s'est trouvé en présence d'un dilemme :

— Ces têtes-là, ou la tienne !

Il a choisi et a sauvé — sauvé ! — sa tête.

Ce n'était pas un dieu, ce n'était pas un héros. Il ne s'est pas senti la vocation du martyr.

C'était simplement un homme — et un instrument : la hache de la loi (1).

(1) On a souvent rapporté le mot de Fouquier lors de son procès : « Je suis la hache ! Punit-on la hache ? » Louis Blanc (*Histoire de la Révolution Française*, tome XI, livre XI, chap. I. p. 378) l'attribue à Renaudin, membre du tribunal révolutionnaire, et ce d'après la déposition du témoin Carentan dans le procès de Fouquier. (*Histoire Parlementaire*, tome XXXV, p. 102). Il modifie aussi la phrase et la rapporte en ces termes : « Je n'étais que la hache dont on se servait ; on ne peut pas faire le procès à la hache ». Nous faut-il ajouter que nous présumons la phrase plus véridique et mieux appropriée dans la bouche de Fouquier ?

Attributs des Trois Etats.

IV

... AVEC UN FRONT DE MARBRE

Malgré l'avertissement fameux qui retentit à travers les siècles, la Convention nationale, le 14 thermidor, toucha à la hache.

Un décret d'accusation frappa Fouquier.

Ce n'est pas son procès que nous entreprenons de recommencer ici, mais au dernier acte de la tragédie, ce grand et sombre acteur mérite mieux que quelques lignes.

Quelques jours avant le décret, Fréron, « le sauveur du Midi », Fréron qui, à Marseille, avait « mis la Terreur à l'ordre du jour, » Fréron, enfin, aux mains ruisselantes du sang de sa mission avec Barras, ce même Fréron avait, de la tribune de la Convention, tonné contre l'accusateur public.

— Je demande, s'écriait-il avec cette audace qui soulève les peureux quand ils ont leur tête à sauver, je demande que Fouquier-Tinville aille cuver dans les enfers le sang qu'il a versé[1]!

A cette voix le décret répondit.

La nouvelle en parvint à Fouquier à la buvette du tribunal. On le vit, sans mot dire, prendre sa course vers la Convention. Le malheur ne l'écrasa pas. Il leva le front sous le coup qui le frappait, et c'est volontairement qu'il descendit à la Conciergerie pour gagner la cellule où la mort devait, huit mois plus tard, venir le prendre pour le mener en place de Grève.

Il s'enferma dans le silence, mit sur son visage sombre et rude le masque de l'impassibilité.

Et le procès de floréal commença.

On a pu le comparer à merveille à un « champ de bataille où tous les dantonistes accoururent pour venger la mort de leur chef (1) ». Mais ce n'étaient pas seulement les dantonistes, mais bien encore tous ceux qui, depuis 1793, avaient vécu sous la menace du *rasoir national*. Ce fut un champ de bataille, mais ce fut aussi une curée. Fouquier-Tinville, impétueusement, tint tête à la meute. Il jeta son fameux mot de la hache, et ramena la question au point exact. Ne comprenait-il pas que ce n'était point son procès qui se jugeait ici, mais celui de la Terreur ? Pied à pied il lutta. Le 12 floréal (1er mai) il parla deux heures. Le lendemain, il se dressa à son banc et parla quatre heures. Sa défense était rude, vigoureuse, serrée. Etait-ce lui qui faisait les lois ? Non. Etait-ce lui qui choisissait les juges et les jurés ? Non. Etait-ce lui qui arrêtait ? Non. Etait-ce lui qui condamnait ? Non. Il enfermait les juges dans l'étroite logique de ce raisonnement, sans espoir d'ailleurs. Il était coupable, oui, d'avoir obéi aux ordres donnés. On lui avait dit : « Juge ou meurs ! (2) » Avait-il jugé ? Non. Il avait motivé son opinion d'accusateur.

Les maîtres étaient tombés la veille. Le serviteur ne pouvait manquer de les suivre. Il se résigna et, pen-

(1) Louis Blanc, *ouvr. cit.*, tome XI, livre XI, chap. I. *Le Régime de la Terreur*, note de la page 373.

(2) J. Michelet, *ouvr. cit.*, tome VI, *La Terreur*, p. 324.

dant le réquisitoire, lui qui n'avait dormi que quatre ou cinq heures par nuit dans le temps de son terrible ministère, fatigué cette fois, il s'endormit, laissant autour de son paisible sommeil couler le flot grondant de l'éloquence haineuse réclamant une proie, une vengeance.

Dans ce long procès, cent quatre-vingt-seize témoins à charge et deux cent vingt-trois témoins à décharge avaient comparu. Il lutta avec eux. Mais le couteau était levé déjà pour lui. On évoqua les sanglants et innombrables fantômes des hécatombes de la barrière du Trône-Renversé et de la place de la Révolution. On lui jeta les noms de ces morts à la face. Mais étaient-ils tous les innocents qu'on affirmait ? Devait-il sauver les coupables pour s'immoler à leur place ? N'est-ce point l'instant de dire que « dans le cas de celui qui tue pour sauver ses jours, il y a lieu de se demander quelle est la différence de valeur des existences en jeu, au point de vue de l'appréciation du fait ? (1) »

Mais des innocents étaient parmi ces coupables, des femmes étaient là...

Et c'est ici que se pose la redoutable question qui, de son horreur, masque depuis un siècle la figure obscure de Fouquier-Tinville.

On a dit que, dans le besoin, la soif qu'il avait des grandes fournées, il n'hésitait pas à compléter celles-ci par des femmes qui se déclaraient enceintes ; que « le sexe fait pour dompter la férocité des plus farouches ne trouvait point de grâce devant lui (2) » et « qu'il aimait le spectacle des guillotinades surtout lorsque c'était le tour de belles et jeunes femmes (3) ».

(1) Gaston DANVILLE, *D'une théorie du crime considéré au point de vue psycho-physique, son application à la détermination de la pénalité*. — Communication faite au troisième congrès d'anthropologie criminelle tenu à Bruxelles (1892).

(2) Joseph PARIS DE L'EPINARD, *l'Humanité méconnue*, dans les *Mémoires sur les prisons*.

(3) Docteurs CABANÈS et NASS, *La Névrose révolutionnaire*, p. 10[illegible]

Il y a aux Archives (1) un dossier qui mentionne les noms d'Olympe de Gouges, de la baronne d'Hinnisdal, de Mme Joly de Fleury, de Mme de Meursin, de la princesse Alexandre Lubomirska, et qui semble à cet égard accablant pour Fouquier-Tinville. De toutes parts surgissent les témoignages. C'est M. Lenôtre qui rapporte : « On assure que Fouquier fit conseiller à Emilie (*de Sainte-Amaranthe*) de se déclarer enceinte, et qu'il la sauverait : soit que la pauvre femme ne voulût pas survivre à tous les siens, soit qu'elle présageât le prix que Fouquier exigerait de sa clémence, elle refusa dédaigneusement (2) ». Et encore : « C'était une âpre volupté pour *l'homme rouge* que de voir tomber dans le panier ces têtes charmantes et leur sang vermeil ruisseler sous le hideux couperet (3) ». La part d'exagération comptée, l'accusation reste entière, mais eût-elle été cent fois réduite à néant, Fouquier-Tinville n'en devait pas moins porter tout le poids et tout l'odieux. Où trouverons-nous la vérité historique parmi tant de témoignages, contradictoires dans leurs détails, formels dans leur ensemble ? C'est souillé de ce sang que l'accusateur public du Tribunal révolutionnaire a paru devant la postérité. Il ne s'est pas trouvé une main pour essuyer de cette face cette tache éternelle. On admet aveuglément que Fouquier-Tinville est ce monstre, et le consentement unanime des historiens charge, dans sa fosse inconnue, le cadavre de cet homme de toutes ces lourdes pierres qui l'ont écrasé à jamais.

***

(1) Archives Nationales, série W, carton 431, pièce 9.

(2) G. Lenotre, *Un conspirateur royaliste sous la Terreur : le baron de Batz* (1792-1795) p. 323. Voir sur cette question des femmes enceintes : *Mes souvenirs* (1806-1933), par madame d'Agoult, Paris, 1877, in-8.

(3) Docteurs Cabanès et Nass, vol. cit.

Son heure de mourir était arrivée.

« Pour porter un jugement équitable sur les événements contemporains, a dit Voltaire, il faut pouvoir se vieillir d'un demi-siècle et les contempler à cinquante ans d'intervalle ». Ce recul du temps permet de regarder dans sa pleine lumière la statue de Fouquer-Tinville dressée sur le tréteau où séchait à peine le sang des condamnés entrevus dans cette funèbre et morne salle de l'ancien Parlement. Il meurt pauvre. Il a vécu « à l'Hôtel de la Frugalité (1) » et c'est avec fierté qu'il peut écrire ce testament : « J'avais cinquante mille livres de patrimoine avant la Révolution : aujourd'hui j'ai pour tout patrimoine une femme et cinq enfants (2) ». Il importe peu qu'on dise que ce patrimoine fut dilapidé avant la Révolution ; un fait est là : c'est la misère profonde où végéta sa femme après son arrestation et sa mort, et c'est là chicaner sur peu de chose. Considérons l'homme à son heure dernière.

L'adieu à sa femme est lamentable et déchirant, mais c'est là l'époux, le père, qui pleure. L'accusateur n'a rien cédé de la morgue et de la violence dans lesquelles il se drapait, accusé, devant ses juges. Ecoutons ce cri d'un mort qui sait que son échafaud est dressé :

« ...Je mourrai donc pour avoir servi mon pays avec trop de zèle et d'activité et m'être conformé aux vœux du gouvernement, les mains et le cœur nets. Mais, ma bonne amie, que vas-tu devenir, toy et mes pauvres enfants ? Vous allez être livrés aux horreurs de la plus affreuse misère. Voilà les sinistres idées qui m'accablent

(1) *Mémoires de la Société historique du Cher*, 1888.

(2) *Réponse d'Antoine-Quentin Fouquier, ex-accusateur public près le tribunal révolutionnaire de Paris, aux différents chefs d'accusation portés en l'acte à lui notifié le 26 frimaire, à la défense générale de Billaud-Varenne, Collot d'Herbois, Barère et Vadier, anciens membres des Comités du gouvernement, et encore aux faits avancés par quelques-uns d'eux dans les séances de la Convention des 12 et 13 fructidor;* Paris, chez Marchant, in-8, 1795.

et me tourmentent le jour et la nuit. J'étais donc né pour le malheur! Quelle affreuse idée! Je te recommande bien pour ne pas t'abandonner au chagrin et de ménager ta santé pour toi et nos pauvres enfants. Oublie les petits différends que nous pouvons avoir eus ; ils ont été l'effet de ma vivacité ; mon cœur n'y est pour rien et il n'a jamais cessé de t'être attaché...

Les larmes aux yeux et le cœur serré, je te dis adieu pour la dernière fois, à ta tante et à nos pauvres enfants. Je vous embrasse tous, je t'embrasse mille fois. Hélas ! quelle douce satisfaction n'éprouverais-je pas de pouvoir te revoir et te presser dans mes bras ! Mais, ma bonne amie, c'en est fait, il n'y faut plus penser.

« Adieu, mille fois adieu, et au peu d'amis qui nous sont restés... Embrasse bien nos enfants et ta tante pour moi ; sers de mère à mes enfants (1) que j'exhorte à la sagesse et à t'écouter. Adieu, adieu, ton fidèle mari jusqu'au dernier soupir (2) ».

C'est tout.

Ce cri d'angoisse poussé, il s'apprête à affronter ce peuple qui lui a dû le spectacle des fournées de prairial. Il lève haut cette tête qu'il va poser dans la lunette gluante « pour avoir fait périr innocemment une foule innombrable de Français de tout âge et de tout sexe ». C'est une belle matinée, toute dorée, claire,

(1) Les enfants du premier lit.

(2) On peut consulter à la Bibliothèque de la Ville de Paris les autographes des lettres de Fouquier-Tinville jointes à celles de sa femme et de sa fille. Le recueil comporte quatorze pièces. La lettre que nous venons de citer a été publiée pour la première fois par M. Auguste Dide, en 1887, dans *Hérétiques et Révolutionnaires*, p. 283 et suiv. et reproduite par M. Lenotre dans *Vieilles maisons, vieux papiers* (Madame Fouquier-Tinville), 2e série.

qui fleure dans la poussière le printemps de Paris, que celle du 17 floréal an III. Aux arbres du quai de l'Horloge frissonnent les jeunes feuilles vertes, et tout un peuple d'oiseaux jacasseurs accompagne, de ses pépiements, le murmure de la Seine qui roule ses eaux indolentes. Les charrettes se mettent en marche avec leur chargement. Et la fureur des cris vengeurs les accueille. On dédaigne volontiers les quinze complices de *l'homme rouge* pour lui réserver à lui, le condamné expiatoire, toutes les injures, toutes les insultes, tous les blasphèmes. Cette foule qui bat le sinistre cortège, qui s'accroche aux ridelles des charrettes, c'est ausi la foule des fantômes d'hier et d'autrefois. Les spectres du 10 brumaire, du 16 germinal, du 9 thermidor sont là.

L'heure de la vaste vengeance du sang a sonné.

En place de Grève, à l'endroit choisi pour l'expiation, le cortège s'arrête. Le silence de Fouquier est celui d'une statue foudroyée.

Le couteau se lève sur le bleu serein du calme ciel de floréal. La tête de Herman tombe; la tête de Leroy de Montflabert, dit *Dix-Août*, tombe ; la tête de Prieur tombe ; la tête de Vilate tombe ; onze autres têtes tombent, mêlées dans la gluante et rouge sciure du panier.

C'est au tour de Fouquier-Tinville.

Ses lèvres sont restées closes.

Il monte et meurt avec un front de marbre (1).

Avec lui la hache tomba, brisée.

(1) Sébastien MERCIER, *Le Nouveau Paris* ; « Avec un front d'airain, » écrit Louis Blanc.

Il y a quelques années M. Napias, directeur de l'Assistance publique, découvrit dans les greniers de l'avenue Victoria une table en acajou et en palissandre, ornée de motifs en cuivre. C'était le bureau de Fouquier-Tinville. C'est aujourd'hui le pupitre de M. Mesureur.

Le tombeau de la famille Sanson

dans la 20e section du cimetière Montmartre

LIVRE III

L'INSTRUMENT AU TRAVAIL

...Et Terror omnibus intentabatur
Tacite, *Annales*, III, 28,

I

LE SYSTÈME DE LA TERREUR

Dans la Terreur considérée comme système de gouvernement, on retient surtout l'effroyable nombre de guillotinés. On ne songe pas assez aux circonstances qui nécessitèrent cet ensemble de mesures que Fouché appelait salutaires, et que le bel et voluptueux Hérault de Séchelles prétendait mettre à l'ordre du jour.

Le sabre ennemi sur la gorge, la France se cabra. La vieille terre pacifique fit explosion et la Terreur fut (1). La parole de Tacite se vérifia : « elle fut sus-

(1) « La Terreur est un cratère ». Victor Hugo, *Le Droit et la Loi* (*Avant l'Exil* — 1841-1848).

pendue sur toutes les têtes ». Robespierre dira, le 18 pluviôse : « La Terreur n'est autre chose que la justice prompte, sévère, inflexible : elle est donc une émanation de la vertu (1) ».

Cette justice politique que tout excuse (2), à laquelle ces terribles circonstances de l'heure présente obligent, mettent en marche un effroyable mécanisme de lois auxquelles bien peu échappent. Chacun, s'il n'est pur, est visé. Les prêtres et les nobles sont frappés, oui, mais il y a « deux ouvriers sur trois victimes » (3). Les lois révolutionnaires de salut public jettent leur vaste réseau sur la France entière : la République est une et indivisible. La vertu doit être à l'ordre du jour partout.

Signature de Montané, président du Tribunal Révolutionnaire qui jugea Charlotte Corday.

Toutes ces lois, tous ces décrets, rayonnent autour de la décision de la Convention au 10 mars 1793. C'est alors qu'elle institue « un tribunal extraordinaire (4) » établi à Paris, qui connaîtra de toute entreprise contre-révo-

(1) ROBESPIERRE, *Rapport sur les principes de morale politique qui doivent guider la Convention dans l'administration de la République.*

(2) Pétion n'avait-il pas excusé les massacres de septembre, en déclarant que « ces crimes odieux en morale, étaient utiles en politique ? » *Moniteur*, 10 novembre 1792 ; *Discours du citoyen Pétion sur l'accusation dirigée contre Robespierre aîné.* Et cette phrase ne la dirait-on pas inspirée de celle du *Dialogue de Sylla et d'Eucrate* : « Vous appelez des crimes, me dit-il, ce qui a fait le salut de la République ? »

(3) M. MARCHAL, *Fin de la République*, Bruxelles, 1851, p. 64.

(4) « L'institution du Tribunal Révolutionnaire, a été le crime et l'erreur de la Révolution ». H. Wallon, *Histoire du Tribunal Révolutionnaire de Paris avec le journal de ses actes*, tome I, *Préface.*

DÉCRETS

N.° 544.

DE LA CONVENTION NATIONALE,

Du 10 Mars 1793, l'an second de la République Française,

Relatifs à la formation d'un Tribunal criminel extraordinaire.

LA CONVENTION NATIONALE, après avoir entendu le rapport de son comité de législation, décrète ce qui suit :

TITRE PREMIER.

De la composition & de l'organisation d'un Tribunal criminel extraordinaire.

ARTICLE PREMIER.

Il sera établi à Paris un tribunal criminel extraordinaire, qui connoîtra de toute entreprise contre-révolutionnaire, de tous attentats contre la liberté, l'égalité, l'unité, l'indivisibilité de la République, la sûreté intérieure & extérieure de l'état, & de tous les complots tendant à rétablir la royauté, ou à établir toute autre autorité attentatoire à la liberté, à

A

Décret de la Convention instituant le Tribunal Révolutionnaire.

lutionnaire, de tous attentats (1) contre la liberté, l'égalité, l'unité, l'indivisibilité de la République, la sûreté intérieure et extérieure de l'Etat, et de tous les complots tendant à rétablir la royauté ou à établir toute autre autorité attentatoire à la liberté, à l'égalité, et à la souveraineté du peuple, soit que les accusés soient fonctionnaires civils ou militaires ou simples citoyens ».

Et le lendemain de ce décret en intervient un autre qui accorde à ce tribunal la juridiction des crimes dont l'instruction est commencée ailleurs (2). Le même mois, à la date du 28 : « La Convention nationale décrète que le Tribunal extraordinaire entrera en activité aujourd'hui et à cet effet l'autorise à juger au nombre de dix jurés (3) ». Dès lors l'instrument est forgé. Jusqu'à la réaction thermidorienne il va frapper aveuglément, indistinctement. Le 27 mars 1793, les aristocrates sont mis hors la loi ; le 13 avril, Robespierre monte à la tribune, de grand matin, et appuyé par Danton propose à la Convention de décréter la peine de mort contre quiconque tentera de « négocier

(1) « Remarquez, en passant, que la Convention avait rayé de la langue judiciaire le mot crime. Elle n'admettait que des délits contre la loi, délits comportant des amendes, l'emprisonnement, des peines infamantes ou afflictives. La mort était une peine afflictive. Néanmoins, la peine afflictive de la mort devait être supprimée à la paix et remplacée par vingt-quatre années de travaux forcés. Ainsi la Convention estimait que vingt-quatre années de travaux forcés égalaient la peine de mort. Que dire du Code pénal qui inflige les travaux forcés à perpétuité ? » H. de Balzac, *Une ténébreuse affaire.*

(2) Et notamment devant le tribunal, dit du 10 août, chargé par un décret du 17 août 1792 de la Législative de juger sur les crimes de la fameuse journée. Le 18 août, le tribunal s'installa dans la salle de Saint-Louis au Palais de Justice, et condamna à mort Collenot d'Angremont, lequel fut exécuté le 21, à dix heures du soir.

(3) Séance de la Convention du 28 mars 1793, *Moniteur* du 30 mars 1793, n° 89.

ou de traiter avec les puissances ennemies qui n'auraient pas au préalable reconnu solennellement l'indépendance de la nation française, sa souveraineté et l'unité de la République fondée sur la liberté et l'égalité ». Un décret du 26 août disperse les communautés et chasse de France les prêtres dévoués à Rome, et dont la loi du 17 avril punit les complices de la peine de mort. Le 17 septembre, Merlin de Thionville donne le coup de hache de la loi contre les suspects

Signature de David (de Lille), député suppléant à la Convention Nationale, juge au Tribunal Révolutionnaire.

et, le 7 brumaire an II, le tribunal criminel extraordinaire prend ce titre de *révolutionnaire*, avec lequel, dans une ombre tragique, il comparaît devant l'histoire.

Et comme des couperets les décrets tombent, se succèdent avec une effroyable promptitude. Le 10 octobre, sur la proposition de Saint-Just, la Convention a reconnu « que les lois révolutionnaires doivent être exécutées rapidement » (article IV). Et cette hâte frappe les émigrés (1), les conventionnels eux-mêmes et les mène à la loi du 22 prairial, cette « grande pourvoyeuse de la guillotine (2) ».

(1) L'article 7 de la loi du 25 brumaire an III, condamne à mort tout émigré rentrant sur le territoire français et pris dans un rassemblement, les armes à la main.

(2) J. Deymes-Dumé, *Les doctrines politiques de Robespierre*, *cit.* p. 61.

Ces vingt-deux articles demeurent vingt-deux sentences de mort qui atteignent le coupable et frappent l'innocent avec une aveugle inflexibilité. Cette justice devenue draconienne décide des vies humaines avec une vigueur toute romaine. Aussi bien est-ce là la résultante de cette éducation classique qui porta si souventes fois Maximilien de Robespierre à invoquer les mânes de l'héroïque Brutus et à en appeler aux poignards des séides de la tyrannie.

L'heure venue où cette loi les frappe à leur tour, les conventionnels s'inclineront devant l'inéluctable. Ils accepteront le coup presque sans protester, serviteurs de la loi jusque sur le tréteau de l'échafaud. Ces avocats de province, obscurs, ignorés, ces légistes de département, ces procureurs de l'ancien régime devenus les législateurs du nouveau gouvernement, auront jusqu'à leur heure dernière le respect fanatique, aveugle de la loi sous laquelle ils tombent. *Dura lex, sed lex.*

Signature d'Herman, président du Tribunal Révolutionnaire.

***

« La *guillotine*, voilà la grande raison de tout ; c'est aujourd'hui le grand ressort du gouvernement français. Ce peuple est républicain à coup de *guillotine* (1) ». Et le temps où Buzot définit ainsi 1793, voit paraître les *Fables* pastorales de Florian (2). Il semble que rien ne soit changé à Paris. « Le peuple vit de sang-froid l'érection d'un tribunal révolutionnaire, et continua paisiblement d'aller à l'Opéra. Le rideau

(1) F. N. L. Buzot, *Aux Amis de la Vérité.*
(2) *L'almanach des Muses pour l'an premier de la liberté.*

se levait exactement â la même heure, soit que l'on coupât soixante têtes, soit que l'on n'en coupât que trente (1) ». La vie de Paris, sous ce régime de mesures violentes et extraordinaires, est véritablement une des choses les plus curieuses du monde. Jamais on ne vit tant de théâtres, de prostituées, d'élégantes. Il n'y avait à Paris rien de changé, sinon qu'une guillotine affirmait, dans le champ désert de la ci-devant place Louis XV, l'hégémonie du gouvernement révolutionnaire.

(1) Sébastien MERCIER, *Le nouveau Paris.*

Vignette sur les affiches de vente de biens nationaux.

II

Les conventionnels

Le lundi 24 janvier 1791, Cazalès écrivait dans *l'Ami du Roi* : « Le peuple, quand il gouverne, aime à voir tomber les têtes des chefs de parti ». Deux ans plus tard, les premières de ces têtes devaient tomber. Si la noblesse de France a son martyrologe de la Terreur, la Convention elle aussi peut revendiquer sa part de gloire dans ce que Bazire appelait « une boucherie de députés ». Louis Blanc l'a dit éloquemment : « Jamais la liberté ne fit expier plus cruellement aux siens la gloire d'avoir embrassé son culte (1) ». Ils n'avaient pas hésité à poser eux-mêmes leur tête sous le couteau du décret qu'il votèrent le 1er avril 1793 :

« La Convention nationale, considérant que le salut du peuple est la suprême loi, décrète que, sans avoir égard à l'inviolabilité d'un représentant de la nation française, elle décrétera d'accusation celui ou ceux de

(1) Louis Blanc, *ouvr. cit.*, tome XI, p. 142.

ses membres contre lesquels il y aura de fortes présomptions de complicité avec les ennemis de la liberté, de l'égalité et du gouvernement républicain, résultant des dénonciations ou des preuves écrites déposées au Comité de défense générale, chargé des rapports relatifs aux décrets d'accusation à lancer par la Convention » (1).

C'est en vertu de ce principe d'égalité que, dans la sciure sanglante du même sac de peau, se sont tour à tour étouffés l'élégance girondine de Vergniaud, le tonnerre de Danton et la dernière voix de l'éloquence française et jacobine représentée par Maximilien de Robespierre. Enveloppés des huées populaires, ils savent mourir « *à la grande façon des Romains* (2) » dont les exemples de stoïque héroïsme animèrent de leurs images rudes leur pensive jeunesse. Ces « scélérats grandioses », comme les appellera M. de Montalembert, meurent théâtralement, ainsi qu'ils ont vécu. Ils jouent glorieusement le dernier acte de la tragédie révolutionnaire et ce n'est pas chez eux qu'on verra l'humanité désespérée, en larmes, que, d'autres jours, les pesantes charrettes mènent au lieu de l'exécution. Ils meurent terrassés par la force, avec l'illusion d'emporter dans leur tombeau les lambeaux du Droit outragé et blasphémé (3).

Parmi tant de funèbres cortèges, ceux des conventionnels traînés à la guillotine sont particulièrement sinistres. C'est qu'avec eux c'est chaque fois un peu de la République qui s'en va, et quand la tête de l'avocat d'Arras sera tombée, la France sera prête à toutes les crapuleries du Directoire. En attendant, Barère peut dire avec assurance à ceux qui le plaignent de

(1) *Moniteur* du jeudi 4 avril 1793, n° 94.

(2) « ... Let us die in the high roman fashion ». Shakespeare, *Antoine et Cléopâtre*, acte IV, sc. XIII.

(3) « En Révolution chacun se vante de posséder le droit ; ce n'est pas le droit qu'il faut avoir, c'est la force ». Frédéric MASSON, *L'affaire Maubreuil*, p. 186.

l'excès de ses travaux : « La guillotine fait tout, c'est elle qui gouverne (1) ».

Regardons passer quelques-unes de ces charrettes. Dans l'une c'est, le 7 octobre 1793, Gorsas, député de Seine-et-Oise, qui meurt dans la saison où les rouges vins de France ruissellent dans les pressoirs de vendémiaire. Il crie, il hurle son innocence (2). Le 4 novembre, c'est le député extraordinaire de Mayence, Adam Lux, l'extatique adorateur de Charlotte Corday qui suit le même chemin. Le 4 décembre, c'est Kersaint ; le 5, Isnard-Valady et Rabaud Saint-Etienne. Au printemps de 94, le 4 germinal, Anacharsis Clootz, ci-devant baron westphalien et « ennemi personnel de Jésus-Christ (3) » à qui l'Assemblée législative a, dans sa séance du 26 août 1792, décerné le titre de citoyen français (4), boit la « cigüe avec volupté comme Socrate ». Le tour vient de Chabot et de Bazire le 5 avril, Bazire et Chabot que Beaumarchais larda des traits de ses épigrammes acérées :

Connaissez-vous rien de plus sot
Que Merlin, Bazire et Chabot ?
Non, je ne connais rien de pire
Que Merlin, Chabot et Bazire ;
Et personne n'est plus coquin
Que Chabot, Bazire et Merlin.

(1) VILATE, *Les mystères de la mère de Dieu dévoilés*, chap. X.

(2) « Ce scélérat a eu l'impudeur de crier au peuple : « *Je meurs innocent, ma mémoire sera vengée !* » Il n'inspira que l'indignation et le mépris ». *Le Glaive vengeur de la République Française*, p. 114.

(3) Honoré RIOUFFE, *Mémoires d'un détenu pour servir à l'histoire de la tyrannie de Robespierre.*

(4) Dans cette même séance, seize autres étrangers et Thomas Paine reçurent le même titre. Sur Thomas Paine on consultera utilement l'ouvrage de M. Moncure Daniel CONWAY, *Thomas Paine* (1737-1809) *et la Révolution dans les deux mondes.*

Chabot a déjà offert sa tête à la Convention, mais c'est dans le feu de l'inspiration (1). Le moine gourmand d'autrefois (2) meurt bravement. N'est-il pas de la grande fournée des dantonistes ? Le 19 juin c'est à Bordeaux une double exécution ; Guadet et Salles, député de la Meurthe, meurent sur l'échafaud montagnard, où, le 25 juin, Barbaroux, qui a tenté en vain de se suicider à Saint-Emilion d'un coup de pistolet dans l'oreille droite, vient s'étendre sur la bascule chaude encore des cadavres de la veille. Et le lendemain choit la tête d'Asselin.

« A chaque période de la révolution marquée par le triomphe d'un parti sur un autre parti (3) », la funèbre liste s'allonge, s'augmente de suicides et de morts violentes. Chaque page est marquée d'un drame; c'est Pierre Bayle qui, en septembre 93, se poignarde au fort Lamalgue, à Toulon; Buzot qui se suicide aux environs de Saint-Emilion, le 18 juin 1794 ; Antoine Chambon, tué en novembre 93, à Lubersac, par ceux qui viennent l'arrêter ; Condorcet s'empoisonnant le 27 mars 1794, avec du stramonium combiné avec l'opium ; Dufriche-Valazé se poigardant, le 30 octobre, sur son banc, au Tribunal révolutionnaire; Duquesnoy se tailladant à coups de couteau et de ciseaux au sortir de l'audience du 17 juin 1795 ; Le Bas, se tirant un

(1) « La mort ne saurait m'effrayer ; si ma tête est utile au salut de la République, qu'elle tombe ! » Discours de Chabot, député du Loir-et-Cher, à la Convention nationale, *Moniteur* du 26 brumaire an II.

(2) « Chabot, joli garçon, aimable et effronté, moine gourmand et luxurieux, est bien le type de l'homme d'Eglise épicurien tel que l'a chanté la raillerie française depuis les fabliaux ». F. A. AULARD, *Figures oubliées de la Révolution : Fabre d'Eglantine ; La Nouvelle Revue*, tome XXXV, 1er juillet 1885.

(3) Anonyme (F. C. Galart de Montjoye) *Histoire de la Conjuration de Maximilien de Robespierre ;* nouvelle édition, Paris, an IV, 1796 ; p. 77.

coup de pistolet dans la nuit du 9 au 10 thermidor; Lidon, se faisant éclater la tête à la Géronie, district de Brives, le 3 novembre 1793 ; Marat poignardé par une « étonnante virago (1) »; Maure, usant d'un pistolet pour se donner le coup mortel, le 4 juin 1795 ; Pétion trouvé à moitié dévoré des chiens, le 30 prairial ; Rebecquy, se jetant dans le bassin du port de Marseille, le 3 mai 1794 ; Romme qui, le même jour que Duquesnoy, use des ciseaux pour se mutiler atrocement ; Ruhl, qui se poignarde, le 17 juin 1795 ; Clavières, qui se frappe dans la cour de la Conciergerie ; ce sont Aubry, Tellier, Ferrant, Desacy, Audrein, Fabre, Collot d'Herbois, Brunel, Baudin, Bonnier d'Arco, Brun, qui ajoutent leurs noms dans ce sanglant appel de fantômes. Un tragique vent de mort semble souffler sur cette grande Convention nationale, où il semble, suivant la saisissante expression de M. Paul Hervieu, « qu'on n'est pas digne de siéger si on n'est point mort » (2).

* * *

La première grande fournée de conventionnels fut celle du 31 octobre, qui mena les Girondins vaincus vers la guillotine, sous les huées montagnardes et les acclamations triomphantes des Jacobins (3). Elle comprenait Brissot, Vergniaud, Gensonné, Ducos, Boyer-Fonfrède, Lacaze, Duperret, Carra (4), Gardien, Duprat,

(1) Louis Combes, *Episodes et curiosités révolutionnaires ; (Une lettre posthume de Marat)* p. 221.

(2) Paul Hervieu, *Théroigue de Méricourt.*

(3) « C'est la première fois qu'on a massacré en masse tant d'hommes extraordinaires ». Honoré Riouffe, *vol. cit.*

(4) Jean-Baptiste Carra, député de Saône-et-Loire, avait demandé par une lettre du 4 août, au président de la Convention, à rendre compte de l'origine de sa fortune, uniquement due à son travail. (*Catalogue de la collection d'autographes de feu M. Paul Dablin*).

Brulard-Sillery, Fauchet Lasource, Lesterpt-Beauvais, Duchastel, Mainveille, Lehardy (du Morbihan), Boilleau, Antiboul, Vigée, et le cadavre de Dufriche-Valazé. Au lendemain de la funèbre veillée, devenue un lieu-commun de feuilleton populaire historique, où Vergniaud se préoccupa surtout de la débâcle morale où sombrait son parti et de la note de sa blanchisseuse (1), à midi précis, les trois charrettes (2) de Sanson s'arrêtèrent devant la cour basse de la Conciergerie. C'est de cette espèce de fosse, à côté du grand escalier du Palais, dans la cour de Mai, que, gravissant les quatre marches, sont sortis tous les condamnés du Tribunal Révolutionnaire. Chacune des charrettes de Sanson prend sept girondins (3). On approche une quatrième ; c'est sur la paille boueuse de celle-là qu'on jette le cadavre de Valazé. Et on se met en route.

(1) « Dans leur funèbre et dernière nuit du 30 octobre 93, ce qui troublait le plus les Girondins condamnés, ce n'était pas la mort qu'ils devaient subir le lendemain, mais la profonde misère où ils laissaient leurs familles. Ce qui reste des lettres inédites de Vergniaud témoigne de l'inquiétude singulière du grand orateur : c'était la difficulté de payer sa blanchisseuse ». J. MICHELET, *ouvr. cit.* tome VI, *la Terreur*, liv. X, chap. X, p. 6.

(2) D'ALLONVILLE, *Mémoires tirés des papiers d'un homme d'Etat sur les causes secrètes qui ont déterminé la politique des cabinets dans les guerres de la Révolution ;* Paris, 1831, tome III, p. 275

(3) *Idem.*

Le triste ciel de ce dernier jour d'octobre se raye d'une pluie glaciale, ténue, fine, qui chasse les spectateurs sous les auvents, les rejette dans les corridors sombres. Jamais plus lugubre cortège ne passera dans ces rues presque vides où l'eau, dans les ruisseaux, cascade doucement comme un sanglot presque humain.

Vergniaud est debout dans la première voiture, tête nue, ses cheveux crépus, comme ceux de Mirabeau, collés à ses joues marquées de la petite vérole. Ce qu'il laisse derrière lui, c'est peu de chose. Quelques livres et des hardes dans un pauvre logis partagé avec Ducos et Boyer-Fonfrède, au nº 337 de la rue de Clichy (1). Mais son bel héritage, triomphant des hommes et des choses, ce n'est pas l'éclat de son nom, c'est le regret amoureux qu'il s'imagine laisser au cœur de Julie Candeille, la comédienne qu'il serra dans ses bras en des jours heureux. C'est le dernier regret de Vergniaud debout sur la charrette mais, une vingtaine d'années plus tard, Julie Candeille l'oubliera et jurera à un autre, à Girodet-Trioson, qu'elle n'a jamais aimé que lui (2).

Cette grande mémoire sera trahie par une femme qui en effacera, en son cœur, le souvenir. C'est avec ces illusions que meurt le Girondin. Croit-il la Patrie sauvée par son trépas, comme au jour où il écrivait : « N'hésitez pas entre quelques hommes et la chose publique ! Jetez-nous dans le gouffre et que la Patrie soit sauvée ! » Hélas ! ce langage sera celui de Danton ; Robespierre le tiendra à son tour. Fier et mélancolique adieu !

(1) Il avait habité précédemment rue d'Orléans, à l'hôtel d'Aligre, et au nº 5 de la place Vendôme.

(2) A la vente Léon Gauchez (décembre 1907) nous avons tenu cette lettre en mains. C'était une mince feuille jaunie, trois pages in-4º, couvertes d'une haute écriture et signées : J. C. Elle était datée de Brighton (Angleterre), 31 janvier, et débutait en ces termes : « Je sens pour vous ce soir un redoublement de souvenirs ; j'y céderai toujours avec plaisir ; ce sera désormais le seul plaisir réel que me permette la raison ».

Les charrettes cahotent sur le pavé gluant. Fauchet, en silence, prie sans doute. A son heure dernière, il a cherché dans la religion le viatique consolateur. Avec Gardien, Viger, Le Hardy, Lesterpt-Beauvais, Lauze-Duperret et un septième (1), il s'est confessé. Le « brigand (2) » reconnaît ses erreurs. « Tout pouvoir vient du peuple (3) » a-t-il dit, et c'est ce pouvoir qui l'envoie à la guillotine. Seuls, avec Vergniaud, Brissot (4), Lacaze, Antiboul, Gensonné, Boilleau (5), n'ont pas adbiqué. Le silence des rues vides, la stupeur du peuple proteste pour eux. La hache est levée sur eux. Ils attendent. Sanson lui-même semble avoir hâte d'en finir. En trente-huit (6) minutes, sous la pluie battante, il dépêche la fournée. La tête de Viger tombe la dernière (7). Et la pluie lave le couteau.

La Gironde morte, les foudres de la Montagne se retourneront contre elle-même, tandis que par les rues

(1) « Je ne me souviens pas du nom du septième... » Lettre de Lothringer, *Le Républicain Français*, 6 fructidor an V.

(2) *Petit Dictionnaire des grands hommes et des grandes choses de la Révolution, dédié aux Etats-Généraux*, par une société d'aristocrates, Paris, 1790, in-8°.

(3) *Chronique de Paris*, novembre 1789.

(4) Les *Mémoires de Brissot* ont été publiés avec introduction, notices et notes par M. de LESCURE. Paris, 1877, in-12.

(5) Durant sa détention Boilleau avait publié deux brochures justificatives : *Surtout, lisez-moi avant de me juger, justification de tous les bons et vrais républicains, de Jacques Boilleau, député, détenu et prévenu de complicité avec les députés accusés d'être les chefs d'une conspiration contre la République française, une et indivisible* ; 6 octobre 1793, Paris, imprimerie du Cercle Social, 1793, in-8°; 33 pp.; et : *Jacques Boilleau, député, traduit au Tribunal Révolutionnaire, à tous les vrais sans-culottes* ; Paris, imprimerie du Cercle Social, in-8° : 12 pp.

(6) *Bulletin du Tribunal criminel Révolutionnaire*, n° 64.

(7) *Bulletin du Tribunal criminel Révolutionnaire*, n° 64.

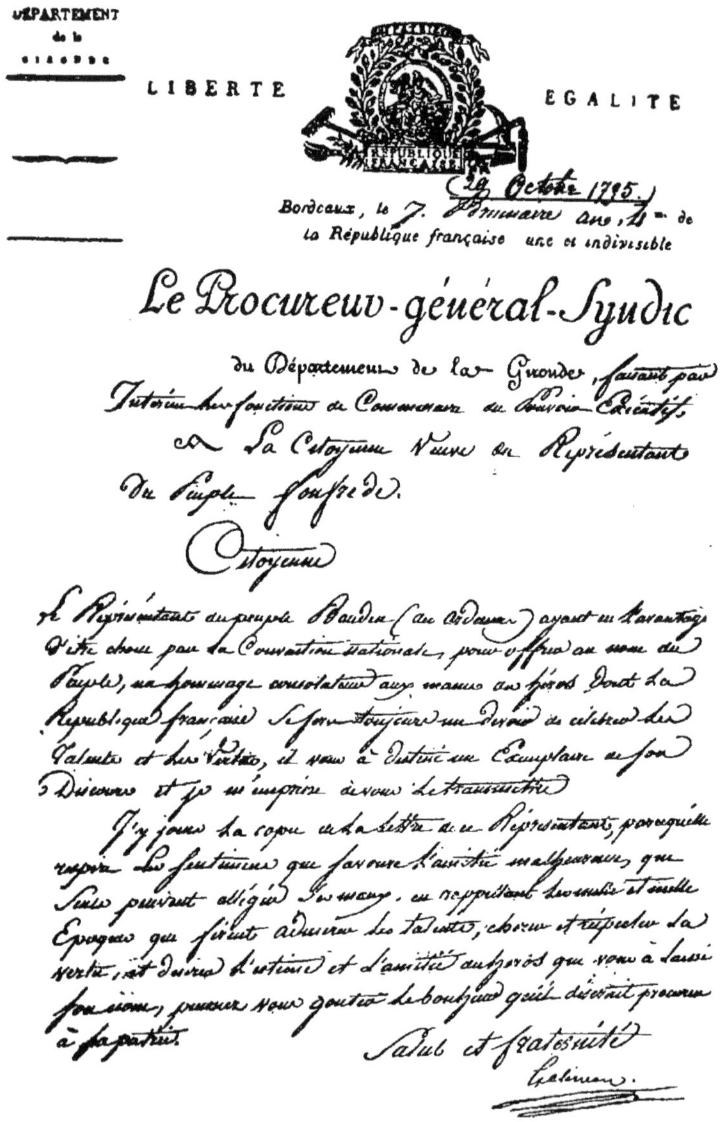
DÉPARTEMENT de la GIRONDE

LIBERTÉ ÉGALITÉ

RÉPUBLIQUE FRANÇAISE

29 Octobre 1795.

Bordeaux, le 7. Brumaire an 4me de la République française une et indivisible

Le Procureur-général-Syndic du Département de la Gironde, faisant par intérim les fonctions de Commissaire du Pouvoir Exécutif,

A la Citoyenne Veuve du Représentant du Peuple Fonfrède.

Citoyenne

Le Représentant du peuple Baudin (des Ardennes) ayant eu l'avantage d'être choisi par la Convention nationale, pour offrir au nom du Peuple, un hommage consolateur aux manes des héros dont la République française se fera toujours un devoir de célébrer les talents et les vertus, il vous a destiné un Exemplaire de son Discours et je m'empresse de vous le transmettre.

J'y joins la copie de la lettre de ce Représentant, parce qu'elle respire les sentimens que favorise l'amitié malheureuse, qui seuls peuvent alléger vos maux, en rappellant [illegible] et cruelle Epoque qui firent admirer les talents, chérir et respecter la vertu, et diriger l'estime et l'amitié au héros qui vous a laissé son nom, puissiez vous goûter le bonheur qu'il devait procurer à sa patrie.

Salut et fraternité

[illegible]

Lettre de « consolation » adressée à la veuve du girondin Boyer-Fonfrède, après la chute de Robespierre.

Philippe Pique

Caricature de Philippe-Egalité en roi de pique.

Hébert fera crier son n° 305 : *La grande joie du père Duchesne après avoir vu défiler la procession des Girondins et des Rolandins pour aller jouer à la main chaude à la place de la Révolution* (1).

***

Quand viendra le tour de Philippe-Egalité, on lui fera les honneurs de la charrette solitaire, comme à Louis XVI. Celui-ci eut les coussins du carrosse de Clavière pour se reposer; Philippe sera debout au long des rugueuses ridelles. Neuf mois se sont écoulés depuis l'attaque de Louvet(2), et l'aube du 16 brumaire est la dernière du prince du sang. Grand-maître du Grand Orient de France qu'il a répudié dans une lettre retentissante (3) et qui a solennellement brisé son épée symbolique, il porte sous le couperet une tête indigne de la fraternelle accolade (4). Lui aussi se confesse, et à ce même

(1) Indiquons ici quelques ouvrages auxquels on pourra se reporter pour la vie privée et publique des Girondins : G. Touchard-Lafosse : *Histoire parlementaire et vie intime de Vergniaud*, Paris, 1847, in-12 ; *Mémoires inédits de Charles Barbaroux, député à la Convention nationale*, avec une notice sur sa vie par M. Ogé Barbaroux, son fils ; Paris, 1822, in-8°; J. GUADET : *Les Girondins, leur vie privée, leur vie publique, leur proscription et leur mort*, Paris, 1861, 2 v. in-12 ; Levasseur de la Sarthe, ex-conventionnel, *Mémoires*, Bruxelles, 1830, 4 vol. in-8. etc. etc.

(2) J. B. LOUVET, député du Loiret : *A la Convention nationale et à mes commettans sur la Conspiration du* 10 *mars* 1793 *et la faction d'Orléans*. Sans indication de lieu et de date, (Paris, 1793), in-12, 55 pp.

(3) *Journal de Paris*, lundi, 22 février 1793.

(4) Les lettres de Philippe-Egalité sont rares. Pour notre part nous n'en avons vu passer que deux dans des ventes publiques. Cependant un *Catalogue de livres manuscrits et imprimés sur la Franc-Maçonnerie et les Sociétés Secrètes, provenant du cabinet de feu M. Lerouge, dont la vente commencera le 7 janvier* 1835, et publié par le libraire Leblanc, 6 rue des Beaux-Arts, à cette époque, mentionne, sous le n° 417, une lettre dont nous détachons ce fragment curieux : « Voici mon

Lothringer qui reçut le repentir de Fauchet et des six autres Girondins (1). Grand seigneur jusqu'au bout, il entend bien déjeuner et se fait servir du Champagne. Il est profondément dégoûté des hommes, dit Lavallée (2).

Sur la charrette il est indifférent aux huées, aux marques d'indignation et de mépris dont le peuple l'a couvert d'une voix unanime (3). On lui crie : « Tu vas te faire raccourcir par égalité! » Il jette un long regard (4) en arrivant à la rue Saint-Honoré, sur le

histoire maçonnique : dans un temps, où, assurément personne ne prévoyait notre Révolution, je m'étais attaché à la Franche-Maçonnerie, qui offrait une sorte d'image de l'Egalité, comme je m'étais attaché aux Parlements qui offraient une sorte d'image de la Liberté; j'ai depuis quitté le fantôme pour la réalité. Comme je ne connais pas la manière dont le G.·. O.·. est composé, et que d'ailleurs je pense qu'il ne doit y avoir aucun mystère ni aucune assemblée secrète dans une République surtout au commencement de son établissement, je ne veux plus me mêler de rien du G.·. O.·. ni des assemblées de F.·. M.·. ». La lettre datée de Paris, le 22 février 1793, est adressée au citoyen Milscent et signée L. P. J. Egalité.

(1) « A l'égard de M. le duc d'Orléans, vous pouvez assurer Mme la duchesse, son épouse très respectable, vraiment pieuse et vraiment digne d'un autre époux, que j'ai reçu une permission de Fouquier-Tinville, accusateur de l'infâme tribunal révolutionnaire, pour aller donner les derniers secours de notre religion à M. le duc d'Orléans... Après sa confession, il me demanda avec un repentir vraiment surnaturel, si je croyais que Dieu pouvait le recevoir au nombre de ses élus ?... » *Lettre de Lothringer, prêtre catholique, au citoyen Sicard, ministre du culte catholique, et directeur des sourds-muets, rue Saint-Jacques, à Paris.*

(2) Théophile LAVALLÉE, *Histoire des Français*, 1847, tome IV, p. 146.

(3) *Les trois Décades ou le mois républicain*, n° 17, septidi 17 brumaire, an II (jeudi 7 novembre 1793) p. 68. *Les trois Décades* paraissaient sur quatre pages du format du *Bulletin du Tribunal criminel Révolutionnaire.* L'abonnement était de 42 livres pour l'année, 22 livres pour six mois et 12 livres pour trois mois. Les bureaux étaient situés rue Helvétius (actuellement rue Sainte-Anne), près le Café Helvétius.

(4) *Les Trois Décades...*

palais où régna son élégance robuste (1). Il n'offre aucune résistance à Sanson, on admire au contraire sa bonne grâce particulière en cet instant (2). La tête choit, et on signale ce fait singulier : un nègre inconnu pleure dans la foule (3).

Les créanciers du prince demeurent en face d'un déficit de 74.000.000 de livres (4).

Avec Robespierre et Fouquier-Tinville, Philippe-Egalité demeure un des hommes de la Révolution sur lesquels s'exerça le plus la rage des pamphlets et l'ironie sanglante des libelles. Il en inspira, certes, pour répondre aux attaques, notamment ce *Furet Parisien*, paru en 1789 (5) où Bailly, Lafayette et la Reine étaient violemment pris à parti. Mais c'est là de la galanterie en regard, par exemple, de la *Vie privée ou Apologie de très sérénissime prince Monseigneur le duc de Chartres aujourd'hui duc d'Orléans* (6), rédigée par

(1) « Il était assez bien de sa personne ; grand, robuste... » Comte de Montrey : *Les d'Orléans devant l'histoire*, 1887, p. 10.

(2) *Les Trois Décades...*

(3) « C'était probablement sur le sort de quelqu'autre des condamnés... » *Les Trois Décades...*

(4) « Par un concordat du 6 janvier 1792, il avait abandonné ses biens à ses créanciers ; ils furent mis aux enchères. L'Etat les racheta en partie, et paya les dettes jusqu'à concurrence de 37 millions, 740 mille frs. Dans une première liquidation qui eut lieu le 1er mai 1793, Cambacérès et Mathieu furent nommés commissaires par la Convention elle-même. L'Etat en resta donc légalement propriétaire jusqu'en 1814. » Alexandre de Lassalle et Louis de la Roque : *Documents authentiques sur les biens de la famille d'Orléans*, Paris, 1852.

(5) A l'Hôtel de Ville, chez de la Hay, imprimeur de la Commune... avec l'approbation du marquis de Lafayette, in-8. — Il en parut neuf numéros, portant comme épigraphe : *Je dévoilerai vos intrigues : tremblez !*

(6) La première édition parut à Londres en 1784, avec la mention : *Imprimé à cent lieues de la Bastille.* L'ouvrage était en in-8, et comprenait 134 pages. Il reparut en 1790 en deux éditions différentes. L'une comportait 98 pages, l'autre 44, toutes deux in-8. Ce libellé a été attribué à Ch. Théveneau de Morande.

une société d'Amis du prince. L'année suivante, c'est *Ce que vous ne voyez pas* (1) où il est traîné aux gémonies avec Mirabeau, les Lameth et le prince de Condé. En 1796 paraît l'*Histoire de la Conjuration de Louis-Philippe Joseph d'Orléans* (2) où la chronique scandaleuse est reprise, augmentée, corrigée, et on devine dans quel sens. Avec la gravure de 1790, où il est figuré en roi de pique (3) avec la légende *Philippe-Pique*, nous pensons avoir donné une idée de la violence de la bagarre où le prince régicide s'engagea.

Il convient de n'en retenir que la haine royaliste qui traqua l'ombre fatale du régicide et déversa sur sa fosse — la fosse commune de la Terreur — l'injure et l'obscénité.

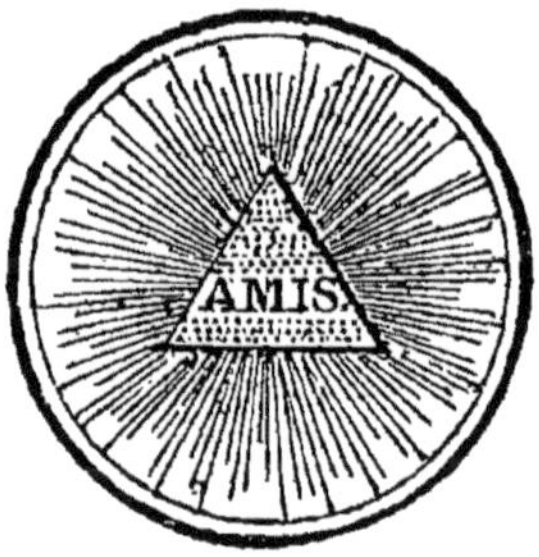

Rien n'est plus sinistrement monotone que ce toujours même récit des exécutions. C'est toujours le même décor, les personnages seuls changent. Le sang

(1) In-8, 8 pages.

(2) Paris, 1796, 3 vol. in-8. — En 1832 parut à la librairie Dentu, une brochure in-8 devenue aujourd'hui introuvable: *Conjuration de Louis-Philippe-Joseph d'Orléans surnommé Egalité, d'après l'histoire qu'en a publiée Montjoye en 1796.*

(3) C'est un placard in-12, très rare dont nous devons la communication à l'aimable et savant marchand d'autographes, M. Dumont, dont l'obligeance sut nous découvrir des pièces révolutionnaires uniques et du plus haut intérêt.

des Girondins trempe encore le plancher de l'échafaud, que déjà Danton met le pied sur la première marche.

«*Trois voitures*», dit l'ordre de Fouquier-Tinville à Sanson, le 16 germinal. Et sur ces trois voitures s'entassent à côté de l'homme de Septembre : Camille Desmoulins ; Lacroix ; Philippeaux ; Basire ; Chabot ; Fabre d'Eglantine ; le bel Hérault de Séchelles (1) ; Delaunay; l'abbé d'Espagnac, fournisseur des armées de la République ; l'espagnol Gusman ; Deisderichen, avocat à la cour du roi de Danemark ; les beaux frères de Chabot : Julius et Emmanuel Frey, banquiers autrichiens, et le général Westermann. De ces derniers, rien à dire. En cet instant tragique où son courage fait de l'échafaud un théâtre (2), Danton domine de sa taille géante les compagnons de sa fournée. De son gros soulier clouté il frappe le plancher de la charrette (3), et comme il l'a prévu, le peuple le salue d'une clameur qu'il croit vengeresse : « Vive la République ! (4) » Bâillonné, expulsé de la salle de l'Egalité, il redevient lui-même ici, devant ce peuple de Paris qu'il a jadis

Signature maçonnique de Fabre d'Eglantine.

(1) « Il me paraissait fabuleusement beau », avoua Mme de Cavaignac dans les *Mémoires d'une inconnue*, publiés d'après le manuscrit original (1780-1816), Paris, in-8°, 1894, p. 161,

(2) Antoine-Vincent ARNAULT, *Souvenirs d'un sexagénaire*.

(3) Nous avons eu l'occasion de voir un de ces souliers portés par Danton, le 16 germinal, chez M. de Max, le grand tragédien. Il avait appartenu au prince d'Orléans, qui, par une idée pour le moins étrange, l'avait fait... ressemeler. C'est un soulier de cuir épais, large, mais remarquablement étroit au cou-de-pied.

(4) « Les foutues bêtes ! ils crieront : « Vive la République ! », en me voyant passer ! » Cité par RIOUFFE, *Mémoires d'un détenu*.

convoqué à voir tomber les têtes de ses ennemis (1), Paris dans ce tragique et charmant mois de germinal, lui apparaît, comme autrefois, le « centre des lumières (2) ». Un nuage passe aujourd'hui, demain le soleil triomphant chassera les ombres et la Patrie sera sauvée. C'est le mot des Girondins qu'il se répète. Il rugit, invective Robespierre qu'il accuse de sa chute, et suivant sa noble parole, il demeure Français jusque dans ses haines et franc jusque dans ses passions (3). Un afflux de sang lui empourprait la face. « Il était

Signature de Danton.

rouge comme un homard (4) », a dit de lui un conventionnel qui le vit passer. Puis il se calme, et plaisante : « Nous allons faire ce que tu as fait toute ta vie », dit-il à Fabre d'Eglantine. Le poète lève la tête : « Quoi donc ? » Le large rire de Danton résonne : « Des vers ! (5) » On regarde avec stupeur passer cette char-

(1) Séance de la Convention du 4 septembre 1793 ; *Moniteur* du 6 septembre.

(2) Séance de la Convention du 2 avril 1793 ; *Moniteur* du jeudi 4 avril ; n° 94.

(3) Séance de la Convention, du samedi 30 mars 1793, *Moniteur* du 1er avril ; n° 91.

(4) Le mot nous fut rapporté par M. le baron de Mauny qui l'entendit, enfant, de la bouche du personnage.

(5) *Mémoires* (apocryphes) *authentiques de Maximilien de Robespierre*, Bruxelles, H. Tarlier, libraire-éditeur, rue de la Montagne, 1830 ; tome I, *introd.* p. 4.

rette où le géant ricane et plaisante. Fabre d'Eglantine... nom charmant, joli pseudonyme si funèbre au souvenir ! Il est là l'ancien comédien miséreux obligé de vendre son manteau pour manger (1), le poète en qui ses maîtresses ont aimé l'âme (2), concurrent de Danton, rival de Molière (3). Il est là aussi Basire, admirateur d'Hébert à qui il dépêcha, en hommage, des lettres d'obscénités (4). Et surtout, parmi ces statures frappées de la foudre, parmi ces hommes qui savent que les destins sont révolus, il y a un lamentable jeune homme, pleurant sur une mèche de cheveux, riant d'un rire convulsif où sonne la folie (5). Sur son

Deux signatures de Camille Desmoulins.

(1) Dans une lettre adressée à sa femme, de Arnay-le Duc, 8 octobre 1786, il écrit : « J'ai vendu (à Désilles) mon manteau et pour cause, je suis bien inquiet pour toi, mon cher amour ; je ne pense qu'à cela. O ma bonne petite, puisque je souffre tant, souffre moins toi-même et prends courage ; bientôt nous en sortirons ». (*Collection de feu M. Paul Dablin.*)

(2) « Les femmes le trouvaient laid. Une de ses maîtresses, celle qu'il aima le plus, lui écrivait sans détour : « Je me suis donnée à toi : ta belle âme est le seul charme qui m'ait séduite ». F. A. AULARD, *Figures oubliées de la Révolution* : *Fabre d'Eglantine* ; *La Nouvelle Revue*, tome XXXV, 1er juillet 1885.

(3) « Fabre, le premier après Molière, s'il n'avait voulu être le premier après Danton ». *Mémoires de Fleury, de la Comédie-Française*, p. 44.

(4) Lettre du 30 avril 1792, 1 p. in-8, signée. (*Collection de feu M. Paul Dablin.*) — *Catalogue d'autographes N. Charavay*, juin 1906.

(5) Le Cousin Jacques (Beffroy de Reigny), *Dictionnaire néologique des hommes et des choses*, Paris, an VIII, tome II, p. 480.

visage laid et luisant (1) se crispe le rictus de la démence et de la fureur. Lui aussi maudit Robespierre, dont il se dit la dupe (2), et le peuple qui ne l'arrache pas de cette charrette où les cheveux de Lucile lui disent tout ce qu'il laisse derrière lui qui fut sa vie heureuse et amoureuse. Il a beau, en 1790, avoir écrit : « Je mourrais avec honneur, assassiné par Sanson », et « Je me sens la force de mourir sur un échafaud avec un sentiment de plaisir » ; il sent bien que ce ne furent là que des bravades, et que ce ne fut que de la littérature son cri dédaigneux : « Qu'est-ce donc que l'échafaud pour un patriote, sinon le piédestal de Sidney et de Jean de Witt ? (3) »

Aujourd'hui qu'il s'agit de mourir suivant cette formule, il se sent lâche et il faut la rude et fraternelle voix de Danton pour le ranimer, le secouer, le redresser devant cette foule hurlante qui guette les défaillances et les hue. Et pourtant, c'est cette même foule qui reçut, avec les feuilles vertes de juillet, la promesse de liberté de ses mains tremblantes d'enthousiasme, cette même foule qui acclama les paroles balbutiantes du bègue (4) et s'arracha, humides encore de l'encre grasse, les *Révolutions de France et de Brabant* (5). Il faut mourir. Doux et charmant mois de germinal,

(1) *Mémoires authentiques de Maximilien de Robespierre*, tome I, p. 118.

(2) Honoré RIOUFFE, vol. cit.

(3) *Le Vieux Cordelier*, 1794. Il ne parut que 7 numéros de ce dernier journal de Camille Desmoulins. Le n° 7 contient la belle et déchirante lettre écrite par le conventionnel, de la prison du Luxembourg, à sa femme.

(4) « Ce n'était point, il est vrai, le bégayement ordinaire, l'infirmité désagréable ; c'était plutôt le balbutiement de l'homme troublé qui cherche à se remettre de son émotion... » Jules CLARETIE, *Camille Desmoulins*, Paris, 1875, chap. I.

(5) *Révolutions de France et de Brabant, et des royaumes qui, demandant une assemblée nationale et arborant la cocarde, mériteront une place dans les fastes de la liberté*, in-8. — Le premier numéro parut le 28 novembre 1789.

c'est en vain que tu pares les Tuileries devenues les *champs du peuple*, de ta neuve verdure; c'est en vain que l'air est plus léger, plus subtil, cet air de Paris comparable à nul autre, qui grise et qui, jadis, dans le Luxembourg printanier, gonfla d'amour, à en mourir, le cœur du jeune avocat de Guise à qui Lucile souriait. Beauté inutile et superflue que la tienne, Germinal bruissant et doré, plein de parfums, de rires et de fleurs, Germinal de 94 qui sembles, depuis cette heure de désastre, retentir à travers les siècles du ricanement de Danton et du sanglot de Camille! Il faut mourir, mourir aujourd'hui sous la clémence souriante de ce ciel délicat, mourir tandis que, dans les arbres des Champs-Elysées, proche la guillotine, chantent les oiseaux de Paris. Qu'importe tout cela: sachons mourir.

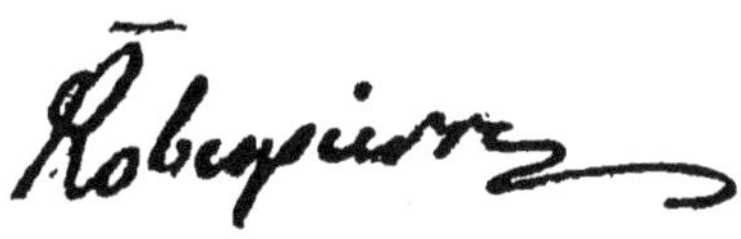

Signature de Robespierre.

Danton est arrivé sur le tréteau. Une légère pâleur envahit sa face pourpre. Il ferme les yeux et quels souvenirs s'évoquent à lui ? C'est que, là-bas, parmi la foule populaire, un homme levant son chapeau vient d'être aperçu par lui. Cet homme, c'est l'abbé de Kéravenan, le vicaire de Saint-Sulpice qui, en 1793, a béni son mariage avec Louise Gely. Venu à ce rendez-vous de la mort, il absolvait le condamné qui, depuis la nuit du 10 germinal (1) comprenait, sur sa couche

(1) Danton fut arrêté, en même temps que Camille Desmoulins, dans la nuit du 10 au 11 germinal. M. Georges Cain, dans son volume *Coins de Paris*, p. 136, place l'arrestation

solitaire de prisonnier, de quel amour il adorait la femme perdue pour jamais.

Danton, à cet instant, a-t-il dit les mots qui s'étouffèrent avec le bruit du couperet dans le sac de cuir trempé de sang ? « Tu montreras ma tête au peuple. Elle en vaut bien la peine ! »

Certes, cette tête méritait le dernier salut populaire — et ce fut une huée qui la cravacha (1).

*
* *

Le 10 thermidor voit la dernière des grandes fournées de la Terreur. C'en est fini, ce jour-là, de la République, et les crapules thermidoriennes peuvent saluer de leurs appels de fauves la curée où s'étrangle la dernière grande voix de l'éloquence française et jacobine. Ils peuvent désormais respirer en paix et crever, les mains pleines de sanglantes rapines, sur l'or de leurs exactions, ceux-là que le cri de Legendre a terrifiés, le jour où Saint-Just a demandé la tête des Dantonistes : « Nous allons donc tous être égorgés succes-

de Camille au 20 mars 1794, et plus loin, p. 147, il assure que Danton fut arrêté avec Camille le 31 mars. L'erreur est tellement évidente qu'il est à peine besoin de la signaler pour la voir disparaître dans une prochaine édition de cet excellent travail, documenté avec soin.

(1) Parmi les souvenirs qui restent de Camille, citons son écharpe qui appartient à M. Etienne Charavay. Elle figura à l'Exposition historique et militaire de la Révolution et de l'Empire, en 1895, sous le n° 739.

(2) Sur la fin des Dantonistes nous nous proposons de publier un manuscrit inédit et anonyme que nous possédons, daté de Brumaire 94, et épigraphié par l'auteur (détenu le 31 mai 1793) « *Ah ! Homère datait du moins son « Iliade » d'un siècle de gloire !* » Le cadre de ce livre ne nous a pas permis de faire entrer ici des détails véritablement nouveaux que contient ce manuscrit sur Desmoulins et Danton. — A consulter sur le même sujet : *Les sabbats Jacobites*, 1791 ; F. A. AULARD, *Notes sur l'éloquence de Danton*, Paris, 1882, in-8 ; *Crimes envers le roi et envers la nation, ou confession patriotique*, Paris, 1792, in-8, etc. etc.

sivement ? » Et ce même Saint-Just meurt avec un cri héroïque, grand de toute la splendeur du stoïcisme

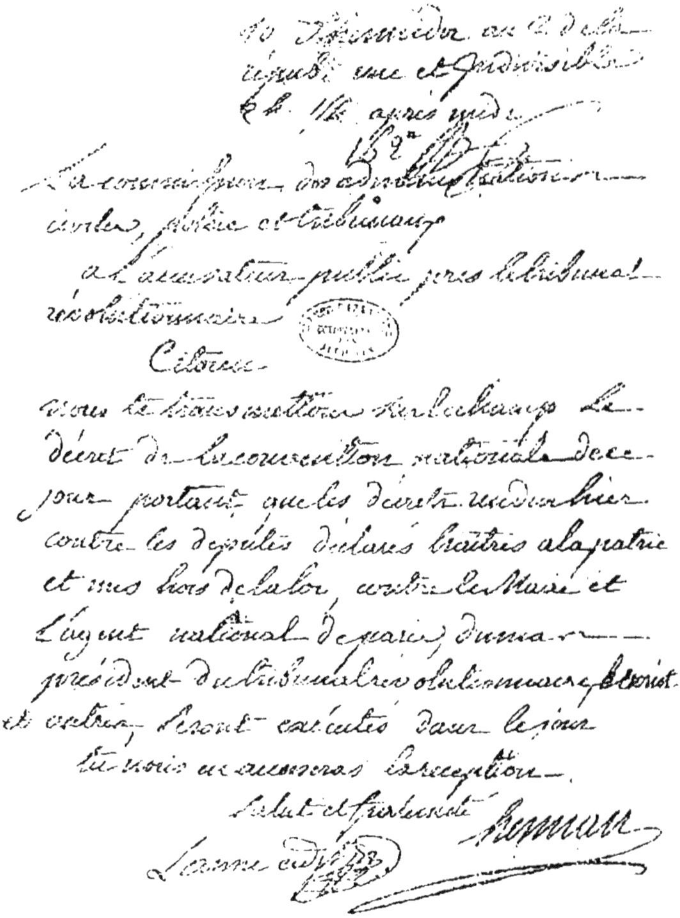
10 thermidor an 2 de la républ. une et indivisible
à 4 h. 1/2 après midi

La commission des administrations civiles, police et tribunaux
à l'accusateur public près le tribunal révolutionnaire

Citoyen

nous te transmettons sur le champ le décret de la convention nationale de ce jour portant que les décrets rendus hier contre les députés déclarés traitres à la patrie et mis hors de la loi, contre le Maire et l'agent national de paris, dumas président du tribunal révolutionnaire et autres seront exécutés dans le jour

Salut et fraternité

Lettre du président du Tribunal Révolutionnaire à Fouquier-Tinville, annonçant la mise hors la loi de Robespierre. (*Archives nationales*)

romain : « Je méprise la poussière qui me compose et qui vous parle; on pourra la persécuter et la faire mourir cette poussière, mais je défie qu'on m'arrache cette vie indépendante que je me suis donnée dans les siècles et dans les cieux ». Dans la lourde chaleur de la journée finissante, tandis qu'on arrache aux murs les affiches bleues, violettes, jaunes, rouges, vertes ou grises (1) qui masquent celle d'*Epicharis et Néron*, la tragédie que jouait la veille Talma au théâtre de la République, le cortège gagne la guillotine, revenue de la Barrière du Trône Renversé à la place où elle affirma le règne de la loi par les grandes fournées. Et comme dans les vergers de thermidor, mûrs et lourds, tombent les fruits, tombent les vingt-deux têtes coupées offertes au salut de la Patrie (2).

(1) Sébastien MERCIER, *Le nouveau Paris*, tome II, p. 284.

(2) D'après des documents nouveaux et des pièces inédites nous raconterons le mystère de Thermidor dans l'*Apologie de Maximilien de Robespierre*, 2 vol. in-8, où un chapitre sera consacré à l'hécatombe qui sacrifia les derniers Montagnards et prépara Paris et la France, par les avocats du Directoire, à Bonaparte.

Vignette d'un recueil de chansons patriotiques au II.

III

LES GÉNÉRAUX

« Qu'est-ce que la guillotine ? » demande Camille Desmoulins dans le *Vieux Cordelier*, et il répond : « Sinon un coup de sabre et le plus glorieux de tous ! » Ce coup de sabre, beaucoup de généraux des armées révolutionnaires allaient le recevoir. Après la trahison de Dumouriez, une énorme suspicion enveloppa les chefs des armées. Valenciennes et Mayence portaient le comble à l'exaspération de la terreur, et le désir, la volonté de frapper le mal dans la plaie, l'arbre dans la racine, furent à ce point poussés, que Robespierre, dédaignant momentanément les émigrés et les conspirateurs, demanda à ce que le Tribunal Révolutionnaire commençât par juger les généraux traîtres à la patrie (1). Cette suspicion ne diminua guère pendant

(1) Voir A. AULARD, *La Société des Jacobins*, tome V.

la Révolution. Il fallut les heureux succès de Bonaparte, sous le Directoire, pour l'amoindrir. La trahison semblait être partout. Chaque chef de corps devenait suspect, et la chose se comprend aisément, quand on considère qu'un grand nombre de généraux étaient des aristocrates, serviteurs de l'ancien régime, dont beaucoup étaient restés aux armées par habitude du métier. Le général de division Wimpffen avait un fils au service du prince de Hesse ; Falck, maréchal de camp, avait le sien et son frère dans les armées palatines. Le décret de la Convention, éloignant les nobles de l'armée, fut un des moyens employés pour arrêter la terreur panique. Pourtant, s'il faut en croire Lavalette, « la composition des généraux était bonne : la plus grande partie d'entre eux appartenait à cette partie de la noblesse qui avait donné des preuves de fidélité à la patrie en la défendant contre les étrangers : ils en furent cruellement punis (1) ». Un des autres moyens mis en usage fut l'envoi aux soldats de journaux, tels le *Père Duchêne*, le *Journal des hommes libres* et le *Journal Universel*, où leurs chefs étaient violemment pris à partie. « Le but, écrit Bouchotte, le ministre de la guerre, était d'empêcher les soldats de s'engouer de leurs généraux (2) ». De cette besogne se chargent d'ailleurs les représentants du peuple aux armées. Saint-Just frappe l'armée de Mayence avec une rigueur extrême, et cette rigueur donne la victoire à ceux que Ségur appelle « les Spartiates du Rhin (3) ». Berlier, Hentz, Trullard et Duquesnoy, arrivant aux armées, proclament : « Il est plus que temps de purger de tous ces hommes à masque nos armées trahies depuis si longtemps ». Le 28 mars 1793, une députation des quarante-huit

(1) *Mémoires et Souvenirs du comte Lavallette*, p. 78.

(2) Lettre de Bouchotte à Robespierre, 5 prairial an II.

(3) Le général Philippe DE SÉGUR, *Mémoires d'un aide de camp de l'Empereur Napoléon Ier;* 1894-1895, in-12.

sections est admise à la barre de la Convention et cette députation déclare que « quelques-uns de nos généraux sont suspects d'ambition ou d'incivisme... Nous appelons l'attention de la Convention sur la conduite des ministres et des généraux (1) ». Cédant aux multiples pressions qui l'accablent, la Convention decrète enfin que « tout général condamné par le Tribunal Révolutionnaire sera exécuté à la tête de l'armée qu'il aura commandée (2) ». Décret platonique d'ailleurs, et qui ne fut jamais appliqué, mais il donne la mesure de la répression.

Les généraux ont pour mot d'ordre celui que quelques-uns font graver sur leur sabre : « Vivre libre ou mourire ! » (*sic*) (3) L'un, comme le père d'Alexandre Dumas, s'intitule l'*Horatius Coclès du Tyrol* : l'autre, tel Etienne Charlet, se plaint du peu de publicité donné à ses succès (4) ; Carteaux, *général sans-culotte*, réclame ses effets *houzardés* qui ne lui laissent que « son sabre et son courage (5) ».

Vignette de papier officiel (1793).

Tous ont soif d'une gloire qu'ils sentent facile en ces temps, et par cela même deviennent suspects. Suspect, le ci-devant Desaix (6), que Bouchotte sus-

(1) *Moniteur* du 30 mars 1793, n° 89.

(2) *Moniteur* du 3 janvier 1794 (séance du 1er janvier).

(3) Un de ces sabres faisait partie de la collection Dablin.

(4) Lettre au ministre de la guerre ; Puycerda, 15 ventôse an II (*Collection Paul Dablin, n°* 258).

(5) Lettre au ministre de la guerre ; Paris, 10 brumaire an III (*Collection Paul Dablin, n°* 246).

(6) « Desaix qui se faisait appeler sous Louis XVI, M. de Veygoux... était gentilhomme ». L. de Lanzac de Laborie, *Le Maréchal Davout d'après un livre de son arrière-petit-fils ; Le Correspondant*, 10 avril 1898.

pend le 13 novembre ; suspect, Marceau, que les rapports au ministre signalent comme « un petit intrigant enfoncé dans la clique » ; suspect, Kléber, que Prieur de la Marne veut faire juger en décembre 1793 par un tribunal révolutionnaire (1) ; suspect, Lecourbe, que deux gendarmes mènent à Paris (2) ; suspect, Hoche, malgré qu'il déclare : « Le gouvernement militaire est celui des esclaves, il ne peut convenir à des hommes libres ; nous l'abhorrons ». C'est pour avoir été cru suspect, que le général d'artillerie Mérenvu se suicide, en octobre 1793 ; c'est pour le même motif et accusé en outre d'avoir perdu 10.000 hommes dans l'affaire de Laval, que Léchelle s'empoisonne le 21 brumaire (11 novembre 1793) à Nantes, après avoir été arrêté par Merlin de Thionville (3).

Suspect ! C'est ce mot qui mènera place de la Révolution la fournée des généraux, où tous sauront mourir comme ils ont combattu, bravement (4).

Ce sont d'abord les compagnons de Dumouriez qui expient la faute du chef. Le 17 mai, c'est le polonais Miaczinski, arrêté à Lille, qui est exécuté devant une

(1) « Il serait difficile de rencontrer un homme plus vain, plus quinteux que le général Kléber ». Lettre de Beurnonville au ministre de la guerre, 10 janvier 1797.

(2) « Il fut amené à Paris entre deux gendarmes ; ils lui demandèrent chacun 200 livres en espèces, leur nourriture, leur logement et le prix de l'aller et retour en diligence ». Jules Poirier, *Portraits militaires du I*[er] *Empire : Lecourbe* (1759-1815), chap. I, p. 15.

(3) « Le général Léchelle, qui commandait en chef l'armée de l'Ouest contre les brigands, et qui est cause de la déroute de Laval, s'est empoisonné hier soir ; il est mort deux heures après ». *Moniteur*, 21 brumaire an II.

(4) « L'intrépidité avec laquelle les contre-révolutionnaires que la loi condamne vont à la mort, est vraiment incroyable et prouve que le crime a ses héros comme la vertu ». *Thermomètre du jour*, 7 mai 1793.

foule énorme (1), âgé de quarante-deux ans. Le 14 août, c'est Lescuyer, autre complice de Dumouriez. A Bruxelles, en novembre 1792, il s'est signalé par une proclamation étrange, où il a menacé les perturbateurs de les coiffer d'un bonnet d'âne et de les promener par la ville au bout de la queue de son cheval. Lescuyer a cinquante-neuf ans. Barras a arrêté au camp de Saorgio, en l'accusant de connivence avec l'Angleterre, Jean-Baptiste Brunet, général en chef de l'armée d'Italie. Le 24 brumaire an II (14 novembre 1793), il sort de l'Abbaye pour aller à la guillotine. Autre complice de Dumouriez : A. A. Collier de La Marlière d'Avaine, dénoncé par le gouverneur de Lille. Sa tête tombe un matin de frimaire (26 novembre 1793). Le corse Camille de Rossy est accusé de « perfidie ». Devant le Tribunal Révolutionnaire il claque des dents et tremble, mais c'est de froid (2). Sous la neige il meurt le 8 pluviôse (27 janvier 1794); sept mois plus tard, le 7 juillet, son frère Hyacinthe, commandant du 4e régiment de chasseurs à cheval, compris dans la conspiration de Saint-Lazare, subira la même peine. Après

(1) « L'exécuteur a montré sa tête au peuple ; elle était aussi vermeille qu'avant sa mort ; ses yeux ouverts semblaient promener leurs regards sur la multitude innombrable qui remplissait la place de la Révolution ». *Bulletin du tribunal criminel Révolutionnaire.*

(2) « Au grand tribunal étoit à passer au scrutin épuratoire Camille de Rossy ci-devant noble, général divisionnaire dans nos armées ; avec une figure longue très brune ; bien botté une houplande neuve ; tenoit la moitié de son menton dans sa main et laissoit parler son deffenceur, qui faisoit l'orateur; chaquen ce disoit il ne se fatigue pas la poitrine à répondre, il sait bien ce qui lui revient ; oui dit un autre il passera peut-être la petite fenêtre nationale demain. Il en vient de partir deux tout de suite il tremble de froid ; et bien dit quelqu'un le général a gardé ces bottes et avec sa houplande il se couvrira la poitrine ; un modéré dit par derière Les condamné meurt le fois ayant la tête nue et la poitrine découverte par un temps comme cela. » Rapport de police de l'observateur Letassey, 8 pluviôse, an II. *Archives nationales*, série W, carton 191.

Camille de Rossy, le lendemain, 9 pluviôse, compara le général de Marcé, accusé d'avoir favorisé les Vendéens. Il mène sa défense comme une bataille, fougueusement (1). Battu en mars et en avril 1793, on l'a destitué, envoyé devant la cour martiale de La Rochelle et renvoyé à Paris. Ici le coup de sabre don parle Camille Desmoulins l'attend. Le 28 pluviôse, on exécute Antoine-Auguste Des Herbiers Letanduère général de brigade à l'armée d'Italie ; le 2 mars 1794 le vicomte de la Roque, général de brigade, autre complice de Dumouriez ; le lendemain, Jean-Nestor de Chancel, général de division ; le 6 mars, l'irlandai Joseph O'Moran, général de division, accusé d'*inepti* par son collègue Ferrières qui l'arrête le 16 août 179 et l'envoie enchaîné à Paris ; le 16 mars, Pierre Quétineau, commandant la division de Bressuire et qui a accumulé les désastres; le 13 avril, le comte Arthur de Dillon, ci-devant député de la Martinique aux Etats Généraux, et qui meurt en hurlant : « Vive le Roi ! » le dimanche 13 avril, J. Michel Beysser, général en chef de l'armée des Côtes de la Rochelle, arrêté par un ordre du Comité du Salut public du 19 septembre 1793, signé Prieur, Collot d'Herbois et Carnot ; le même jour, l'adjudant général Duret, hébertiste condamné comme complice de Chaumette; dans la même charretée : Claude Souchon, ci-devant général de brigade à l'armée des Pyrénées-Orientales où il a été destitué après quelques jours de commandement accusé de fédéralisme ; le 5 avril, dans la fournée des Dantonistes, Westermann « accusé par Robespierre

(1) « Au 2e tribunal étoit le général Mérasé (*de Marcé*) qui ce deffendoit avec beaucoup d'énergie mais un air hypocrite; chacun ce disoit Celui (*ci*) doit sûrement passer à la petite fenêtre nationalle car on dit qu'il nous a trahit dans nos armées il l'a bien mérité. » — Rapport de police de l'observateur Letassey, 9 pluviôse, an II. *Archives nationales*, série W, carton 191.

d'être venu à Paris pour cabaler contre le gouvernement (1) » ; le 2 juillet, le marquis Eustache d'Aoust, général en chef de l'armée des Pyrénées-Orientales, fils du marquis J. M. d'Aoust, député aux Etats Généraux du bailliage de Douai et député du département du Nord à la Convention ; le 22 juillet, Charles de Flers, commandant de Breda dans les Hollandes en février 1793 et qui rendit, avec les honneurs de la guerre, la place le 2 mars suivant ; le 23 juillet, l'irlandais Thomas Ward, ci-devant général de brigade à l'armée du Nord ; d'autres encore, car on peut choisir au hasard dans les fournées, on y trouvera plus de vingt-cinq victimes (2). Parmi tous ces noms, quatre peuvent nous arrêter un instant : ce sont ceux de Custine, de Houchard, de Biron et de Beauharnais. La hache frappa là quatre nobles têtes, innocentes comme beaucoup d'autres, mais qui se résignèrent. A. Hugo a beau écrire de Custine qu'il est « malheureux pour l'honneur de sa mémoire que son nom commence la liste des chefs dont l'ambition effrénée et les scandaleuses dilapidations font un si grand contraste avec le patriotisme généreux et désintéressé des soldats (3) »,

(1) *Rapport de Courtois*, p. 44.

(2) « *Un membre à droite.* — La Convention a guillotiné vingt-cinq généraux ! » Assemblée législative, séance du 17 juillet 1851.

(3) *La France militaire, histoire des armées de terre et de mer, de 1792 à 1833 ; ouvrage rédigé par une société de militaires et de gens de lettres, d'après les bulletins des armées, le Moniteur, les documents officiels de l'empereur Napoléon, des maréchaux, amiraux, généraux et officiers supérieurs de son entourage.*

la postérité a déchargé la mémoire du « bouillant et insensé (1) » général des principaux chefs d'accusation retenus contre lui par le Tribunal Révolutionnaire. Quoique comte, aristocrate, son attitude passée plaidait pour lui. Avait-on donc déja oublié sa vigoureuse et virulente apostrophe du 23 septembre 1792 à Francfort-sur-le-Mein, où le land-grave de Hesse-Cassel était appelé « un caporal, un monstre, un tigre » et où il annonçait que « le jour du jugement était arrivé pour les princes de l'Allemagne ? » En juillet 1793, il est arrêté, enfermé à l'Abbaye. Le 30 juillet, Fouquier-Tinville donne l'ordre au gardien de l'Abbaye de remettre Custine à l'huissier du Tribunal Révolutionnaire (2), qui en prend livraison et se voit accompagner, sur l'ordre donné par Pache au commandant de la garde nationale, d'une forte escorte, car « il importe qu'une tête prévenue d'un aussi grand crime n'échappe pas au glaive de la loi (3) ». Dans la salle de la Liberté, le procès commence le 15 août. Nous n'avons pas à le raconter ici. Le 28, il monte sur la charrette et un prêtre l'accompagne dans ce dernier voyage. « Ah! le lâche! » crie la foule (4). Ce n'est pas pour lui l'heure de s'en inquiéter et le dernier courage

Revu et publié par A. Hugo, Paris, Delloye, 1833-1838, 5 vol. gr. in-8 ; tome I, p. 17.

(1) F. C. Galart de Montjoye, *Vol. cit.*, p. 5.

(2) Lettre de Fouquier-Tinville, signée aussi par Roussillon, vice-président du Tribunal Révolutionnaire (*Collection Paul Dablin*).

(3) *Collection Paul Dablin*, n° 276.

(4) *Le Glaive vengeur de la République Française*, p. 102.

qu'il montre, c'est de mépriser les huées (1). Son oraison funèbre tient en une ligne éloquente : « Il a battu les ennemis de son pays : pour le récompenser, on lui a coupé la tête sur un échafaud (2) ». Sa mort entraîna celle de son fils qui fut exécuté le 3 janvier 1794 (3).

C'est une autre figure que celle de Houchard, géant alsacien de six pieds de haut, à la démarche sauvage, au regard terrible, et dont la poitrine est coupée et tailladée d'affreuses cicatrices (4). Le 7 septembre, il a battu les Anglais à Hondschoote; le 24, il est arrêté, et le même jour, à la tribune de la Convention, Bouchotte, ministre de la guerre, annonce, parmi de frénétiques applaudissements, qu'il a destitué le général commandant de l'armée du Nord pour n'avoir su profiter de sa victoire. De là à la trahison, il n'y a qu'un pas. Ce pas est fait. Houchard, écroué à l'Abbaye, dans une lettre adressée le 2 octobre à sa femme, examine les griefs portés contre lui et particulièrement cette accusation d'avoir vendu Dunkerque au duc d'York. Peut-être touche-t-il du doigt la vérité en imputant sa détention à une basse et ignoble jalousie. Il analyse sa conduite, constate qu'on ne peut retenir contre lui ses relations avec le duc de Nassau, étant donné que les représentants du peuple les connurent.

(1) « Les secours de la religion adouçirent l'horreur de ses derniers momens, et telle était l'espèce de fanatisme de ce tems, qu'un homme qui s'était toujours montré intrépide dans les dangers, fut accusé de pusillannimité, parce qu'en allant au supplice il était accompagné d'un ecclésiastique ». *Mémoires et souvenirs du comte Lavalette*, p. 79.

(2) Lettre du baron Isidore Taylor, au cheik Abou Ouas, à El Quarié, entre Jaffa et Jérusalem ; Paris, 16 avril 1835. Il lui recommande le marquis de Custine, petit-fils de général qui se rend à Jérusalem. — (*Catalogue E. Charavay, déc.* 1887, n° 193).

(3) « Il est allé au supplice avec fermeté et tranquillité ». *Le Glaive vengeur de la République Française.*

(4) *Mémoires du comte Beugnot*, tome I, p. 191.

« Il falloit donner et trouver des torts, » écrit-il, « à quelqu'un qu'on destitue et falloit faire voir aux soldats que c'est une trahison pour m'ôter sa confiance affin qu'il ne soit pas fatigués de ses continuel destitution, nous sommes ici 22 généraux en prison ». Et il signe : « Au citoyen Houchard, au prison de l'Abbeys » (1).

Le 27 brumaire, il porte sur l'échafaud une tête laurée du chêne de la victoire.

Dans Armand-Louis de Gontaut, duc de Biron, ce n'est pas seulement le général suspect et l'aristocrate qu'on frappe, c'est encore le favori de la Reine, « ce mignon de couchette qui se vante de l'adultère où l'aurait entraîné Marie-Antoinette » (2). Dumouriez n'a-t-il pas dit de lui : « Je voudrais avoir un Biron à mettre partout. J'en voudrais surtout un dans mon cabinet, et encore mieux à ma place. » Don-Juan-Biron, ministre de la guerre ! Dumouriez aimait le paradoxe. N'a-t-il pas été félicité par Mirabeau qui, lui écrivant au sujet d'affaires militaires, conclut galamment : « Mais je parle de guerre devant Annibal ! » Ce n'est pas qu'aux femmes que le brillant duc faisait tourner la tête !

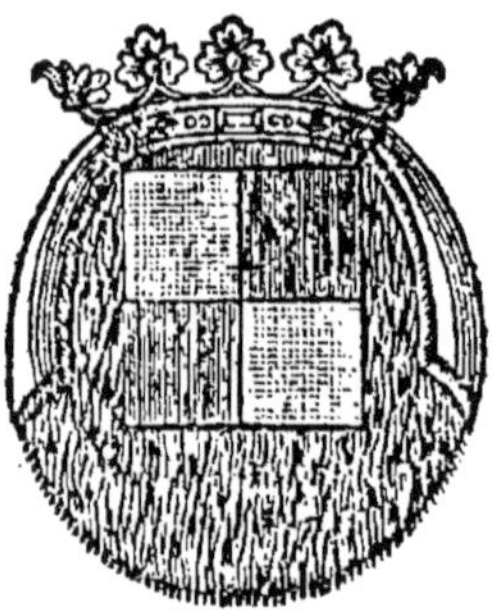

Armoiries de Biron-Lauzun.

Mais aujourd'hui Dumouriez est traître à la patrie et Mirabeau, lui-même, le Mirabeau-Tonnant, est devenu suspect. Ces certificats de jadis se retournent contre Biron. On le promène d'armée en armée, de celle du Nord à celle du Rhin, de Strasbourg aux Alpes, de Nice en Vendée. Le voici écroué à Sainte-Pélagie et, pour charmer les ennuis de la captivité, il fait ce dont il

(1) *Collection de feu M. Paul Dablin.*

(2) Jean BERNARD, *vol. cit.*, p. 76.

est véritablement capable : la cour aux dames. C'est un brillant salon que Sainte-Pélagie avec Biron-Lauzun, d'autant plus qu'il y prodigue les grâces de son esprit léger et le charme de ses mots vifs, devant les dames parmi lesquelles resplendit la beauté fragile de Mme Montané. Ceci ne peut manquer d'exciter la jalousie des maris et Montané, le ci-devant président du Tribunal Révolutionnaire (1), détenu à la Force, « faisoit demander avec inquiétude à sa femme, prisonnière à Sainte-Pelagie, s'il étoit vrai que le général Biron allât dans le quartier des dames» (2). Point n'est besoin de connaître la réponse de Mme Montané. D'avance nous la devinons.

Quand Biron descendit du tribunal dans la cour de la Conciergerie, Nougaret, qui le vit, conte qu'il salua les prisonniers « avec cette dignité chevaleresque qui n'appartenait qu'à l'ancienne cour des rois de France » (3).

— Ma foi, mes amis, leur dit-il, c'est fini, je m'en vais.

Cette résignation enjouée, d'autres l'ont signalée (4), et on peut l'accepter comme véridique. Cet homme

(1) « Il descendra du siège de Président pour aller en prison : par négligence ou par malice il avait failli faire acquitter Charlotte Corday. » Edmond SELIGMAN, *Mme de Kolly, une conspiration politique et financière*, chap. XX, p. 242. — La détention de Montané dura plus de treize mois. En compensation la Convention le nomma vice-président du tribunal civil du 3e arrondissement.

(2) Lettre inédite de Mme Roland à Sainte-Pélagie, 11 septembre 1793, publiée par Mme Clarisse BADER, *le Correspondant*, 10 juillet 1892, p. 153, *Madame Roland d'après des lettres et des manuscrits inédits.*

(3) P. J. B. NOUGARET, *Histoire des Prisons de Paris et des départements contenant des mémoires rares et précieux, le tout pour servir à l'histoire de la Révolution Française, notamment à la tyrannie de Robespierre et de ses agents et complices*, Paris, an IV.

(4) Vicomte de CASTELLANE, *Une évasion sous la Terreur ; La Revue Hebdomadaire*, 8 octobre 1898.

dont l'amour fut la passion et la galanterie le grand souci, sut mourir dignement, se repentant d'avoir « trahi son Dieu, son roi et son ordre » (1). Il n'était resté fidèle qu'à Erôs. Sa tête chut le 11 nivôse an II, à la veille de l'an neuf.

Le manteau impérial de Joséphine masque aujourd'hui à peu près complètement le fantôme du vicomte Alexandre de Beauharnais. Cette figure, haute et pure, mériterait d'être tirée de cette pénombre où la relègue la Créole. En mai 1793, il est à l'armée du Rhin comme général en chef. C'est là que vient le trouver la proposition des Comités lui offrant le ministère de la guerre. En cet instant, il semble vouloir s'effacer et s'efface définitivement quand, après le décret qui éloigne les nobles de l'armée, il écrit au consul général de la Commune de Paris : « Soldat de ma patrie, je combattrai pour elle jusqu'à la mort et quand la philosophie vous commande de ne plus voir dans les hommes que leurs vertus ou leurs vices personnels, accordez votre confiance à celui qui vous la demande pour récompense de son dévouement » (2). Dans le Loir-et-Cher, à la Ferté-Imbaut, il espère, — Régulus qui s'immole à son orgueil guerrier pour mener dans ses champs la charrue de Cincinnatus, — se faire oublier, attendre l'heure où la Patrie en danger le convoquera à sa défense. Cette heure ne sonnera pas pour lui, et c'est l'accusation d'avoir laissé son armée dans une inaction

(3) *Biographie moderne ou galerie historique, civile, militaire, politique, littéraire et judiciaire,* Paris, 1816, tome I.

(1) *Collection Paul Dablin, n° 210.*

de quinze jours (1), cause de la perte de Mayence, qui viendra l'arracher au calme de sa retraite agreste (2). Tandis qu'à la prison des Carmes il attend le moment d'aller prendre place sur les tragiques gradins, face à Hermann et à Fouquier, sa femme, cette langoureuse Joséphine qu'on n'imaginait pas capable d'un effort, court les comités, adresse des pétitions, écrit au Comité de sûreté-générale, à Vadier qu'elle appelle « estimable citoyen » et à qui elle avoue : « Mon ménage est un ménage républicain. Avant la Révolution, mes enfants n'étaient pas distingués des sans-culottes... Je t'écris avec franchise, en sans-culotte montagnarde » (3)... Cette lettre, la sans-culotte montagnarde s'en souviendra-t-elle le jour où, dans Notre-Dame pavoisée, le Corse heureux de Brumaire lui mettra au front le diadème de l'Empire ? En ce mois de nivôse, comment pourrait-elle prévoir les destins qui vont la sacrer un jour ? Dans le triste appartement du 43 de la rue Saint-Dominique, elle attend la réponse de sa supplique à Vadier. Nivôse passé, les saisons se succèderont, longues, pleines d'angoisses ; ce sera germinal, ce sera messidor, ce sera thermidor enfin, et la journée du 5. La veille, elle a reçu ce billet d'Alexandre : « Dans les orages révolutionnaires, un grand peuple qui combat pour pulvériser ses fers doit s'environner d'une juste méfiance et plus craindre d'oublier un coupable que de frapper un innocent. » Ainsi il accepte ses destins et marchera à l'échafaud,

(2) LALANNE, *Dictionnaire historique de la France.*

(3) Cette conduite, à laquelle on ne peut certes reprocher de manqner de noblesse, a été singulièrement jugée quelquefois. Par exemple : « Il avait bien graissé la guillotine (?) ; quand elle joue pour ce noble jacobin nul n'est tenté de le plaindre ». — E. M. de Vogüé, *Pour Joséphine*, 1904. — La phrase ne fait guère honneur à son auteur.

(4) La Pagerie-Beauharnais à Vadier, représentant du peuple ; Paris, 28 nivôse an II. — Cité par Alexandre SOREL, *Histoire de la prison des Carmes sous la Terreur.*

dans le temps que des incantations magiques évoqueront son supplice dans le vase de cristal de Cagliostro.

C'est la marquise de Créquy qui conte l'anecdote (1), à laquelle il est peut-être permis de n'ajouter pas grande croyance, mais qui mérite d'être signalée comme significative. « Une pupille, une colombe, dit-elle, c'est-à-dire une jeune fille en état d'innocence, était placée devant un vase de cristal rempli d'eau pure, et par l'imposition des mains du grand Cophte (2), elle acquérait la faculté de communiquer avec les génies de la région moyenne, et voyait dans l'eau tout ce qui pouvait intéressser la personne au profit de laquelle on fomentait la révélation. J'ai vu, bien malgré moi, pratiquer cette opération divinatoire à la prison des Carmes, à propos du vicomte de Beauharnais, dont un enfant de sept ans, la fille du geôlier, voyait ainsi dans une carafe et décrivait exactement tous les détails de son supplice ».

Dans le lit de la Créole, le vainqueur de Marengo allait bientôt venir prendre la place du guillotiné.

Ils ne mouraient pas tous, mais tous étaient frappés...

Quel vers s'appliqua jamais mieux que celui du fabuliste à l'époque où vingt-deux généraux étaient

(1) *Souvenirs de la marquise de Créquy*, Paris, 1834, tome IV, p. 116.

(2) Cagliostro avait pris ce titre en fondant la *Mère-Loge d'adoption de la Haute Maçonnerie Egyptienne.*

détenus à l'Abbaye ? Ce serait une longue liste à dresser que celle de tous ceux qui furent arrêtés, relâchés et repris encore. Tous étaient frappés ; la guillotine en épargna quelques-uns, et parmi eux Kellermann, le vainqueur de Valmy, que le Tribunal Révolutionnaire acquitta le 18 brumaire an II (8 novembre 1794). En mai 93, d'autres acquittements étaient intervenus en faveur du général Joseph de la Noue, du général de cavalerie Stengel, du général de division François de Miranda, que Brissot méditait de faire porter la torche révolutionnaire dans les Amériques espagnoles (1).

Mais pour ces quelques noms biffés de la rouge liste, que de têtes tombées sous le couperet avec leurs lauriers ?

(1) Nous avons eu communication d'une curieuse lettre de Brissot, de 1792, où parlant de ce projet de révolution en Amérique, qui devait faire de Miranda le gouverneur de Saint-Domingue, il ajoute : « Avec son courage, son génie, son nom, il peut aisément faire tomber les chaînes données par les Pizarre et les Cortez ». On sait que Miranda était originaire du Pérou. Déporté au 18 fructidor, il médita de doter Caracas d'un gouvernement consulaire, réussit à moitié, échoua enfin, et mourut en 1816 dans les prisons de Cadix où depuis quatre ans il était détenu.

IV

LES FIANCÉES DE LA GUILLOTINE

Envoyer les femmes à l'échafaud pour leur opinion, c'est avouer qu'elles étaient capables et dignes d'en avoir une, disait cette radoteuse de génie que fut Mme de Staël (1). Sans doute ce fut là la grande maladresse et le crime de la Terreur; mais prise dans l'engrenage des mesures extrêmes elle ne pouvait qu'avancer ou se suicider. Elle avança. Trois cent trente-quatre femmes tombèrent sous le couteau de Sanson. Sans doute convient-il de compter dans ce nombre celles qui véritablement furent innocentes, comme cette triste princesse Lubomirska et cette pitoyable Mme Chalgrin, dont M. Casimir Styienski nous a conté la lamentable histoire. Mais parmi ce chiffre il y eut des têtes qui, d'elles-mêmes, volontairement, allèrent se placer sous la hache, demandant, exigeant le coup fatal. « Il exista de véritables et dangereux coupables, dit Picqué, le conventionnel des Hautes-Pyrénées. Leur supplice s'étendit malheureusement sur des femmes imprudentes, crédules, ambitieuses, fanatiques, folles,

(1) « La Terreur... a reconnu à la fois en coupant la tête aux femmes comme aux hommes, le droit qu'elles avaient de se mêler aux affaires publiques, et le tort qu'elles avaient d'user de ce droit ». M. de LESCURE, *Les femmes et la Révolution*, 1889.

qu'il suffisait peut-être d'enfermer, qui, dans cette tourmente, furent immolées. Leur supplice a fourni aux royalistes ces relations, ces anecdotes touchantes et criminelles sans doute, mais qu'ils provoquèrent par leur imprévoyante audace ; les vengeances particulières (1), d'après la liste de la Conciergerie, conduisirent à l'échafaud plus de révolutionnaires que de royalistes, ennemis, conspirateurs pris les armes à la main (2) ». Les preuves ne manquent pas pour appuyer cette opinion impartiale et modérée ; il n'en demeure pas moins acquis que la guillotine reste dressée devant l'Histoire avec le rouge écriteau que Camille Desmoulins accrocha à la Lanterne : « Ma gloire passera, et je resterai souillée de meurtres dans la mémoire des siècles (3) ».

Ces effets considérés, en négligeant les causes, mettent à chaque instant les historiens ou les écrivains de l'époque en contradiction. Pour les uns, les bourreaux de 93 font tomber les têtes des femmes « comme un polisson fauche des roses avec sa baguette (4) » ; les autres voient pleurer des bourreaux attendris sur le triste sort des victimes (5). Lesquels croire et où trouver la vérité ? Ne la trouverons-nous pas mieux dans les faits eux-mêmes, dans cette exécution de la vieille marquise de Noailles ou dans celle de Mme d'Esprémenil qu'un bon mot, un peu graveleux, sauva en 1790 et perdit en 1794 ? (6) Certes, cette guillotine

(1) « La guillotine ne servit que trop souvent les passions particulières ». Docteurs CABANÈS et NASS, *La Névrose Révolutionnaire*, p. 97.

(2) J. P. PICQUÉ, l'*Hermite des Pyrénées*.

(3) *Discours de la Lanterne aux Parisiens*.

(4) Antoine-Vincent ARNAULT, *Souvenirs d'un Sexagénaire*.

(5) Lamartine, à propos de l'exécution des « vierges » de Verdun.

(6) En 1790, la foule s'était ruée sur l'hôtel d'Esprémenil, rue Bertin-Poirée, pour le piller. Un plaisant ingénieux, monté sur une borne, évita la chose en disant à la foule : « Gardez-vous

qui exécute « des vieilles femmes idiotes » est avilie, folle et semble travailler au hasard (1) ; certes Lebon est odieux quand il déclare après la mort de vieilles dévotes dans le Pas-de-Calais : « A quoi servent-elles sur la terre ? », mais cela, tout le monde n'est-il pas d'accord pour le condamner sans appel ?

Le 5 mars 1794 on arrête à Montpellier l'ancien vicaire de Largentière (Ardèche), Jacques-Philippe Michel. Il célébrait en cachette la messe devant quelques femmes. Le vicaire est condamné à mort et les femmes obligées d'assister à l'exécution, rangées autour de l'échafaud (2). A Arras, des religieuses sont guillotinées sur un arrêté du directoire du district qui les accuse de « tuer les malades autant que les maladies elles-mêmes, par les rêves de la superstition et du fanatisme ». Une femme Taupin est condamnée à mort à Tréguier, comme coupable d'avoir caché deux prêtres réfractaires et de servir d'intermédiaire entre les complices de la conjuration bretonne. On la mène à la guillotine, elle lève les yeux et à une des fenêtres de la place voit ses trois enfants. Elle meurt en silence, sans un cri. A Lyon, deux hommes, deux maris, viennent d'être condamnés à mort. Leurs femmes se précipitent, chez Collot d'Herbois, implorer la grâce. La police correctionnelle les condamne à six heures d'exposition sur l'échafaud où leurs maris viennent de mourir (3). A Arras, la sœur du ci-devant comte

bien de piller la maison, elle est au propriétaire, les meubles il les doit, ses enfants ne sont pas à lui et sa femme est à tout le monde ! » La foule fut désarmée. D'Esprémenil avait épousé en secondes noces Mlle de Sanctuary. C'était une fort honnête femme dont la fortune fut sauvée au prix de son honneur.

(1) J. MICHELET, *ouvr. cit.*, tome VI, *la Terreur*, préface de 1869, p. XXIII.

(2) Voir H. WALLON : *Les Représentants du peuple en mission*, tome III.

(3) Bertrand de MOLLEVILLE, *Annales*.

de Béthune, Mlle de Modène, « éternue dans le sac (1) » ; à Paris, Mme de Faudoas est guillotinée avec son père et sa tante, le 25 messidor an II, pour avoir écrit que sa « chienne avait mis au monde trois petits républicains ». Elle est âgée de dix-huit ans (2). Thérezia Cabarrus est ramenée prisonnière de Versailles, en fiacre. Place de la Révolution, on lui fait mettre la tête à la portière devant la guillotine en permanence, et on lui dit : « Dans trois jours tu joueras cette pièce en personne ». C'est la maréchale de Mouchy promenée sous un orage, qui lui arrache de ses cheveux gris le bonnet dont elle parait sa dernière grâce (3). Le 24 germinal, sérieuse, muette, « assez courageuse pour bien mourir (4) », c'est Lucile Desmoulins, qui, à huit jours de distance, monte sur le même échafaud que Camille, en robe blanche avec un fichu rose, à l'heure où sa mère lit la dernière lettre de sa fille : « Bonsoir, ma chère maman, une larme s'échappe de mes yeux, elle est pour toi, je vais m'endormir dans le calme de l'innocence ». Il nous reste d'elle un petit sac à main qui se fane dans une collection (5).

En floréal an II, la fournée dite des « vierges de Verdun » mène à la « planche aux assignats », Marguerite Croutte, prostituée, 48 ans ; la baronne de la Lance

(1) Lettre de Joseph Le Bon, 22 ventôse an I.

(2) Comte de Reiset, *Modes et visages au temps de Marie-Antoinette*, tome I, p. 385. — Mme Loyer de Maronne, dans ses *Souvenirs sur Charlotte Corday par une amie d'enfance*, publiés par M. Pierre Calmettes, dans la *Revue Hebdomadaire*, 19 mars 1898, conte la chose avec une légère variante : « Eléonore, dit-elle, aurait peut-être échappé au danger, si l'on n'avait pas surpris une lettre où elle disait : « Ma chatte est accouchée de trois citoyens, j'ai été leur marraine, et ils s'appellent *Liberté*, *Egalité*, *Fraternité* ».

(3) Sur cette exécution voir : *Souvenirs du comte de Mérode et Westerloo, Sénateur du Royaume de Belgique*, 1861, 2 vol. in-8 ; Bruxelles.

(4) M. de Lescure, *vol. cit.*

(5) *Collection de M. Etienne Charavay.*

de Mongout, 69 ans ; Anne Tabouillot, 46 ans ; Angélique Lagiroussière, 48 ans ; Anne Watrin, 25 ans ; Thérèse Pierson, 41 ans ; Suzanne Henry, 26 ans ; Elisabeth Dauphin, 56 ans ; Hélène Watrin, 22 ans ; Françoise Herbillon, 54 ans ; Gabrielle Henry, 25 ans ; Henriette Watrin, 23 ans ; et c'est d'elles que Lamartine dit : « La plus âgée avait dix-huit ans...Les bourreaux attendris pleuraient avec elles... » Il y avait, en effet, parmi elles deux jeunes filles, âgées de 17 ans, Barbe Henry et Claire Tabouillot, mais elles furent condamnées à vingt années de réclusion et à six heures d'exposition sur l'échafaud. La plus âgée de ces femmes avait 69 ans et non 18. M. de Lamartine ne s'embarrasse pas des chiffres.

Tous ces cortèges passent, s'en vont, à peine regardés dans la tourmente qui les entraîne, mais vienne le jour où les mânes de Jean-Paul Marat crient vengeance, et tout Paris hurlant, frémissant, imprécatoire et lamentatoire, sera autour de l'échafaud où la main d'un valet va souffleter la pâle tête coupée de Charlotte Corday.

Dans Paris frappé du tonnerre, cette nouvelle a retenti : « L'Ami du peuple est mort ! » Le « divin Marat (1) » n'est plus ! A sa mémoire le ci-devant marquis de Sade dédie des vers :

> Du vrai républicain unique et chère idole,
> De ta perte, Marat, ton image console.
> Qui chérit un grand homme adopte ses vertus ;
> Les cendres de Scévole ont fait naître Brutus !

Le 30 de la rue des Cordeliers où gît le cadavre, frappé par le couteau à manche noir, entre la première et la seconde côte, la partie supérieure du poumon

(1) Camille DESMOULINS : *Révolutions de France et de Brabant*, n° 32 ; *Le Vieux Cordelier*, n° 2, p. 18.

droit traversé, et l'aorte tranchée (1), ce taudis devient le Panthéon du martyr de la liberté que la ruse seule a pu abattre (2). La belle fille aux cheveux châtains (3), au fichu rose (4) a frappé l'eczémateux (5). La paix est en elle, et c'est l'âme pleine de cette souriante tranquillité qu'elle paraît dans la salle de l'Egalité, devant les citoyens Jourdeuil, Fallot, Ganney, Leroy, Brochet, Chrétien, Godin, Thoumin, Brichet, Sion, Duplain et Fualdès, jurés.

Signature de J.-P. Marat, l'Ami du Peuple.

Autour d'elle, Paris pleure le « sacré cœur de Marat ». Autour d'elle se prépare la pompe funèbre dont les torches vont, la nuit tombée, secouer leurs flammes sous le ciel où tonnent les orages. Ces orages, brusquement, ils éclateront pendant la marche de la charrette ; l'eau éclaboussera cette fille « cruelle et belle, d'une splendeur à moitié angélique, à moitié démoniaque (6) » et collera, plaquera en plis de tunique romaine au long de sa belle poitrine et de ses formes harmonieuses, la chemise rouge des parricides (7) que le

(1) *Procès verbal de l'ouverture du corps de Jean-Paul Marat, l'ami du peuple, par le citoyen Deschamps, chirurgien.*

(2) « J'avoue que j'ai employé un artifice perfide pour qu'il pût me recevoir... » Lettre de Charlotte Corday à Barbaroux : « *Aux prisons de l'Abbaye, dans la ci-devant chambre de Brissot, le second jour de la préparation de la paix* ».

(3) Passe-port de Charlotte Corday (voir son fac-simile dans la *Chronique médicale*, 1er janvier 1897).

(4) Le fichu que portait Charlotte Corday quand elle frappa Marat fait aujourd'hui partie de la collection du comte Boulay de la Meurthe.

(5) Marat était atteint d'un *eczéma généralisé*. — Docteur CABANÈS, *Le cabinet secret de l'Histoire*, tome III, p. 156.

(6) T. CARLYLE, *The French Revolution; a history;* London, 1888.

(7) « On la vit sur le corps modeste et voluptueux de Charlotte Corday ; et c'est en souvenir de cette femme courageuse que plusieurs personnes de son sexe ont porté le châle rouge, » Sébastien MERCIER, *Le Nouveau Paris.*

tribunal la condamna à revêtir pour être guillotinée (1). Insensible aux injures, sans qu'un trait de son visage ait bougé, elle arrivera place de la Révolution. « Cette fille soutint son caractère jusqu'au bout, dit Prudhomme, et le peuple fut comme fâché de trouver au crime ce calme » (2). Et elle monte sur cet échafaud sur lequel, prétend un royaliste, Marat a péri (3).

Signature de Charlotte Corday sur les registres du Tribunal Révolutionnaire.

La tête tombe et aussitôt le drame a un épilogue : le troisième aide de Sanson, François le Gros, soufflette deux ou trois fois les joues de la tête coupée (4). « Eh bien, je dis qu'à ce soufflet la tête rougit, je l'ai vue, la tête, non pas la joue, entendez-vous bien ? non pas la joue touchée seulement mais les deux joues, et cela d'une rougeur égale, car le sentiment vivait dans cette tête et elle s'indignait d'avoir souffert une honte qui n'était point portée à l'arrêt (5) ». Est-ce à dire que la tête n'eût point rougi si le tribunal l'eût condamnée à cette dernière « crânerie maratiste (6) » ? Pour notre part, nous ne l'osons point penser. La tête, dit la marquise de Créquy, jeta des « regards de colère

(1) « Quiconque aura été condamné à mort pour crime d'assassinat, d'incendie ou de prison, sera conduit au lieu de l'exécution revêtu d'une chemise rouge. » *Jugement qui porte la peine de mort contre Marie-Anne-Charlotte de Corday d'Armont.*

(2) Prudhomme, *Les Révolutions de Paris*, tome XVI.

(3) F. C. Galart de Montjoye, *vol. cit.* p. 86.

(4) Prudhomme, *Les Révolutions de Paris*, tome XVI, p. 684.

(5) Récit d'un témoin, Ledru-Comus à Alexandre Dumas père. Blaze de Bury, *Alexandre Dumas, sa vie, son temps, ses œuvres ;* reproduit par le docteur Cabanès, *vol. cit.* tome III, p. 201, *note*.

(6) Louis du Bois, *vol. cit.* p. 27.

et d'indignation. Le docteur Séguret, ancien professeur d'anatomie, très habile et très consciencieux personnage, nous assura que la chose était possible (1)». Sans nier le fait, un autre témoin, le met en doute : « Moi qui étais à l'entrée de l'avenue des Champs-Elysées, et par conséquent à peu de distance de l'échafaud, je n'ai pas vu cela. Prenez garde que je ne nie pas le fait ; je dis simplement que je ne l'ai pas vu. J'ajoute qu'aucun de mes voisins ne le vit non plus, et que ce ne fut que quelques jours après que ce bruit circula dans Paris. J'ignore qui l'a inventé ou, si vous l'aimez mieux, qui l'a raconté le premier (2) ».

En admettant que la tête de Charlote Corday ait rougi à cet outrage posthume, comment peut-on expliquer le phénomène ? « Simple effet d'optique, peut-être, accorde Michelet ; la foule troublée en ce moment, avait dans les yeux les rouges rayons du soleil qui perçait les arbres des Champs-Elysées (3)». Médiocre explication si on veut bien se souvenir qu'un orage violent venait de noyer la ville. Mais ne chicanons pas sur ce détail et notons l'avis donné par un médecin : « Cette rougeur qui colora les joues de la belle Corday (fut-elle sûre, fut-elle possible en l'état sanglant où devait être sa tête ?) cette rougeur prouverait uniquement que la tête n'ayant pas encore perdu sa chaleur ni les fibres leur entier mécanisme, le soufflet du bourreau aurait produit son effet ordinaire, effet qui dans le vrai n'eût pu se manifester sur des joues cadavéreuses et tout à fait refroidies par les mains de la mort (4) ». C'est, pensons-nous, une des

(1) Marquise de Créquy, *ouvr. cit.* tome VIII, p. 127.

(2) Georges Duval, *Souvenirs de la Terreur*, Paris, 1842.

(3) J. Michelet, *ouvr. cit.* tome VI, la *Terreur*, p. 233.

(4) *Que penser enfin du supplice de la guillotine ? Nouvel examen de cette question*, par René-Georges Gastellier, médecin de l'hospice de Sens, membre de la société philosophique de Philadelphie ; à Paris, chez les marchands de nouveautés,

explications les plus raisonnables et les plus vraisemblables données sur ce phénomène.

Quoi qu'il en soit, l'acte de François le Gros fut, malgré le crime de la guillotinée, unanimement flétri. « Pourquoi, écrit le conventionnel Sergent-Marceau au président du Tribunal Révolutionaire, pourquoi le citoyen chargé de l'exécution de la loi s'est-il permis de le (*le peuple*) provoquer à des excès, en ajoutant au supplice des outrages qu'on ne peut lui pardonner?... Je demande au tribunal qu'il répare l'outrage fait à la nature, à la philosophie, par celui des exécuteurs qui, conformément à la loi, a montré au peuple la tête de la fille Corday, mais qui s'est permis de la couvrir de soufflets... Je demande donc qu'il soit censuré en présence du peuple à l'une de vos audiences et que vous lui enjoigniez d'être plus circonspect (1) ». Commentant la chose dans les *Révolutions de Paris*, Prudhomme dit à son tour : « Les magistrats mettront ordre à ce qu'elle ne se renouvelle pas. L'exécuteur ou son valet, après avoir montré au peuple la tête de Charlotte Corday, eut l'infamie de lui donner deux ou trois soufflets. Il n'y eut qu'un cri d'horreur contre celui qui se permettait une atrocité pareille. » Sanson, mis en cause, réclama, et Prudhomme rectifia : « Le citoyen Sanson, exécuteur des jugemens criminels de Paris, réclame contre l'article n° 209, qui l'inculpe d'avoir, lui ou ses valets, souffleté la tête de Charlotte Corday après l'exécution ; il nous assure au contraire que c'est un charpentier qui a été puni de cet enthousiasme inconcevable, et qui a reconnu sa faute. »

l'an IV de la République. — Cette brochure de vingt pages, assez rare, datée de Sens « le trois frimaire an IV » est quelquefois signalée sous le titre inexact de : *Dissertation sur le supplice de la Guillotine.* Celui que nous venons de donner figure sur l'édition originale.

(1) *Collection de M. Bégis* ; cité par le docteur CABANÈS, p. 206.

L'exécution de Charlotte Corday d'après le nº 209 des *Révolutions de Paris*.
On remarquera la forme curieusement fantaisiste du couteau.

Et ce fut tout.

Le cadavre de Marat, maquillé par David, monta au Panthéon (1).

***

« La femme a le droit de monter sur l'échafaud... » C'est l'article premier de la *Déclaration des droits de la femme et de la citoyenne* imaginée par la citoyenne Olympe de Gouges. Le 2 novembre 1793, le Tribunal Révolutionnaire lui accorde ce droit et la dépêche à la « petite fenêtre nationale ».

Avec Théroigne de Méricourt et Rose Lacombe, Olympe de Gouges est une des amazones de la Révolution. Quand elle s'est lancée dans la bagarre, elle a volontiers oublié ce qu'elle écrivait le 27 juillet 1792 à Bernardin de Saint-Pierre : « Je suis une enfant de la nature... je ne dois rien aux hommes... (2) » Et elle fonde le club des *Tricoteuses*, ce mauvais lieu qui vomit autour de la guillotine ses furies, ses aboyeuses, et

(1) La bibliographie relative à Charlotte Corday est considérable, et force nous est de ne signaler ici que quelques ouvrages particulièrement documentés ou typiques. Le théâtre s'est emparé de cette héroïne cornélienne, et Ponsard fut loin d'avoir épuisé le sujet. Citons : J.-B. SALLES : *Charlotte Corday*, tragédie en cinq actes et en vers, publiée pour la première fois d'après le manuscrit original avec une lettre inédite de Barbaroux, par G. Morau-Chaslon, Paris, 1864, in-4 ; *Charlotte Corday*, tragédie en trois actes et en vers, Paris, 1795, in-8, dont l'auteur demeure aujourd'hui encore inconnu ; Louise COLET, *Charlotte Corday et Madame Roland*, tableaux dramatiques, Paris 1842, in-4. Au surplus on consultera utilement la *Bibliographie dramatique-historique de Charlotte Corday*, de M. Charles Vatel, Paris, 1872, in-8, et les divers ouvrages de MM. Chéron de Villiers, de Morteyremar, Conet-Gironville, Louis du Bois, Ad. Huard et les *Souvenirs d'un jeune prisonnier ou mémoires sur les prisons de la Force et du Plessis, pour servir à l'histoire de la Révolution*, à Paris, chez la citoyenne Brigitte Mathé, an III de la République, in-8, 88 p.p.

(2) *Catalogue d'autographes, N. Charavay ; collection G. Bord, mai* 1906.

fournit son contingent à l'innombrable troupeau des filles publiques de la Terreur. C'est le feu de son éloquence méridionale (elle est née à Montauban en 1755), qui enflamme le club et le jette hurlant à travers Paris (1). De tels gages à la Révolution ne sauveront point sa tête, et n'a-t-elle pas contre elle le fait d'avoir voulu défendre Louis XVI à la barre de la Convention ?

Signature d'Olympe de Gouges.

L'acteur Fleury nous a laissé d'elle un portrait peu flatté, cruel même : « Mme de G... était une de ces femmes auteurs auxquelles on serait tenté d'offrir en cadeau une paire de rasoirs ; une de ces femmes qui sont parvenues avec des peines infinies à se rendre le moins femme possible. Cette dame était tellement friande de saillies, de mots à effet et de paroles sublimes, qu'elle avait des vapeurs, lorsque dans le monde elle ne se voyait pas environnée d'auteurs et d'académiciens, non pas pour se laisser instruire par eux, mais pour en être entourée, pour jeter sur eux son éclat ; elle voulait les avoir à peu près comme un monarque a des gardes du corps» (2). Fleury eut avec elle, à la Comédie Française, quelques

(1) « Il est étonnant disaient-on à quel point les femmes sont devenues férosses elles assistent tous les jours aux exécutions ». Pourvoyeur, cour du Commerce, Rapport de police du 26 pluviôse, an II, *Archives Nationales*, Série W, carton 191.

« Le peuple dit qu'il a remarqué que les femmes étaient devenues sanguinaires qu'elles ne prèchent que le sang, qu'il y a entre autre une certaine quantité de femmes qui ne quittent point la guillotine ni le tribunal révolutionnaire. » Pourvoyeur, cour du commerce, Rapport de police du 6 pluviôse an II, *Archives Nationales*, Série W, carton 191.

(2) *Mémoires de Fleury, de la Comédie-Française* (1789-1822), p. 45.

démêlés. Plus tard il s'en est vengé en traçant de la guillotinée cette caricature sous laquelle on ne la reconnaît guère. Volontiers affirme-t-il qu'elle était laide, et il rapporte à cet égard des anecdotes qui blesseraient la susceptibilité de la femme la moins vaniteuse. Cependant on trouve parmi la liste des cent quarante-neuf jolies femmes de Paris, publiée par l'auteur de l'*Hommage aux plus jolies et vertueuses femmes de Paris ou nomenclature de la classe la moins nombreuse*, le nom d'Olympe de Gouges (1). Il fallut donc qu'elle fût agréable aux yeux de cet amateur de beautés qui exigeait des élues de la liste « un joli sein, bien arrondi, blanc, ferme, etc... une jambe fine, déliée, bien tournée... » L'article deuxième de son travail déclarait : « Nous n'admettons dans notre liste que des femmes qui sont généralement reconnues jolies. Nous sommes sur cet article d'une rigueur extrême ». On peut donc admettre qu'Olympe de Gouges fut jolie.

Condamnée, elle sollicita un sursis, se déclarant enceinte. Les chirurgiens ayant hésité à se prononcer, Fouquier-Tinville trancha la question en déclarant que la fille de Gouges, enfermée dans une prison depuis cinq mois, loin de tout homme, n'avait pu avoir aucun rapport sexuel. Le sursis fut rejeté. On emmena l'amazone (2).

***

L'exécution de Mme Roland fut le dernier coup porté par la Montagne à la Gironde expirante. Cette mort brutale assura à la maîtresse de Buzot, « encore

(1) La liste mentionne les noms de Mmes Lavoisier, Rivarol, de Murat, de Mirabeau, de Cartellane (lisez Castellane), et ceux de quelques dames de l'ancienne Cour. Elle parut sans indication d'auteur, de lieu et de date. Nous renvoyons le lecteur à la réédition complète que nous en donnons dans notre ouvrage sur les *Femmes et la Terreur*, appendices (Fasquelle, édit.)

(2) Sur Olympe de Gouges voir de Dorat-Cubières : *Les Abeilles ou l'heureux gouvernement*, poème lu au lycée Egalité,

grasse et fraiche » (1), l'immortalité de l'Histoire. Si elle l'eût évitée, il ne serait demeuré d'elle qu'un médiocre et volumineux fatras de déclamations à la Jean-Jacques. Rome, Brutus, les Gracques, tout cela grisa la demoiselle Phlippon. « Je ne conçois les femmes s'élevant jusqu'au sublime que par le dévouement, l'abnégation d'elles-mêmes ; si elles veulent y arriver par le stoïcisme, elles frisent le ridicule » (2).

Signature de Mme Roland.

C'est une femme, Mme de Cavaignac, qui juge ainsi celle que le *Père Duchêne* appelle « la femme de Coco Roland » (3) et « la reine Roland » (4). Cela, ces injures, on les lui vient crier sous sa cellule, cette cellule où Charlotte Corday écrivit son testament à Barbaroux. Elle s'arrête un instant dans ses *Mémoires* à cet atroce souvenir de l'outrage venu de la rue par une voix anonyme : « La publication d'un grossier

le 4 juillet 1792, précédé d'une épître à Marie-Olympe de Gouges et suivi d'un poème sur la mort de Michel Lepelletier ; Paris, 1793, in-8°, 34 pp. ; Léopold LACOUR, *Les origines du féminisme moderne, Trois femmes de la Révolution*, Paris, in-8 ; docteur A. GUILLOIS, *Etude médico-psychologique sur Olympe de Gouges et considérations générales sur la mentalité des femmes pendant la Révolution Française.*

(1) M. de Lescure, *vol. cit.*

(2) *Les Mémoires d'une inconnue*, publiés sur le manuscrit original (1780-1816) Paris, 1894, in-8, p. 30.

(3) *Le Père Duchêne*, n° 202.

(4) *Le Père Duchêne*, n° 208.

mensonge, l'annonce bruyamment faite sous ma fenêtre d'une de ces feuilles du *Père Duchêne*, sale écrit dont Hébert, substitut de la Commune de Paris, empoisonne tous les matins le peuple ignorant qui boit comme l'eau la calomnie, m'avaient persuadée qu'il se projetait contre moi quelque horreur. Cette feuille disait que son auteur m'avait rendu visite à l'Abbaye, et qu'ayant obtenu ma confiance sous l'apparence d'un brigand de la Vendée, il avait eu mon aveu des liaisons de Roland et des brissotins avec les rebelles de ce département et le gouvernement anglais. Ce conte ridicule était assaisonné de tout ce qui fait les ornements du langage du Père Duchêne ; les vraisemblances physiques n'étaient pas mieux ménagées que les autres ; je n'étais pas seulement transformée en contre-révolutionnaire, mais aussi en vieille édentée, et l'on finissait par m'exhorter à pleurer mes péchés en attendant que je les expiasse à l'échafaud. Les colporteurs, bien instruits sans doute, ne quittèrent pas d'une minute les environs de ma résidence ; ils accompagnaient l'annonce de la *visite du Père Duchêne* (1) des provocations les plus sanguinaires au peuple du marché » (2).

Le 18 brumaire an II, dans la salle de la Liberté, Mme Roland fut condamnée à mort.

A quatre heures et demie, avec Lamarche, le directeur de la fabrique des assignats, elle monta dans la

(1) Il s'agit certainement du numéro qui a pour titre : *La grande visite du Père Duchêne à la citoyenne Roland, dans la prison de l'Abbaye, pour lui tirer les vers du nez et connaître tous les projets des envieux contre la République. Son entretien avec cette vieille édentée qui s'est déboutonnée vis-à-vis de lui, et qui lui a découvert le pot aux roses au sujet de la contre-révolution que les Brissotins, les Girondins, les Buzotins, les Pétionnistes entonnaient, d'accord avec les brigands de la Vendée, et surtout avec le quibus de l'Angleterre.*

(2) *Mémoires de Mme Roland*, tome II, p. 50, édit. de 1865.

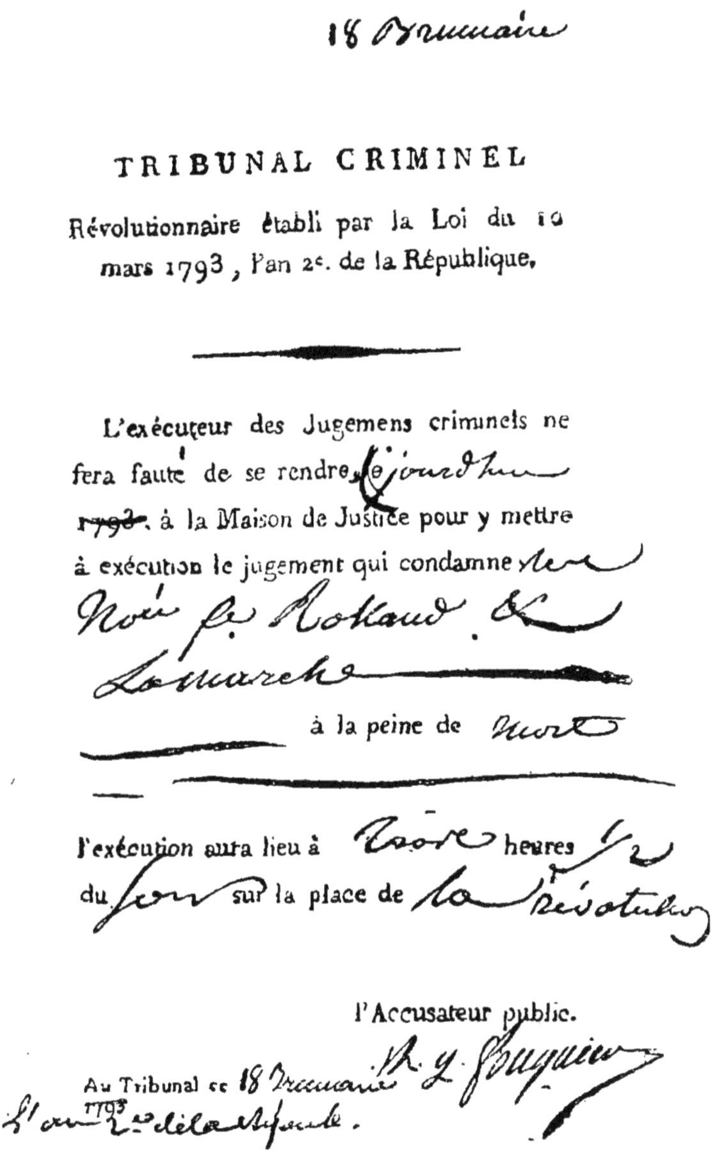

18 Brumaire

TRIBUNAL CRIMINEL

Révolutionnaire établi par la Loi du 10 mars 1793, l'an 2e. de la République.

L'exécuteur des Jugemens criminels ne fera faute de se rendre ce jourd'hui ~~1793~~, à la Maison de Justice pour y mettre à exécution le jugement qui condamne la Noë fe Roland & Lamarche à la peine de mort

l'exécution aura lieu à onze heures 1/2 du jour sur la place de la Révolution

l'Accusateur public.

A. Q. Fouquier

Au Tribunal ce 18 Brumaire 1793 l'an 2e de la République.

Ordre d'exécution de Mme Roland adressé par Fouquier-Tinville à Sanson. (*Collection Charavay*).

charrette. C'était un froid et sinistre jour de décembre. La journée finissait et déjà la brume légère et la cendre grise du crépuscule enveloppaient les rues de Paris. Le cortège franchit le Pont-au-Change et s'engagea sur le quai de la Mégisserie. S'est-elle, en ce moment, cette reine de la Gironde, une pauvre femme sur la charrette, tournée vers l'autre rive du fleuve, vers l'endroit où, aujourd'hui encore, face au Vert-Galant, s'érigent les deux vieilles maisons jumelles du Pont-Neuf ? C'était là « le décor de ses années heureuses que dominait la masse imposante du Panthéon français » (1).

Dans cette vieille maison, rose dans les adieux de la lumière mourante, s'étaient écoulées les années de sa pensive enfance. Les volets, fermés maintenant, semblaient des paupières closes sur des prunelles honteuses de leurs larmes. Peut-être dans ce spectacle de son bonheur d'autrefois prit-elle une force nouvelle, un courage plus hautain ; peut-être redressa-t-elle sa tête à la chevelure bien coiffée que vit Beugnot, et ferma-t-elle son cœur au regret de la vie perdue, au souvenir d'Eudora abandonnée, de Roland errant, traqué, quelque part, dans une campagne hostile.

L'âpre vent de décembre soulevait l'étoffe légère de son anglaise de mousseline blanche, garnie de blonde et attachée avec une ceinture de velours noir. La rue ci-devant Royale traversée, on approcha de la place funèbre. Dans cette vaste étendue battue des vents de brumaire et déja enveloppée du crêpe crépusculaire, une masse blanche, haute, se dressait : la statue de la Liberté.

Elle fit un signe de la croix et monta les marches (2). La sœur des Gracques n'était plus (3).

(1) Georges Cain, *Coins de Paris*, p. 79.

(2) *Bulletin du Tribunal criminel Révolutionnaire*, n° 59

(3) « Elle mourut comme l'aurait pu faire la mère, ou plutôt la sœur des Gracques. » Louis Blanc, *ouvr, cit.* tome IX, liv. X, chap. XIII.

Il semble qu'à chacune de ces grandes exécutions de 93 s'attache une sorte de légende vite devenue un problème historique. Pour Charlotte Corday, c'est le soufflet sur la tête coupée; pour Louis XVI c'est le mot de l'abbé Edgeworth; pour Mme Roland, c'est son apostrophe à la statue de la place de la Révolution : « O liberté ! que de crimes on commet en ton nom ! » L'Histoire qui ne s'accommode point de sentimentalités, doit se refuser, croyons-nous, à enregistrer celle-ci. Comme la plupart des mots célèbres *in extremis*, celui-ci doit être et est apocryphe. Les journaux du temps n'en font aucune mention et ni le *Bulletin du Tribunal criminel Révolutionnaire*, ni le *Glaive vengeur de la République Française*, si fidèles et si extraordinairement impartiaux en ce qui concerne les derniers instants des exécutés, n'en parlent. Ce silence n'infirme-t-il pas singulièrement le témoignage de Riouffe qui cite le mot, mais qui ne cite que ceux qui condamnent le régime de la Terreur ? Chateaubriand qui le travestit et se l'approprie, l'eût-il fait si les témoignages contemporains eussent été unanimes à l'attribuer à la guillotinée du 18 brumaire (1) ? Ces raisons sont suffisantes, semble-t-il. Empêchent-elles Mme Roland d'être morte moins stoïquement ?

Un dernier mot sur cette statue qui joue son rôle dans la légende. En août 1793, elle avait remplacé sur le socle, vide depuis le 12 août 1792, la statue de Louis XV de Bouchardon, que Pigalle avait flanquée de quatre figures : la *Force*, la *Prudence*, la *Justice* et l'*Amour de la Paix*, « ce qui faisait dire, par une épigramme du temps, que les Vertus étaient à pied et le Vice à cheval » (2). Impassible, elle avait vu se dérouler

(1) « La liberté ne doit point être accusée des forfaits que l'on commit sous son nom. » CHATEAUBRIAND, *De Buonaparte et des Bourbons*.

(2) Edouard FOURNIER, *Promenade historique dans Paris*; 1894, chap. XIV, pp. 354, 355.

devant elle la tragédie terroriste, dominant la guillotine de son geste héroïque, offrant dans ses creux un asile aux pigeons et aux colombes des Champs-Elysées. Eclaboussée du sang des hécatombes, la peignit-on en rouge ou en rose? Peu importe (1). On masqua les caillots qui attestaient le règne du glaive de la loi. Mais battue du vent dans cette grande place, trempée par les orages de pluviôse, craquelée par le gel de frimaire, la statue finit par se fendiller et menacer ruine. Un faisceau de quatre-vingt-trois lances symbolisant les départements de la République, vint la remplacer jusqu'au 14 juillet 1799, jour où on érigea la nouvelle image de la Liberté par Lemot. C'est donc une petite inexactitude qu'on peut relever dans l'empoignant et pittoresque récit fait par M. Vandal, de Brumaire, des événements du 8 novembre 1799 : « La place de grand air aristocratique se développait dans l'encadrement des balustres, cernée de fossés ; dans le milieu du terre-plein, la statue en plâtre de la Liberté, celle qui avait vu tant de crimes, s'effritait délabrée sur son piédestal en ruines » (2). C'est assurément une puissante antithèse que celle de cette Liberté effondrée à l'aurore de l'avènement de Bonaparte; il n'y a qu'une ombre à ce tableau net et vigoureux : c'est que depuis le 14 juillet précédent la statue était neuve.

A son tour elle disparut, et le 12 juin 1801 s'élevait à sa place un socle factice où devait s'ériger la colonne de la Concorde. Ce ne fut qu'un projet

(1) « Elle avait été peinte en rouge, mais, décolorée mainnant, elle apparaissait salie et dégradée, le cou tellement fendu que la tête était sur le point de tomber. » *Un roman du Premier Consul (depuis le 18 brumaire jusqu'à la paix d'Amiens)* traduit du suédois par Paul Lacour et Wallenberg (1898). « L'immonde statue qu'on avait fini par peindre en rose pour cacher le sang dont elle était tachée... » Edouard Fournier, *vol. cit.*

(2) Albert VANDAL, l'*Avènement de Bonaparte*, tome I.

jamais réalisé; en 1802, ce socle fut abattu et la place attendit la monarchie de juillet, pour voir dresser dans l'axe des Champs-Elysées, cette pierre stupide et ridicule qui, depuis 1836, symbolise le goût esthétique de Louis-Philippe (1).

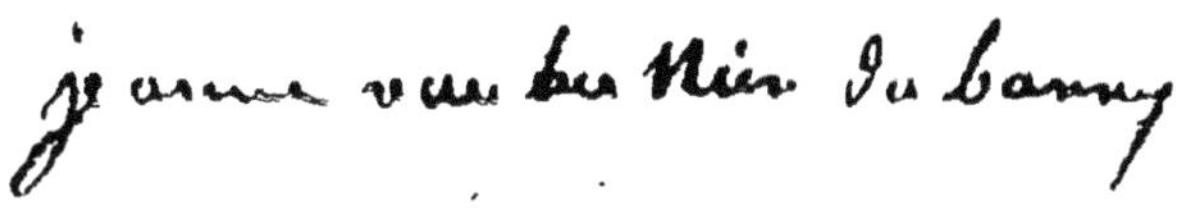

Signature de la Du Barry sur les registres du Tribunal Révolutionnaire.

A onze heures du soir, le 16 frimaire, le vice-président Dumas prononça contre « l'infâme prostituée Du Barry » (2) la peine de mort. Pendant l'audience, la malheureuse avait été accablée, injuriée par cette farouche vertu républicaine. Dumas avait parlé de ses « honteux plaisirs » et pris l'auditoire à témoin des débordements passés de « cette Laïs célèbre par la dissolution de ses mœurs, la publicité et l'éclat de ses

(1) Bibliograbhie ; en outre des ouvrages que nous avons signalés : A. Join Lambert, *Le mariage de Madame Roland, trois années de correspondance amoureuse* (1777-1780), in-8° ; Dauban, *Etude sur Madame Roland et son temps*, suivie des lettres de Madame Roland à Buzot et d'autres documents inédits, in-8° ; Dauban, *Lettres en partie inédites de Madame Roland aux demoiselles Canet*, suivies de lettres de Madame Roland à Bosc, Servan, Lanthenas, Robespierre, etc., de documents inédits avec une introduction et des notes, Paris, 1867, 2 vol. in-8° ; *Lettres autographes de Madame Roland adressées à Bancal des Issarts, membre de la Convention*, publiée par Mme Henriette Bancal des Issarts et précédées d'une introduction par Sainte-Beuve, Paris, 1835, in-8° ; Mme Lenormand, *Quatre femmes au temps de la Révolution*, Paris, 1872, in-12 ; et parmi les nombreuses éditions des *Mémoires* de Mme Roland, celle de Berville et Barrière, publiée en 1827 en 2 vol. in-8° ; et sortie des presses de Balzac.

(2) Acte d'accusation de Fouquier-Tinville contre un groupe d'habitants de la région de Rochechouart, 26 ventôse an II.

débauches. » Elle était là, sans voix, blême, effondrée sur le banc, raillée par le public de sans-culottes lui reprochant les 6.000.000 de livres reçus de Louis XV pendant les six ans de son amoureuse royauté. Le jugement qui la frappe la qualifie de « ci-devant courtisane » et ce sont ces baisers prodigués au royal amant, ces caresses vénales des boudoirs de Louveciennes, tout ce passé d'amour, de tendresse et de luxure, de celle que la galanterie vit débuter sous le nom de Mlle Lange, qu'elle va expier ce jour.

Les mains tordues, sanglotante, la chevelure éparse, on l'entraîne. C'est la nuit. C'est le froid. Dans une des chambres basses de l'arrière-greffe, elle attend l'heure où les témoins se réjouissent de « voir cette dame dans le panier aux œufs rouges». Les témoins!... Parmi eux est venu Zamor, «le petit sapajou (1)» nommé par la fantaisie de l'Amant gouverneur de Louveciennes avec 3000 livres de gratification annuelle, Zamor, roquet qui lui mord aujourd'hui aux talons et dépose contre elle avec la fureur basse et ignoble du valet ingrat. Quelle dut être, dans cette froide et sombre chambre de la Conciergerie, la veillée de cette femme « fière encore d'avoir été un moment la première des courtisanes de l'empire » (2) ? Le souriant cortège des heures d'autrefois, des jours passés, dénoua sans doute sa ronde devant elle ; les visages aimés durent lui apparaître au fond de son souvenir, tous ces amants prosternés à ses pieds, ce beau et élégant lord Hugh Seymour, à qui elle écrivait dans l'élan passionné de sa tendresse : « Mon cœur est à vous, sans partage... » et pour qui elle fait le miracle d'écrire presque sans fautes d'orthographe (3); le duc de Brissac

(1) *Mémoires de Madame Campan.*

(2) Prudhomme, *Les Révolutions de Paris*, n° 81.

(3) On nous a communiqué une curieuse lettre d'elle, adressée, de Louveciennes, le 16 octobre 1780, à un M. Buffault pour le remercier de son offre de lui adresser chaque

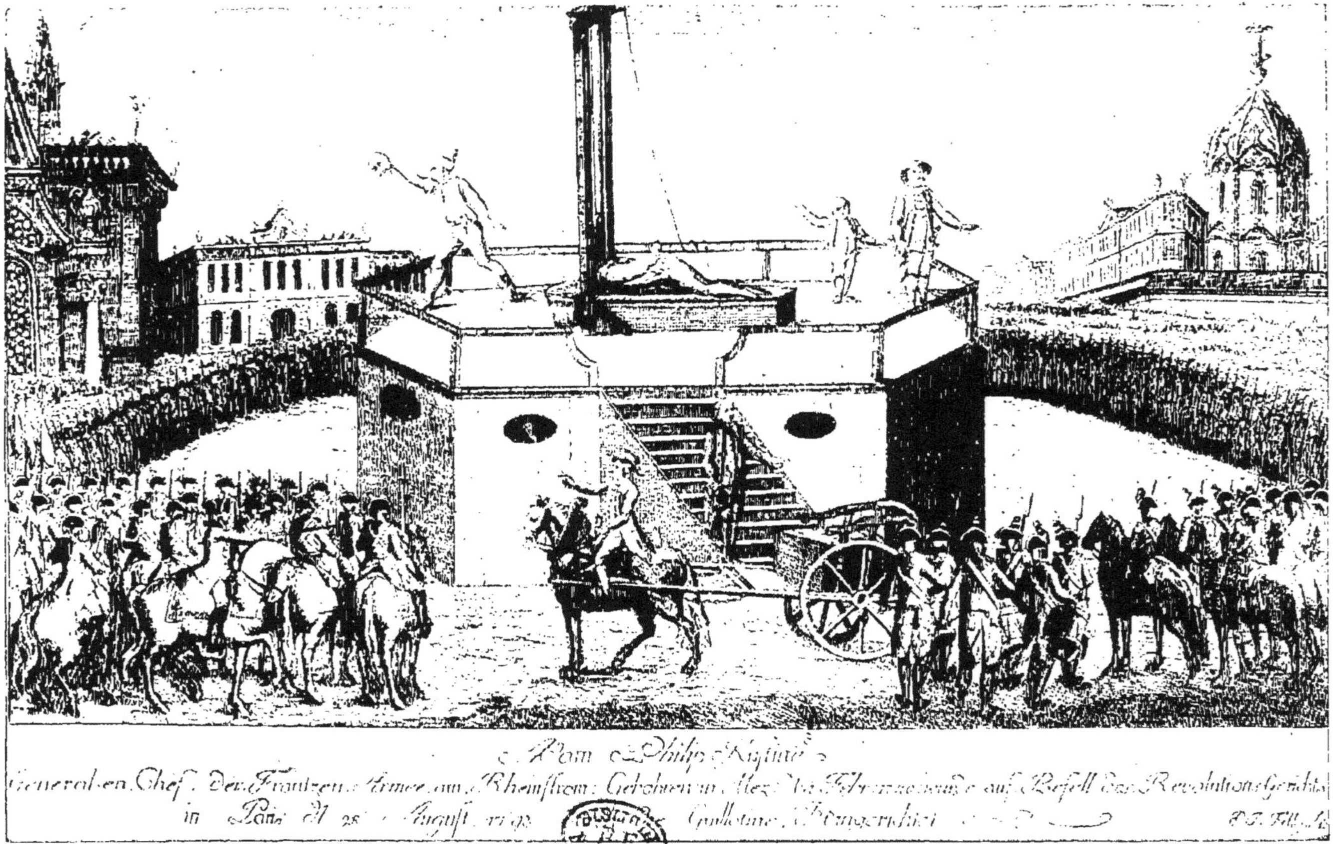

Comment on imaginait la guillotine en Allemagne : Exécution du général Custine

qui l'appelait : « Cher cœur... », le frère de la Reine, Joseph II, venu à Louveciennes sous le pseudonyme de comte de Falkenstein et qui, en lui offrant le bras pour visiter les jardins, se souvenant de sa disgrâce, lui murmura : « Madame, la beauté est toujours reine... » Tous ceux-là, les fantômes aimés de son passé, à qui le signe posé au-dessous de son œil gauche comme une mouche (1), ses lèvres minces et ses cheveux teints (2) furent chers, tous ceux-là, elle les évoqua sans doute dans cette nuit d'angoisse où « elle sentait les douleurs de l'agonie (3) ». Les yeux terrifiés, grands ouverts, elle attendit l'aube, et cette aube vint avec sa lueur blafarde, avec sa lumière blême. Puis, un pâle et avare soleil de décembre monta au ciel gris. Un roulement sourd, lourd, gronda au loin, se rapprocha, grandit, s'arrêta. La charrette était arrivée. « Elle se

semaine un sac de 1.200 livres. La lettre se termine par ces lignes d'une orthographe pittoresque : « J'ai tant de gens qui demande et si peut à leur donner, qu'il faut les contenter. Je vous et attandu mercredi toute la prémidi. J'espère avoir bientôt le plaisir de vous voire. » *Collection de M. S... V...*

(1) *Registre d'écrou de Sainte-Pélagie.*

(2) « Ses cheveux étaient cendrés et bouclés comme ceux d'une enfant, » dit Mme Vigée-Lebrun dans ses *Souvenirs.* « Drouais nous a conservé de cette courtisane les cheveux blonds, les cils et les sourcils bruns. » E. CHARAVAY, *Revue des documents historiques,* tome I, p. 129 (1873-1874). M. LENOTRE, dans *Vieilles maisons, vieux papiers,* (2e série, p. 122 et suiv.) étudie cette question de la couleur des cheveux de la Du Barry et conclut qu'ils étaient noirs. Il détruit le témoignage des contemporains qui virent la maîtresse de Louis XV blonde, comme Drouais et Mme Vigée-Lebrun, en concluant qu'au temps de sa splendeur la courtisane se servait « d'une mixture décolorante, infusion de camomille ou autre, et qu'au moment de ses voyages, de son arrestation et de son procès, elle avait renoncé, ce qui s'explique naturellement, à ce raffinement de coquetterie. »

(3) *Mémoires historiques de Jeanne Gomart de Vaubernier, comtesse du Barry, rédigés sur des pièces authentiques,* par M. de Favrolle ; à Paris, chez Lerouge, an XI (attribués à la baronne Brossin de Méré).

mit à jeter de hauts cris (1) ». Certes elle pleure, certes elle implore, certes elle hurle « au secours (2) », certes elle supplie. Pourquoi voulez-vous qu'elle soit forte, héroïque, sublime ? Ce n'est point là son rôle. C'est une lamentable épave de la Monarchie, une femme douloureuse, agitée de convulsions frénétiques (3), une femme simplement, enfin, et pourquoi voulez-vous la railler de n'avoir point lu Plutarque? (4).

A ses hurlements épouvantables, à ses cris de détresse, la foule s'émeut. On n'est guère habitué à ces explosions de désespoir. On meurt plus résigné, plus silencieux que cela dans les autres fournées (5). Et on peut dire, avec Michelet, qu'on se souvint que la mort est quelque chose, on douta que la guillotine, ce supplice si doux, ne fût rien (6).

(1) Voir note 3 page précédente.

(2) Baulieu, *Essais historiques sur les causes et les effets de la Révolution de France avec notes sur quelques événements et institutions.*

(3) H. Wallon, *Histoire du Tribunal Révolutionnaire de Paris avec le journal de ses actes*, tome II.

(4) Le reproche a été formulé par M. de Lescure, dans l'ouvrage que nous avons cité de lui.

(5) « Un homme de ma connaissance, assez malheureux pour se trouver surpris par la foule cruelle qui revenait de l'exécution de Madame Dubarry, entendait deux femmes du peuple dont l'une disait à l'autre : « Comme elle a crié, celle-là !... S'ils criaient tous comme ça, je n'y viendrais plus ». *Mémoires de Madame la duchesse d'Abrantès*; tome III, p. 364.

(6) C'est un chapitre spécial qu'il faudrait consacrer à la bibliographie de la Du Barry et les limites de notre travail s'y opposent. Toutefois nous signalerons les deux livres de Pidansat de Mairobert : *Lettres de la comtesse du Barry avec celles des princes, seigneurs, ministres et autres qui lui ont écrit et qu'on a pu recueillir*; Londres, 1779, in-12, et *Les anecdotes sur Mme la comtesse du Barry*, in-12, dont trois éditions parurent à Londres, 1776, (346 p p.), 1777 (331 pp.) et 1778, 2 vol. En outre : *Précis historique de la vie de la comtesse du Barry*, Paris, 1774, in-12, 93 pp.; *Mémoires de la comtesse du Barry*, Bruxelles, 1829, 5 vol, in-12; *Petits mémoires intimes*; *lettres galantes d'une femme de qualité*, 1760-1770,

La tête tombée, on fut jeter le corps de la ci-devant maîtresse royale à la fosse commune de la Ville-l'Evêque (1).

*
* *

Le 21 floréal an II, le troisième régicide fut consommé sur la fille du grand-dauphin, sœur de Louis XVI, Philippine-Marie-Hélène-Elisabeth de France, née à Versailles le 23 mai 1764.

Le tribunal était composé ce jour-là de René-François Dumas, président; Gabriel Deliége et Antoine-Marie Maire, juges ; Charles-Adrien Legris, greffier ; Trinchard, Laporte, Renaudin, Grénier, Brochet, Auvrest,

Paris, 1895, in-8° ; Mme Elliot, *Mémoires sur la Révolution Française*, traduit de l'anglais par le comte de Baillon, avec une appréciation critique par Sainte-Beuve, Paris, 1861, in-12 (256 p. p.) ; O. Uzanne, *Documents sur les mœurs du* XVIIIe *siècle, anecdotes sur la comtesse du Barry*, Paris, 1880, in-8 ; Paul Gaulot, *Amours d'autrefois*, Paris, 1903, in-12. Signalons enfin deux pamplets, parmi la nuée de ceux qui assaillirent la favorite : *Egalité controuvée, ou petite histoire de la protection, contenant les pièces relatives à l'arrestation de la Du Barry, ancienne maîtresse de Louis* XV, *pour servir d'exemple aux patriotes trop ardents qui veulent sauver la République et aux modérés qui s'entendent à merveille pour la perdre, par Greive, défenseur officieux des braves sans-culottes de Louveciennes, ami de Franklin et de Marat, factieux et anarchiste de premier ordre et désorganisateur du despotisme depuis vingt ans dans les deux hémisphères ;* et *La Gazette noire par un homme qui n'est pas blanc, ou œuvres posthumes du gazettier cuirassé, imprimé à cent lieues de la Bastille et à* 1000 *lieues de la Sibérie*, 1784, in-8 (292 p. p.) Ce dernier est l'œuvre de Théveneau de Morande dont la Du Barry acheta le silence au prix d'une pension de 4.000 livres.

(1) Voir livre VI, chap. I, *Les fosses communes de la Terreur.*

Duplay, Fauvety, Meyère, Prieur, Fievez, Besnard, Famber et Desboisseaux, jurés. Fouquier-Tinville ne se présenta pas à l'audience. Ce fut son substitut, Gilbert Lieudon, qui lut le réquisitoire dressé par l'homme de la hache. Il y eut ce jour-là vingt-cinq condamnés, parmi lesquels cinq membres de la famille de Loménie. Une des femmes de la fournée, Mme de Serilly, se déclarant enceinte, eut un sursis qui la sauva. Son nom cependant fut inscrit sur les registres des décés et, plus tard, son acte mortuaire à la main, elle comparut au procès de Fouquier-Tinville.

Vers cinq heures, le cortège déboucha sur la place de la Révolution. Près de l'échafaud, les condamnés prirent place sur une banquette de bois (1) et Sanson commença l'appel. A leur nom les hommes **se lèvent,** s'inclinent devant la princesse et montent les marches gluantes. C'est un beau crépuscule de mai, tiède et doux. Un ciel serein traîne au-dessus des Tuileries l'écharpe légère de ses nuages roses. Le couteau tombe toujours. C'est au tour des femmes maintenant. Elles demandent à Mme Elisabeth la permission de l'embrasser (2) et c'est avec ce baiser aux lèvres que ces têtes blondes ou blanches tombent dans

Signature de Mme Elisabeth.

(1) E. Beauchesne, *La vie de Madame Elisabeth, sœur de Louis* XVI ; Paris, 1869, tome II, p. 128.

(2) *Eloge historique de Madame Elisabeth de France*, suivie de plusieurs lettres de cette princesse, par Antoine Ferrand, ancien magistrat, auteur de l'*Esprit de l'Histoire ;* à Paris, chez Desenne, libraire de *Monsieur*, comte d'Artois, frère du Roi, rue du Chantre Saint Honoré, n° 26; 1814, p. 127. — Une nouvelle édition parut en 1861, ornée d'un frontispice et d'un fac-simile (in-8). *Les Mémoires de Madame Elisabeth de France, sœur de Louis* XVI, annotés et mis en ordre par F. de Barghon Fort Rion, Paris, 1858, Auguste Vaton, éditeur, rue du Bac, 59, ne sont qu'un plagiat presque littéral du précédent ouvrage.

la sciure boueuse. Enfin, c'est au tour de « la grosse Elisabeth (1) ». On la renverse sur la bascule, son fichu se détache, une épaule nue, rose et charmante apparaît. « Au nom du ciel, couvrez-moi ! » gémit la voix étranglée (2). Le corps a un grand soubresaut, le couteau est tombé. Il est six heures (3).

***

Une des dernières grandes fournées de la Terreur fut celle des « chemises rouges », comprenant cinquante-quatre condamnés que Sanson exécuta, place du Trône, en vingt-huit minutes.

Il y avait là Admiral qui tenta de tuer Collot d'Herbois, et la fille du papetier de la rue de la Lanterne, Cécile Renault, indifférente (4), depuis qu'elle avait vu « comment était fait un tyran », et suspecte d'avoir voulu, avec deux petits couteaux de poche, attenter aux jours de Robespierre, les Sainte-Amaranthe, la mère, la fille, le fils ; la fille, à qui, comme à Charlotte Corday, « la chemise rouge ajoutait une pourpre éclatante à ses couleurs virginales (5) ». A quelques mois de distance

(1) PRUDHOMME, *Les Révolutions de Paris*, n° 171.

(2) Louis JOURDAN, *Les femmes devant l'échafaud*.

(3) Procès-verbal de l'exécution par l'huissier Château. Bibliographie : Feuillet de CONCHES : *Louis XVI, Marie-Antoinette et Madame Elisabeth*, lettres et documents inédits, 6 vol. in-8 ; du même : *Correspondance de Madame Elisabeth de France, sœur de Louis XVI*, publiée sur les originaux autographes et précédée d'une lettre de Mgr Darboy, archevêque de Paris, 1868, in-8 ; G. du FRESNE DE BEAUCOURT, *Etude sur Madame Elisabeth d'après sa correspondance*, suivie de lettres inédites et autres documents, Paris, 1864, in-8 ; PARISOT, *Vie de Madame Elisabeth de France, sœur de Louis XVI*, Paris, 1814, in-8 ; Mme GUÉNARD, *Histoire de Madame Elisabeth, sœur de Louis XVI*, Paris, 1802, 3 vol. in-18.

(4) DES ESSARTS, *Procès célèbres jugés depuis la Révolution*.

(5) Charles de LACRETELLE, *Testament philosophique et littéraire*, tome II, p. 267.

elle rejoignait son amant Hérault de Séchelles (1), peu difficile sur le choix de ses maîtresses. En 1790, la fille Sainte-Amaranthe était déja signalée dans l'*Almanach des honnêtes femmes* — entendez par là celles qui ne le sont guère — et les listes des femmes galantes de 1793 la mentionnaient parmi les *nymphes* de l'époque. Les habitués du salon de la mère, au 50 du Palais-Egalité, pénétraient familièrement par la petite porte basse du n° 7 de la rue Vivienne. Qui saura les noms de ceux-là qui vinrent ainsi, l'ombre venue, goûter les plaisirs amoureux en les bras de cette « suave et charmante Emilie (2) » ? Pour les hommes obscurs de 89, devenus illustres dans la tourmente de 93, ce nom de veuve de table d'hôte et d'hôtel garni (3) a le charme un peu libertin de ce qu'on a tant reproché à l'ancien régime. Ces femmes galantes de la Terreur, au milieu des terribles secousses de l'époque, conservent une grâce inclinée et indifférente, une manière de fatalisme qui enveloppe leur souvenir d'un charme morbide et mélancolique (4).

A cette fournée sacrifiée hypocritement à l'austère et rude vertu de Maximilien de Robespierre, on a joint le comte de Rossay-Fleury qui, de la prison de Luxembourg, a réclamé, le 28 prairial, à Fouquier-Tinville, *le droit de monter à l'échafaud avec tous les honnêtes gens.*

Il ne languit guère : le 29, il est sur la charrette des Sombreuil, des Sartine, de Rohan-Rochefort et de Laval-Montmorency, que précèdent et que suivent deux canons menés par des gardes, mèche allumée en main.

C'est une des dernières orgies de la Fille à Guillotin.

(1) « C'est elle qui a su cependant me conserver le plus longtemps, malgré mes défauts ». *Lettre de Hérault de Séchelles à Suzanne Giroust, femme Quillet* (la Morency).

(2) *Mémoires de Fleury, de la Comédie-Française* (1789-1822), p. 142.

(3) *Mémoires de Mlle Flore, actrice des Variétés*, p. 252.

(4) Sur l'exécution de la Sainte-Amaranthe, on trouvera des détails peu connus dans *Encore une victime ou mémoires d'un prisonnier de la maison d'arrêt dite des Anglaises, rue de l'Oursine*, par E.-J.-J. Foignet, Paris, 1793, in-8, 32 p. p.

V

LES FOURNÉES DU TRIBUNAL RÉVOLUTIONNAIRE

Il semble, au premier abord, facile d'établir avec certitude, d'après les documents de l'époque, le nombre des guillotinés tombés sous le fer de la loi. Or, rien n'est plus difficile. A chaque page on se heurte aux contradictions les plus flagrantes, aux chiffres les plus divers. Il suffit de feuilleter les principaux historiens de la Révolution pour s'en convaincre. Pour Thiers, le nombre des victimes s'élève à 1867 ; pour Buchez et Roux, les auteurs de l'*Histoire Parlementaire*, à 2669 ; pour Louis Blanc, à 2750. Lequel d'eux croire avec certitude ? Poursuivons cependant et nous trouverons d'autres chiffres encore, sans compter ceux donnés par Campardon et Wallon dans leurs ouvrages sur le Tribunal Révolutionnaire. Pendant les 718 jours qu'il dura, le nombre des exécutés fut de 2742, assure Ch.-Louis du Bois (1) ; Théophile Lavallée réédite le chiffre de Buchez et Roux, 2669 (2) ; Berriat de Saint-Prix (3) donne celui de 2719, qu'il décompose de la manière suivante :

(1) *Vol. cit.*

(2) Théophile LAVALLÉE, *Histoire des Français*, 1847, tome IV, p. 172.

(3) BERRIAT DE SAINT-PRIX, *La Justice révolutionnaire à Paris, Bordeaux, Brest, Lyon*, etc. 1851.

7.......	par le tribunal du 17 août 1792.
1256.......	du 10 mars 1793 au 22 prairial.
1351.......	du 22 prairial au 9 thermidor.
105.......	du 10 thermidor au 12 thermidor.

C'est le calcul qui semble le plus exact. Dans ses *Révolutions de Paris* et, plus tard, dans son fameux *Dictionnaire* (1), Prudhomme établit le calcul des exécutions de Paris, Lyon, Marseille, Toulon et dresse le tableau que voici :

Convention nationale, du 21 septembre 1792 au 25 octobre 1795, ou ère républicaine an 3.

Individus guillotinés			18.613
dont	Ci-devant nobles . . .	1.278	
	Femmes, *idem*	750	
	Religieuses	360	
	Prêtres	1.135	
	Femmes d'artisans .	1.467	

Notre intention n'est pas de nous arrêter à discuter cette lugubre statistique; rapprochons-la simplement de celle des conseils de guerre sous Louis XV, où on trouve un chiffre de 40.000 hommes passés par les armes (2).

Au début de la Révolution, ne sont-ce pas des royalistes qui, dans le *Journal de la Cour et de la Ville*, ont déclaré que la France ne pouvait être « régénérée que dans un bain de sang ? » Imaginez ce que Mme Roland appelle « la puante aristocratie des gens sans mœurs (3) » triomphante ; cette Terreur blanche

(1) L. PRUDHOMME, *Dictionnaire des individus envoyés à la mort judiciairement, révolutionnairement, et contre-révolutionnairement pendant la Révolution, particulièrement sous le règne de la Convention nationale*, Paris, an IV, 6 vol. in-8°.

(2) Honoré VALANT, *Nouveaux essais sur la peine de mort*, 1827.

(3) *Mémoires*, tome II, p. 108.

aurait-elle eu moins d'échafauds que la Terreur rouge ? Hélas ! 1815 nous a montré que le bonnet rouge n'avait rien à envier aux lys. Que de têtes épargnées par le fer de 93, que la Restauration voua aux balles des fidèles de Gand ? Quelque jour peut-être, après le bel ouvrage de M. Henry Houssaye, 1815 (*la Terreur blanche*), nous écrirons cette heure sanglante et ses plus cruelles revanches.

Après les premières exécutions d'avril 1793 et d'août 1792, où le couteau tombe à la lueur des flambeaux, comme pour Louis Guyot des Maulans (1), arrêté le 12 décembre 1792 au Bourg-Egalité et trouvé porteur de deux passe ports et d'une cocarde blanche, commencent ces grandes fournées qu'on opère afin « de purger et de déblayer les prisons en un instant (2)».

Des têtes blanches tombent : le 1er floréal an II, Bochard de Saron, 64 ans ; Rolland, 64 ans ; de Gougue, 67 ans ; Dupuis de Marcé, 69 ans ; Bourrée de Corberon, 70 ans ; Fredy, 74 ans ; le colonel de Nort, 68 ans ; le 19 : de Saint-Amand, 74 ans ; Papillon d'Auteroche, 64 ans ; le 27 germinal : l'abbé Cassegrain, 76 ans ; le curé Jean Decous, 79 ans, le 28 germinal ; le lendemain : le marquis de Laborde, 72 ans ; Hariague de Guiberville, 72 ans ; Mesnard de Chousy, 74 ans ; puis encore, toujours, mêlés aux grandes fournées : Bertrand Poirier de Beauvais, 68 ans ; Nicolas Delaroque, 75 ans ; François Laverdy, 70 ans ; Augustin Leuillot, 70 ans ; Antoine-Cappon-Château-Thierry, 72 ans ; l'égalité mêle ces boucles blanches aux boucles blondes, dans le même panier.

(1) Le 27 septembre 1793 on paya à la veuve Favier 96 livres pour 4 douzaines de flambeaux fournis, le 6 avril 1793, pour l'exécution de Guyot des Maulans. C'était la première condamnation à mort prononcée par le Tribunal Révolutionnaire.

(2) H. Taine, *Les Origines de la France contemporaine*, tome VII, p. 271.

C'est à propos de l'une de ces exécutions de vieillards où il fallut porter le patient sur l'échafaud, que l'observateur de l'esprit public, Hanriot, écrit : « L'humanité dans toute autre occasion aurait excité la pitié et la commisération, mais la vengeance nationale prenant la place de la pitié, au moment où la tête est tombée, on n'a entendu que des bravos : « Vive la République! (1) ».

Ce sont des imprimeurs suspects de publications inciviques : Renou, Toulan, Froullé, Pottier, Levigneur, Jean-Philippe Bance et son fils François, Collignon, Gattey, Beaudevin, Girouard, Bouillard ; c'est, le 1er prairial, Michel Webert, l'éditeur des *Actes des Apôtres* ; c'est, le 22 messidor, un rédacteur de la *Feuille du matin*, Pierre-Germain Parisau ; c'était le 25 août 1792, De Rozoy, le rédacteur de la feuille royaliste, la *Gazette de Paris*.

Ce sont des familles, des parents qu'on guillotine de préférence ensemble, tels M. de Malesherbes, sa fille, la présidente de Rosambo, la comtesse de Chateaubriand, « immolés ensemble, le même jour, à la même heure, au même échafaud (2) ».

« Les spectateurs se disoient : il faut qu'il n'y ait pas de jalousie entre eux ; ils doivent passer tous à la petite fenêtre (3). » Ceux contre qui, à la séance du 30 mars 1793, Marat a fulminé à la Convention (4), qui, à Coblentz, ont été prendre l'habit bleu, la veste rouge, les culottes jaunes, les

(1) Rapport de police du 7 ventôse an II ; *Archives nationales*, Série W, carton 112.

(2) CHATEAUBRIAND, *Mémoires d'outre-tombe*, tome II, p. 103.

(3) Rapport de police de l'observateur Letasseye, 19 pluviôse an II ; *Archives nationales*, Série W, carton, 112.

(4) « Il est instant que, dans la crise où nous nous trouvons, les têtes des émigrés tombent sous le glaive de la loi. » Séance de la Convention du 28 mars 1793, *Moniteur* du 30 mars, n° 89.

boutons à fleurs de lys de l'armée de Condé (1), les soldats ou les commandants de ces régiments où des gamins de douze ans payent soixante-dix louis des charges de sous-lieutenant (2), les émigrés enfin, puisque ce mot dit tout, sont sans recours promis à cet échafaud « où il convient d'envoyer tous les gens suspects (3) ».

Chaque jour apporte son fait-divers. C'est Chaumette (4) qui se démène sur la charrette, ameute le peuple goguenard et crie : « Voilà le sort qu'on réserve à tes amis ! Les scélérats ! Les monstres ! Les cannibales ! Ils périront sous peu ! C'est moi qui vous le dis, citoyens ! Vous le verrez ! » (5). A Lyon, c'est Châlier, *l'ami de l'humanité* comme Jean-Paul Marat est *l'ami du peuple*, à qui le couperet tombe trois fois sur le cou en tranchant à moitié la chair, et qui, parmi le hurlement d'horreur du peuple, crie au bourreau : « Ami, attache-moi donc ma cocarde ; ne sais-tu pas que je meurs pour la liberté ? (6) ». Cette horrible boucherie, les honneurs

(1) *Journal de M. Suleau, vol.* II.

(2) *Souvenirs sur la Révolution, l'Empire et la Restauration par le général comte de Rochechouart, aide de camp du duc de Richelieu, aide de camp de l'empereur Alexandre Ier, commandant la place de Paris sous Louis XVIII* ; Mémoires inédits publiés par son fils.

(3) *Mémoires de Mme Roland*, tome II, p. 79.

(4) M. Aulard a publié avec une introduction et des notes les *Mémoires de Chaumette sur la Révolution du* 10 *août* 1792 ; Paris, 1893, in-8°.

(5) Des Essarts, *ouvr. cit.* tome II, p. 250.

(6) Henriquez, *Epitres et évangiles du républicain pour toutes les décades de l'année*, 1794.

de l'apothéose décernés par la Convention (1), la rue Beaurepaire et la place Beaurepaire quittant ces noms pour celui de Châlier (2) ce triomphe posthume la rachèteront-ils ? Pour Châlier la guillotine n'est pas qu'une chiquenaude sur le cou ! (3)

***

Dans cette foule entourant la guillotine, les jours où il n'y a pas « relâche au théâtre (4) », les propos les plus excessifs circulent. Les rapports de police nous ont conservé des conversations curieuses, qui apportent un élément nouveau à l'étude du peuple révolutionnaire. C'est Perrière qui raconte, à la date du 16 ventôse : « Un citoyen dont je m'acostai à l'instant où l'on conduisait au supplice un condané, me dit que la guillotine n'était pas encore prête de se reposer, et qu'elle en attendait vingt-mille de plus. » Quoique policier, Perrière a un mouvement d'étonnement. Ecoutons-le : « Quoi ! lui dis-je un peu étonné, de Paris seulement ? Oh ! non, répondit-il un peu décontenancé, de divers départements (5) ». Et Perrière se tranquillise. Le lendemain, 17 ventôse, c'est Le Breton qui observe : « On disoit, il y a bien d'autres têtes à faire tomber (6). » Cependant, quelques jours auparavant, le 8 ventôse, l'observateur Rollin a entendu un langage différent : « Hier, plusieurs citoyens se sont permis de murmurer sur la quantité de guillotinés qui, disoient-ils, périssent tous les jours tant à Paris que dans les départements. Un entre autres

(1) *Moniteur*, 28 juillet 1793.

(2) *Moniteur*, 10 et 22 décembre 1793.

(3) P. J. B. Nougaret, *vol. cit.* Il attribue le mot à Lamourette, l'homme au baiser, descendant du tribunal après sa condamnation. Il fut guillotiné le 21 nivôse en II (10 janvier 1794).

(4) Lettre de Benet, greffier de la commission de Marseille, à Payan l'aîné ; quintidi frimaire, an II (cit. par Courtois).

(5) *Archives nationales :* Série W, carton 112.

(6) *Archives nationales :* Série W, carton 112.

disoit que la plupart du temps ils n'étaient point convaincus de crimes qu'on leur reprochoit. » Rollin, à ce langage séditieux, s'éclipse pour chercher un garde. « Pendant ce tems ils se sont évadés (1) » conclut-il mélancoliquement.

Est-ce là le temps où les chouans peuvent écrire : « Le Français a peur de la guillotine ! (2) » Est-il vrai « que tous les êtres pensants qui allaient à la mort étaient à moitié morts déjà ? (3) » Presque tous les rapports de police, presque tous les témoignages contemporains déclarent le contraire. « On meurt bravement en pleine Terreur (4). » dit M. Jules Claretie, et c'est vrai. Michelet qui parle de condamnés allant à la mort une rose à la bouche, exagère sans doute, mais on n'est pas loin de croire cependant avec lui, que la France « a ri dans la Terreur (5) ». Et dans cette France où tout est plaisanterie on plaisante sur l'échafaud (6). La guillotine n'effraie pas, n'effraie plus, car l'exercice de la « terreur a blasé le crime comme les liqueurs fortes blasent le palais (7) ». Ces condamnés, que l'humanité défend à Herman, président du Tribunal Révolutionnaire, de laisser « plus de vingt-quatre heures dans les ombres de la mort (8) » parce

(1) *Archives nationales :* Série W, carton 112.

(2) Lettre d'un agent des chouans, 23 novembre 1794, citée dans le *Censeur*, 1815, reproduite dans les *Mémoires authentiques de Maximilien de Robespierre*, tome I, p. 41.

(3) Restif de la BRETONNE, *Les Nuits de Paris, ou le spectateur nocturne*, Londres et Paris, 1788-1789, in-12.

(4) J. CLARETIE, préface de *La Névrose révolutionnaire*, p. IX.

(5) J. MICHELET, *ouvr. cit.* tome VII, *Robespierre*, chap. III, p. 35. — Le fait peut sembler imaginé de toutes pièces. Rien de plus vrai cependant. Jourdan Coupe-Tête alla à l'échafaud, une branche de lilas aux dents.

(6) H. de BALZAC, *Une ténébreuse affaire.*

(7) Saint-Just.

(8) Lettre de Herman aux membres du Comité du Salut Public, Paris, 7 nivôse an II. (*Collection de feu M. Paul Dablin.*)

que la chose est contraire à ses principes, ces condamnés marchent à l'échafaud, soumis, avec la résignation du bétail mené vers les abattoirs.

***

Le 10 novembre, Sanson étant à dîner, reçut une lettre. Il la mit à côté de son assiette et continua son repas. Le dernier coup de vin bu, les doigts graisseux essuyés à la serviette, il ouvrit le papier et lut :

21 *brumaire.*

TRIBUNAL CRIMINEL

RÉVOLUTIONNAIRE ÉTABLI PAR LA LOI DU 10 MARS 1793, L'AN 2e DE LA RÉPUBLIQUE.

L'exécuteur des jugemens criminels ne
fera faute de se rendre *Demain* 21 *du mois Brumaire* (1)
1793 (2), à la Maison de Justice pour y mettre
à exécution le jugement qui condamne *Jean Silvain*
Bailly exmaire de Paris.
à la peine de *mort*
l'exécution aura lieu à *unze* heures
du *matin* sur la place de *lesplanade entre*
le champ de Mars et La Rivière de
Sesne.

l'Accusateur public
A. Q. FOUQUIER.

Au Tribunal ce 20
1793 (3) *Brumaire*
de L'An 2

L'on suivra la route ordinaire cest adire
par la rue St-Honoré et le pont de la révolution.

(1) Les passages en italiques sont de la main de Fouquier-Tinville dans l'original de la pièce que possède le Musée Grévin.

(2) La date a été rayée dans l'original.

(3) *Idem.*

Sanson reposa le papier.

— A midi, ce sera fini, dit-il.

Après s'être caché en Bretagne et à Melun, Bailly avait été arrêté le 8 septembre 1793, à peine arrivé dans cette ville depuis trois jours. Le 9 novembre, il fut extrait de la Force pour comparaître devant ses juges. Il ne devait pas retourner dans sa prison. La première audience dura de neuf heures du matin à deux heures et demie ; reprise à cinq heures, elle ne se termina qu'à dix heures pour recommencer le lendemain de dix heures à quatre heures.

Le 11 novembre, il monta sur la charrette.

Sous la pluie fine et pénétrante de brumaire, le cortège suivit le chemin indiqué par Fouquier-Tinville. A travers les brumes humides de la triste matinée, l'ancien maire pouvait voir, là-bas, avec son rideau d'arbres dépouillés, le Champ-de-Mars où, le 17 juillet 1791, il avait fait appliquer la loi martiale (1). Chaque tour de roue de l'horrible charrette le rapprochait de la terre où le sang coula sur l'ordre de la municipalité. En haut de son tréteau de planches ruisselantes, se dressait la guillotine expiatoire, élevant ses maigres bras au-dessus de la foule houleuse et trempée.

Brusquement un homme grimpa sur l'échafaud et hurla :

— La terre sacrée de la Fédération ne peut pas être souillée du sang impur d'un aussi grand criminel !

(1) Précédemment la loi martiale avait été appliquée par l'Assemblée Constituante, le 21 octobre 1789, à propos de l'assassinat d'un boulanger accusé, à tort, d'accaparement.

Mille mains applaudirent, et malgré les efforts de Sanson et de ses aides, arrachèrent les planches, transportèrent le panier, la bascule, le couperet, dans un des fossés longeant la Seine. (1) Lui, le condamné, était là, debout sur la charrette. On le fit descendre ; des bras furieux l'entraînèrent, des poings rudes le poussèrent, trébuchant, par la chaussée, vers le lieu choisi pour son supplice. La pluie tombait toujours. Sous son flot glacé le vieil homme courbait les épaules, trempé. Ses lèvres minces tremblaient; l'eau ruisselait sur son cou nu. Il claquait des dents.

— Tu trembles, Bailly ! goguenarda un des hommes.

L'autre leva la tête et dit doucement :

— C'est de froid (2).

Ce fut sa dernière phrase. « Il est mort comme le juste de Platon ou comme Jésus-Christ, dit Riouffe, au milieu de l'ignominie : on cracha sur lui. »

Sur cette face ridée la pluie lava les crachats (3).

***

Peu de jours après Bailly, c'est Barnave, exécuté avec Duport du Tertre, le ci-devant ministre de la justice sous Louis XVI. Comme Mirabeau, Barnave a pris le parti de la Monarchie. Le premier s'est vendu à la Cour, le second s'est donné à la Reine au lendemain de la déroute de Varennes. On l'a estimé aux Tuileries (4). Il suffit. Barnave meurt « avec une contenance ferme et tranquillle (5) ». Le 16 floréal an II,

(1) *Bulletin du Tribunal criminel Révolutionnaire*, n° 81.

(2) *Le Glaive vengeur de la République Française*, p. 183.

(3) Sur Bailly voir : Fr. ARAGO, *Biographie de Jean Bailly*, Paris, 1852, in-4° et une critique assez vive mais intéressante de Détrou : *Vie de M. J. S. Bailly, premier maire de Paris*, dédiée et présentée à l'Assemblée nationale ; Paris, 1790, in-18.

(4) « Cet homme a bien du talent ; il aurait pu être un grand homme, s'il l'avait voulu : il le pourrait encore... » Lettre de Mme Elisabeth à Mme de Raigecour, 25 septembre 1791.

(5) *Le Glaive vengeur de la République Française*, p. 141.

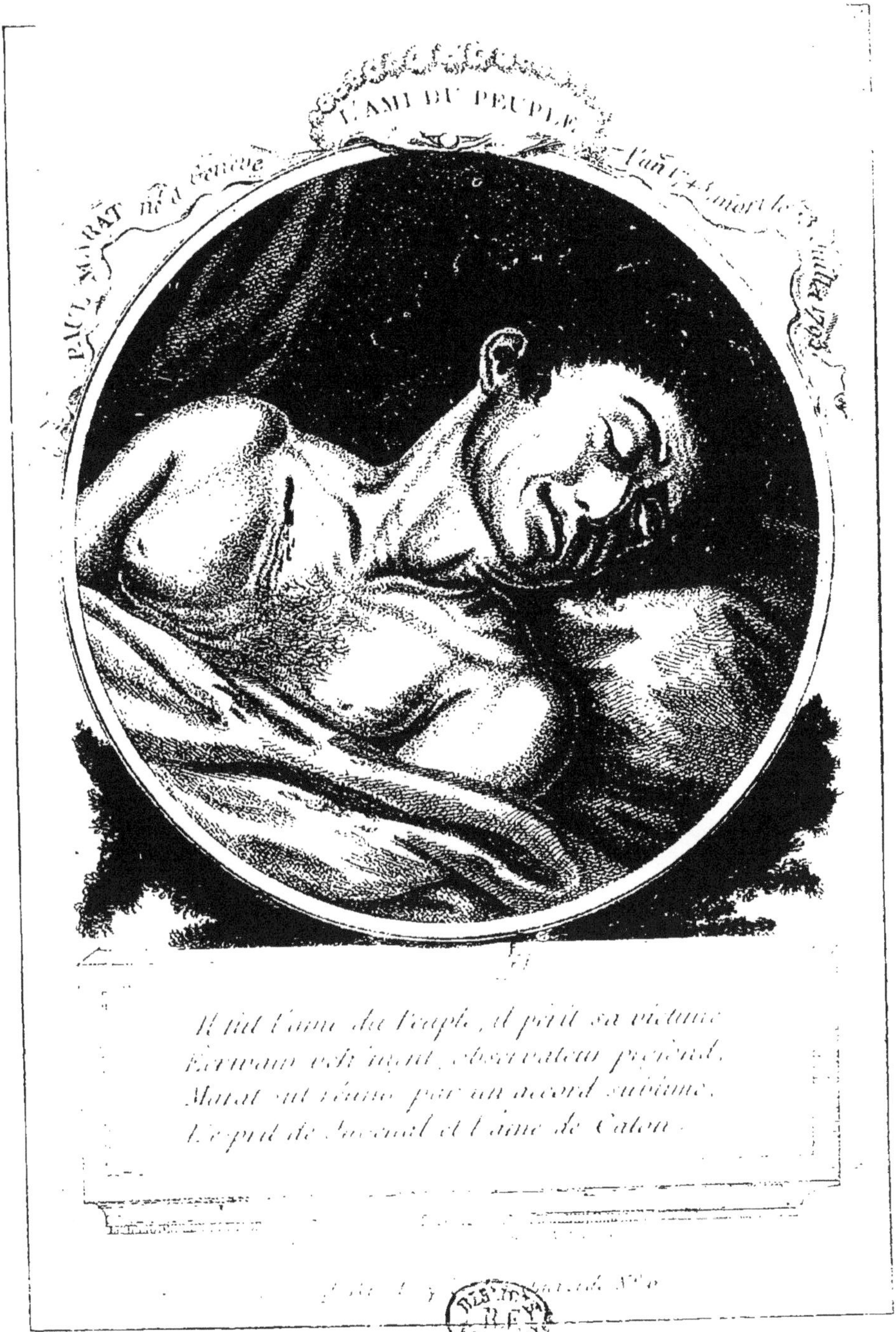

Marat assassiné

Dessiné d'afrè nature (19 juillet 1793).

tombe le fermier-général Lavoisier. Ce n'est pas le savant qu'on frappe en lui, c'est l'homme solidaire des vingt-sept « tyrans de la gabelle », qui l'accompagnent sur les gradins du tribunal. Chargés de percevoir, à leur bénéfice et par leurs agents, les impôts, les sommes du monopole du sel, du tabac, des douanes intérieures et extérieures, en échange de la redevance versée au Roi, les fermiers-généraux ont depuis longtemps accumulé sur leur tête l'orage du mécontentement populaire. Cette foudre les frappe tous (1) et la science pleure sur cette noble tête, lourde de génie (2).

Ces larmes de regret, les Muses pourront en baigner la belle tête d'André de Chénier, énorme, semblable à celle de Mirabeau, et que la poésie a marquée de sa lumineuse auréole.

Ce poète, la Révolution l'a ignoré ; elle n'a connu de lui que son ode blasphématoire aux mânes de Marat, enveloppant le fantôme de Charlotte Corday du linceul harmonieux de ses strophes pleines d'imprécations. De lui encore elle n'a lu que ses articles violents du *Journal de Paris*. L'orage passé, on a su quelle voix s'était tue, quel écho sonore grondait et chantait dans l'âme de cet homme de haute stature, au teint basané, plein de suffisance et d'orgueil (3),

(1) Sanson « expédia » en trente-cinq minutes la fournée des vingt-huit fermiers généraux.

(2) Les scellés apposés sur les biens de Lavoisier furent levés le 10 prairial an III, (29 mai 1795) par un ordre signé Grégoire et Mentelle, secrétaires du Comité d'Instruction publique. (*Collection Paul Dablin*). Mollien, le futur ministre du trésor public, sous l'Empire, fut compris dans les poursuites contre les fermiers-généraux. Il voulut s'empoisonner et ne donna pas suite à son projet, grâce à l'intervention de Lavoisier. Il dut la liberté à un obscur geôlier. Mollien était entré dans la Ferme après avoir exercé un emploi dans le Contrôle de la Ferme. Sur Lavoisier on consultera le volume d'Ed. GRIMAUX : *Lavoisier d'après sa correspondance, ses papiers*, Paris, 1888, in-8°.

(3) *Les Mémoires d'une inconnue*, p. 78.

qui fut poète dans un siècle de bataille et faussa le cristal de sa voix à hurler les hymnes imprécatoires de son indignation. Et ce jour-là tomba le masque du froid rimeur que fut son frère Marie-Joseph.

Dans le panier sanglant, le 7 thermidor, ces lèvres, rongées par la rage impuissante, donnèrent le baiser fraternel à Jean-Antoine Roucher (1).

*
* *

Bien souvent, sous les Galeries de Bois du Palais-Egalité, les crieurs du *Père Duchêne* ont annoncé « sa joie », « sa plus grande joie ». Il en est une aujourd'hui qu'il n'aura pas, qu'il ne partagera guère, c'est celle de Paris apprenant son arrestation. Dans la nuit du 23 au 24 ventôse (13-14 mars) il a été arrêté à son domicile, cour des Forges, rue Neuve-Egalité, ci-devant Bourbon Ville-Neuve. A la nouvelle, Paris éclate en grands cris frénétiques. « Il n'est pas possible, écrit l'inspecteur Henriot, le 26 ventôse, de peindre la joye de tout Paris en apprenant l'arrestation d'Hébert et de ses consorts (2) ».

Le 1er germinal (21 mars) le procès de l'ancien

(1) Roucher, secrétaire, en 1786, de la loge des *Neuf-Sœurs*, habitait 24, rue des Noyers; Chénier demeurait 24, rue du Sentier. Alfred de Vigny raconte, dans *Stello*, son exécution place de la Révolution. Elle eut lieu Barrière du Trône-Renversé. Pourquoi les poètes veulent-ils écrire l'histoire ? Parmi les nombreux ouvrages consacrés à André de Chénier, ceux de M. Becq de Fouquières sont particulièrement remarquables, citons notamment : *Documents nouveaux sur André Chénier, accompagnés d'appendices relatifs au marquis de Brazais, aux frères Trudaine, à F. de Pange, à madame de Bonneuil, à la duchesse de Fleury*, Paris, 1875, in-12 ; *Lettres critiques sur la vie, les œuvres, les manuscrits d'André Chénier* ; Paris, 1881, in-12 ; Robert de Bonnières, *Lettres Grecques de Madame Chénier, précédées d'une étude sur sa vie*, Paris, 1879, in-8, etc. etc.

(2) *Archives nationales*, Série W, carton 112.

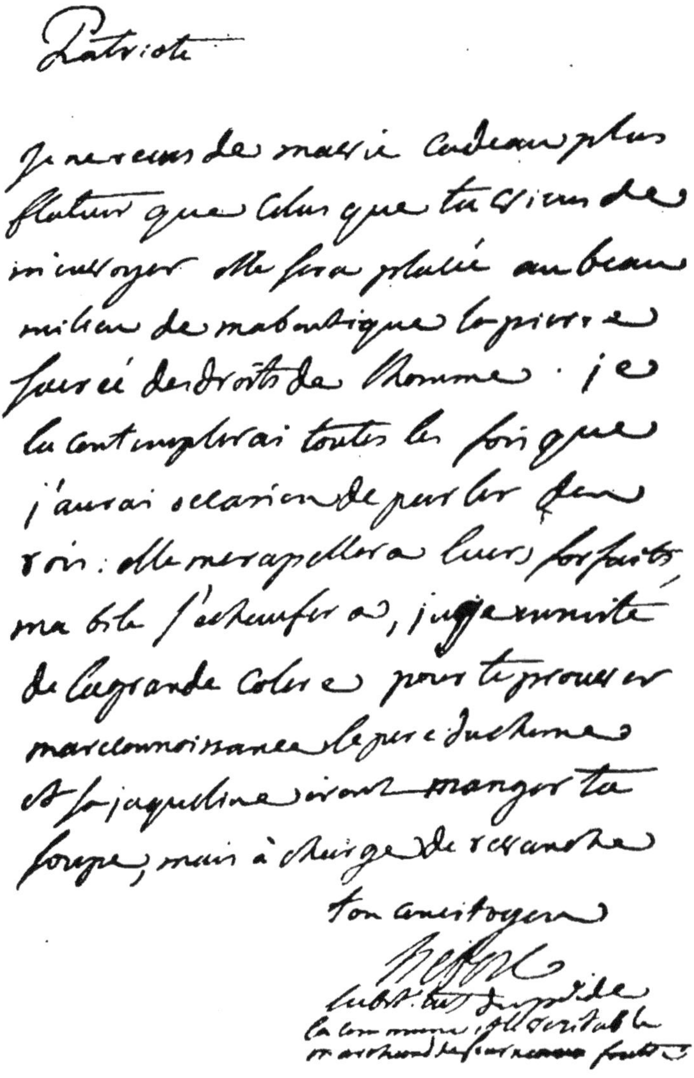

Patriote

Je ne reçus de ma vie cadeau plus
flateur que celui que tu viens de
m'envoyer elle sera placée au beau
milieu de ma boutique la pierre
sacrée des droits de l'homme. je
la contemplerai toutes les fois que
j'aurai occasion de parler des
rois : elle me rapellera leurs forfaits,
ma bile s'échauffera, j'enragerai
de la grande colère pour te prouver
ma reconnoissance le père Duchesne
et sa jaqueline iront manger ta
soupe, mais à charge de revanche

ton concitoyen

Hébert

subst. du procureur de
la commune, et véritable
marchand de fourneaux foutre

Une lettre d'Hébert à Palloy, le démolisseur de la Bastille.

ouvreur de loges a commencé (1). Pourvoyeur, dans son rapport du 26 ventôse, a déjà annoncé que toutes les fenêtres de la rue Saint-Honoré sont louées et retenues pour voir passer le Père Duchêne (2), tant on est certain, par avance, du jugement qui va frapper le « marchand de fourneaux ». Comme on parle de remettre l'exécution au prochain décadi, Perrières note que c'est uniquement « pour que tout le monde la voye » (3). Ce jour-là, 4 germinal, le temps est admirable, le temps qu'aura Danton et qui serrera le cœur passionné de Camille Desmoulins.

Dès le jour levé, les groupes s'assemblent dans les rues, se forment devant le Palais de Justice, au Palais-Egalité, et c'est le Père Duchêne, lui toujours, qui occupe l'attention publique. C'est le sujet fécond de tous les propos, de toutes les conversations.

— Ah ! le chien, il ne jurera plus ! Il doit être bougrement en colère ! (4) — Si ses projets avaient réussi, nous aurions eu une nouvelle Saint-Barthélemy ! L'on se serait égorgé les uns les autres sans savoir pourquoi (5). — Il est bougrement en colère : on lui a cassé tous ses fourneaux (6) !

Et un rire énorme, le rire de Paris secoué dans une crise d'hilarité, traverse les rues, tonne sous le beau ciel clair de germinal : au bout de bâtons, de perches, de morceaux de bois, se dressent des pipes et des fourneaux de terre qui pavoiseront le cortège du Père

(1) « ... Hébert qui, à cette époque (1789) ouvrait les loges aux ci-devant, avec des salutations jusqu'à terre » C. Desmoulins, *Le Vieux Cordelier*, n° V.

(2) *Archives nationales*, Série W, carton 112.

(3) *Archives nationales*, Série W, carton 174.

(4) Rapport de Pourvoyeur, 26 ventôse, *Arch. Nat.* Série W, carton 112.

(5) Rapport de Pourvoyeur, 4 et 5 germinal, *Arch. Nat.* Série W, carton 174, pièce 65.

(6) Rapport de Grivel, 4 et 5 germinal, *Arch. Nat.* Série W ; carton 174, pièce 69.

Duchêne (1). Les femmes de la halle ont des bouquets à la main (2) ; les enfants crient la nouvelle de l'arrivée du cortège ; on chante à pleine voix le refrain que le *Rougiff* a publié le matin :

> Ciel ! il était si patriote,
> Il faisait des discours si beaux !
> Pourquoi siffle-t-il la linotte,
> Le fameux marchand de fourneaux ? (3)

Plus loin, c'est un autre refrain :

> L'cabriolet du Pont-aux-Choux
> Vous traîn' avec dix huit-grigoux
> Hébert, c'patriote d'bricole,
> Qui s'trouvant pris comme un goujon
> N'parlait plus de faire une motion !

Et pendant ce temps-là les filous opèrent de beaux et fructueux coups dans les poches des citoyens zélés (4). Au milieu de ces chants, de ces clameurs, saluées par les pipes au bout des cannes et les fourneaux au haut des bâtons, débouchent les charrettes.

Le Père Duchêne attire tous les regards. Chacun lui reproche sa lâcheté, sa scélératesse, son hypocrisie. Écrasé contre les ridelles du « carosse aux trente-six portières » qu'il a tant de fois célébré en l'accompagnant de ses « bougre ! foutre ! », il chancelle au trot heurté des chevaux. Il est triste et consterné (5), accablé (6), le marchand de fourneaux. La clameur

(1) Rapport de Grivel, 4 et 5 germinal, *Arch. Nat.* Série W ; carton 174, pièce 69.
(2) Rapport de Monti, 4 et 5 germinal, *Arch. Nat.* Série W, carton 174, pièce 64.
(3) J. J. Dussault, *La Complainte du Père Duchêne*, sur l'air de : *Je l'ai planté, je l'ai vu naître* (*Le Rougiff*, 4 *germinal an* II).
(4) Rapport de Rollin, 4 et 5 germinal ; *Arch. Nat.* Série W, carton 174.
(5) Rapport de Perrières, 4 et 5 germinal ; *Arch. Nat.* Série W, carton 174, pièce 5.
(6) Rapport de Grivel, 4 et 5 germinal ; *Arch. Nat.* Série W, carton ·74, pièce 69.

populaire le cravache sans pitié. Comme Momoro (1), il n'a pas le courage de ricaner (2), d'être furieux comme Ronsin (3) qui paraît le moins effrayé de la mort qui l'attend (4) ; il n'a pas ce que le policier Dugast appelle « le sens froid d'Ana Karsis Cloots (5) »; il est là comme « la femmelette la plus faible (6) », le Père Duchêne à son heure dernière. Mais ce supplice de l'injure populaire n'est pas le pire de ceux qui l'attendent encore. La fournée de ses complices le précède sur l'échafaud, car l'honneur de la séance est pour lui (7).

L'inspecteur Perrières conte pittoresquement l'horrible chose : « Les bourreaux, après lui avoir passé la tête dans l'anneau fatal, répondirent au vœu que le peuple avait exprimé de vouer ce grand conspirateur à un supplice moins doux que la guillotine, en tenant le couperet suspendu pendant plusieurs secondes sur son col criminel, et fesant tourner pendant ce tems leurs chapeaux victorieux autour de lui et l'assaillant des cris poignants de *vive cette république* qu'il avait voulu

(1) Momoro, de Besançon, était le rédacteur du *Journal du Club des Cordeliers*. Ce fut chez lui que parut, en 1790, ce pamphlet scandaleux, intitulé : *Lettre du diable au pape, sur la suppression des règles dans les communautés des filles*, Aux enfers, par Momoro, imprimeur du Diable, in-8, 22 p.

(2) Rapport de Grivel, 4 et 5 germinal, *Arch. Nat.* Série W, carton 174, pièce 69.

(3) *Idem.*

(4) Rapport de Dugast, 4 et 5 germinal, *Arch. Nat.* Série W, carton 174, pièce 67.

(5) *Idem.*

(6) Honoré RIOUFFE, *vol. cit.*

(7) Rapport de Grivel, *cit.*

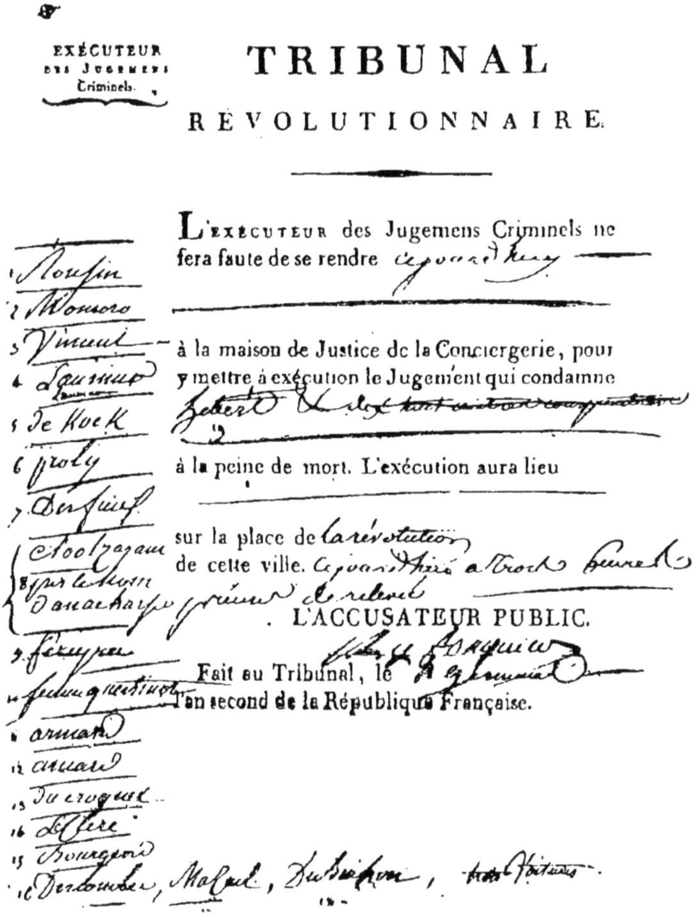

EXÉCUTEUR DES JUGEMENS Criminels.

TRIBUNAL RÉVOLUTIONNAIRE.

L'EXÉCUTEUR des Jugemens Criminels ne fera faute de se rendre

à la maison de Justice de la Conciergerie, pour y mettre à exécution le Jugement qui condamne

à la peine de mort. L'exécution aura lieu

sur la place de

de cette ville.

L'ACCUSATEUR PUBLIC.

Fait au Tribunal, le

l'an second de la République Française.

Ordre d'exécution de la fournée des Hébertistes.

faire périr. Il y avait peut-être quatre cent mille âmes témoins de cette exécution » (1). Le déclic que fait jouer Sanson met fin à la scène.

Le soir, la ville est en gaieté, l'air semble plus pur, la nature plus riante, tout paraît avoir changé de face (2).

(1) Rapport de Perrières, 4 et 5 germinal, déjà cité.
(2) F. C. GALLART DE MONTJOYE, *vol. cit.* p. 132.

La soirée est chaude. Rue Mouffetard, des vieilles causent sur le pas des portes et parlent du gamin, le fils de la fruitière dont la boutique est occupée maintenant par un potier d'étain, qui, jadis, « leur pronostiquait ce qu'il devait être par les tours noirs auxquels il se livrait (1) ». Ce gamin, c'est le conspirateur passé aujourd'hui par le glaive de la loi et dont le trépas réjouit les modérés (2). Chacun maudit son nom, chacun jette à sa fosse la pierre de son mépris et de son injure ; l'énorme haro de Paris est crié sur les Hébertistes : « Tel qui n'eût pas osé dire un mot contre eux il y a quinze jours déclamoit avec véhémence contre ces perfides, ces montres exécrables. C'est l'allure des hommes vulgaires ; ils font les braves quand on a tué l'ennemi » (3). C'est Grivel, mouchard philosophe, qui accorde en ces termes une oraison funèbre au marchand de fourneaux. Cependant, derrière lui, il laisse des fidèles qui, à voix basse, le proclament martyr de son patriotisme. Qu'ils prennent garde ! « Nous attendons qu'ils parlent plus haut et nous les veillons (4) ». Et dans cette petite phrase d'un rapport de police il semble entendre grincer le couperet dans ses rainures de cuivre rouillé.

***

Tout ce sang répandu mettait de rouges mares sur la terre de la Place de la Révolution. Le sol s'en imprégnait profondément et le talon des passants en emportait la trace au loin. Comme une éponge pressée, le sang sourdait parmi les empreintes où les chiens le venaient lécher. Cet atroce détail n'est point une

(1) Rapport de Perrières, 4 et 5 germinal, déjà cité.

(2) Rapport de Soulet, 4 et 5 germinal ; *Arch. Nat.* Série W, carton 174, pièce 66.

(3) Rapport de Grivel, 4 et 5 germinal ; *Arch. Nat.* Série W, carton 174, pièce 69.

(4) *Archives Nationales*, Série W, carton 124, pièce 18.
Le carton 140 de la même série contient, sous le n° 87, cette

légende royaliste, ayons le courage de le reconnaître.

Il nous est donné par une lettre du 13 mai 1793, du procureur syndic au citoyen Guidon, que nous avons vu, comme charpentier du Domaine, s'occuper de la construction de la première guillotine. Le procureur syndic déclare « que le sang des suppliciés demeure sur la place où il a été versé, que des chiens viennent s'en abreuver, et qu'une foule d'hommes repaissent leurs regards de ce spectacle qui porte les âmes à la férocité (1) ». Ce témoignage officiel, pourrions-nous dire, Prudhomme le confirme dans les *Révolutions de Paris* où, après avoir parlé du nouveau supplice, il remarque qu'il « ne dérobe pas assez aux spectateurs la vue du sang ; on le voit couler du tranchant de la guillotine, et arroser en abondance le pavé où se trouve l'échafaud ; ce spectacle repoussant ne devroit point être offert aux yeux du peuple ; et il seroit très aisé de parer à cet inconvénient plus grave qu'on ne pense,

pièce curieuse qui se rapporte à l'exécution des Hébertistes et à leurs derniers moments. Nous la signalons sans commentaires :

1re DIVISION

GENDARMERIE NATIONALE
PRÈS LES TRIBUNAUX

Rapport du 5 Germinal, l'*an* 2e *de la République Française*
Onze *heures du* Matin.

Je sousigné déclare avoir attendu dire hier à Hébert condamné quil savoit quil existe une conspiration dans les prisons.

Momoro a dit quil y avoit quatre républicains opprimé chez nous.

Cloots a dit ausy la même chose.

Haucart étant en route pour lexécution disoit à Bourgeois je ne vois aucun vestige de l'armée révolutionnaire cette multitude de peuple et incroyable.

Cette déclaration contient vérité.

DE BUSNE.
Ct. de la gendarmerie.

(1) *Revue Rétrospective*, 1835, 2e série, tome I, p. 33.

puisqu'il familiarise avec l'idée du meurtre, commis il est vrai, au nom de la loi, mais avec un sang-froid qui mène à la férocité réfléchie ».

Par les jours d'été, l'odeur en est intolérable. De belles mouches vertes, azurées, dorées, tourbillonnent sur ces flaques coagulées que boit la terre et que sèchent les ardeurs du soleil de fructidor. Les seaux d'eau jetés par les valets de Sanson les chassent, mais le lendemain, avec les nouvelles fournées, elles reviennent.

Ce souvenir fera, à la Restauration, un champ maudit de la place fatale et en écartera Louis XVIII terrifié (1). Plus tard, au triple galop de ses calèches, il la franchira, peureux toujours aux approches du soir, de toutes les ombres tragiques qui peuplent de leur souvenir cette place que ne marque nulle pierre votive (2) et où se cabrèrent de dégoût les bœufs pacifiques de la fête de prairial (3).

(1) *Œuvres complètes de M. le vicomte de Chateaubriand, membre de l'Académie Françoise*, tome V, *Mélanges politiques : Le vingt et un janvier mil huit cent quinze* (MDCCCXXXVI).

(2) « ... Personne, parmi les anciens terrorisés ou leurs héritiers, n'a eu l'idée, même sous le règne du pseudo-légitime Louis XVIII, de faire placer quelques pavés noirs qui auraient indiqué à jamais la place occupée jadis par l'échafaud ». ROMANEY, *Pensées d'un Naundorffiste*, *La Légitimité*, p. 480, février 1906.

(3) « ... Bien qu'elle eût été lavée, bien qu'elle fût recouverte d'un sable épais, ils s'arrêtèrent, paralysés d'horreur, et ce n'est qu'à coups d'aiguillon qu'on les força de passer outre ». Louis-Vincent-ARNAULT, *vol. cit.*

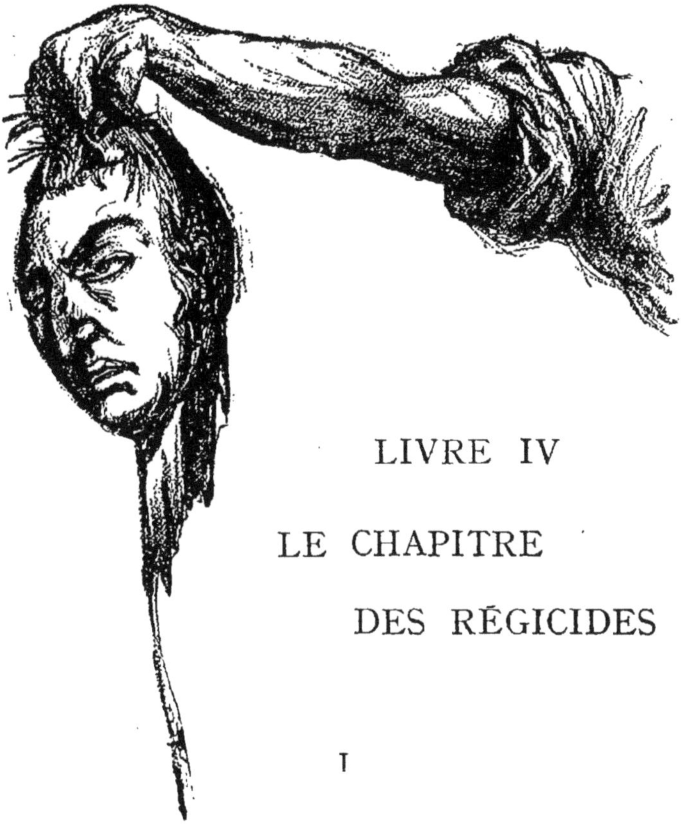

LIVRE IV

LE CHAPITRE DES RÉGICIDES

I

LE 21 JANVIER 1793

En 1792 parut une petite brochure de huit pages : *Le Procès de Louis XVI mis au cachot pour ses forfaits.* Pareille à toutes celles qui, par douzaines, paraissaient tous les jours, elle ne retiendrait l'attention si elle n'était ornée, en frontispice, d'une petite guillotine, et sous cet emblème, un mot, un seul mot :

J'ATTENDS

Elle n'attendra pas longtemps.

Le 20 janvier la neige a couvert Paris de son linceul et de son silence. La nuit venue, la dernière nuit de

Louis Capet, la pluie s'est mise à tomber. Par les rues, c'est maintenant de la boue, une boue glacée qui poisse les chaussures. A cette heure matinale, le brouillard s'est levé avec la lueur hésitante du jour. La ci-devant place Louis XV est déserte, enveloppée de la brume opaque. A huit heures, trois hommes débouchent de la rue Nationale, ombres courbées qui se hâtent.

Elles traversent la place, se dirigeant vers l'entrée des Champs-Elysées où se dresse la guillotine (1). Les trois hommes montent sur le tréteau. Dans la brume s'étouffe le bruit sourd et prolongé du couteau qui, à deux ou trois reprises, tombe. C'est Sanson qui est venu essayer la machine. Satisfait, il redescend et s'en va avec ses aides. C'est l'heure à laquelle Santerre franchit le seuil du vieux donjon de la Commanderie du Temple. Depuis trois heures le roi est debout. A cinq heures Cléry l'a réveillé. A six heures et demie l'abbé Edgeworth a célébré la messe avec le calice et les objets sacrés prêtés par l'Eglise des Capucins du Marais, sur un ordre de la Commune (2).

Le Roi attend.

— Vous venez me chercher, Monsieur ? demande-t-il à Santerre.

(1) « L'échafaud était dressé à l'entrée des Champs-Elysées et le piédestal qui, après avoir servi de soubassement à la statue de Louis XV, supportait alors celle de la Liberté ». MORTIMER-TERNAUX, *Histoire de la Terreur* (1792-1794) *d'après des documents authentiques et des pièces inédites*, tome V, p. 504. Il y a là une erreur, la statue de la Liberté ne fut érigée en cet endroit qu'en août 1793.

(2) Voici deux pièces peu connues, relatives à cette dernière messe de Louis XVI.

« Un crucifix — un missel — un calice — un corporal et une pale — une patène — un amict — une aube — un cordon — un manipule — une étole — une chasuble — deux nappes d'autel — une grande et une petite hostie.

Je soussigné, ministre du culte catholique, agréé par le

— Oui.

— C'est bien.

Il va dans le cabinet proche prendre son testament, et prie Jacques Roux de le remettre à la Commune.

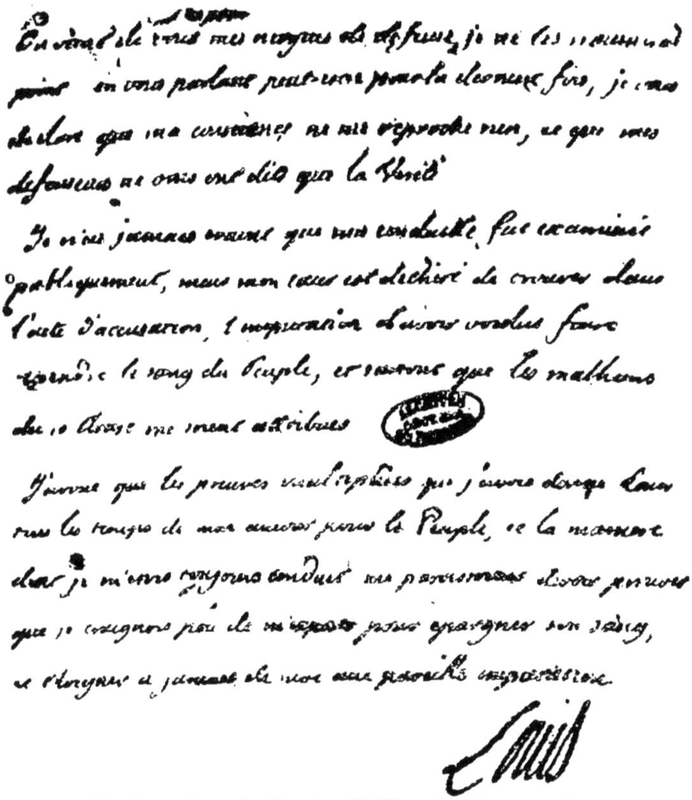
On vient de vous lire mes moyens de deffense, je ne les renouvellerai point; en vous parlant peut-être pour la dernière fois, je vous déclare que ma conscience ne me reproche rien, et que mes défenseurs ne vous ont dit que la vérité.

Je n'ai jamais craint que ma conduite fut examinée publiquement, mais mon cœur est déchiré de trouver dans l'acte d'accusation l'imputation d'avoir voulu faire répandre le sang du Peuple, et surtout que les malheurs du 10 Aoust me soient attribués.

J'avoue que les preuves multipliées que j'avois données dans tous les temps de mon amour pour le Peuple, et la manière dont je m'étois toujours conduit me paroissoient devoir prouver que je craignois peu de m'exposer pour épargner son sang, et éloigner à jamais de moi une pareille imputation.

Louis

Déclaration de Louis XVI à la Convention.

— Ce n'est pas mon affaire, je suis ici pour vous conduire à l'échafaud, lui est-il répondu.

conseil de la Commune séant au Temple pour dire la messe demain dans l'appartement de Louis Capet conformément à son vœu, désire qu'on me fournisse les objets détaillés dans

— C'est juste, observe le Roi, et il confie le testament à Baudrais, le commissaire de garde du Temple, avec un rouleau de cent vingt-cinq louis d'or à rendre à Malesherbes, qui les prêta. L'heure est venue. Sur un signe de Santerre, on se met en marche. L'escalier est descendu. La voiture est là. C'est celle de Clavière, le ministre, qui remplace la berline du maire que la Commune a refusée pour le dernier voyage royal. A côté de l'abbé Edgeworth de Firmont, le Roi s'assied au fond de la voiture. Le maréchal de logis et le lieutenant de gendarmerie Labrosse prennent place sur la banquette de devant. Le « tyran » rabat son chapeau sur ses yeux. Il est en habit de drap brun, une veste blanche avec une culotte grise, des bas blancs et un gilet de molleton blanc. L'abbé ouvre son bréviaire et lit : « *Judicame me, Deus, et discerne causa meam de gente non sancta : ab homine iniquo et doloso erue me...* » Le Roi reprend le verset de l'office

la liste ci-dessus. Ce vingt janvier mil sept cent quatre-vingt-treize. »

FIRMONT.

Les commissaires de la Commune arrêtèrent :

« Nous soussignés, commissaires de la Commune, de garde à la tour du Temple, délibérant sur la demande ci-dessus énoncée, prions le citoyen curé de la paroisse Saint-François-d'Assise de vouloir bien prêter les objets détaillés dans la demande ci-contre, et sur le désir de Louis Capet, pour lui faire entendre une messe, qui doit être célébrée dans sa chambre, à la tour du Temple, demain matin, à six heures précises, et d'envoyer ces objets au conseil du Temple par une personne qu'il choisira à cet effet, lesquels objets lui seront rendus dans la matinée du même jour.

Nous prions, de plus, le citoyen curé de vouloir bien nous envoyer ces objets ce soir, s'il est possible, ou de nous faire assurer par le présent porteur qu'il voudra bien nous les envoyer demain, à cinq heures du matin.

Fait au conseil du Temple, ce dimanche au soir, vingt janvier mil sept cent quatre-vingt-treize.

L'an deuxième de la République française. »

Les objets furent apportés à deux heures du matin.

des morts : « *Jugez-moi, Seigneur, et soutenez ma cause contre une nation impitoyable, délivrez-moi de ces hommes pleins de tromperie et d'injustice...* »

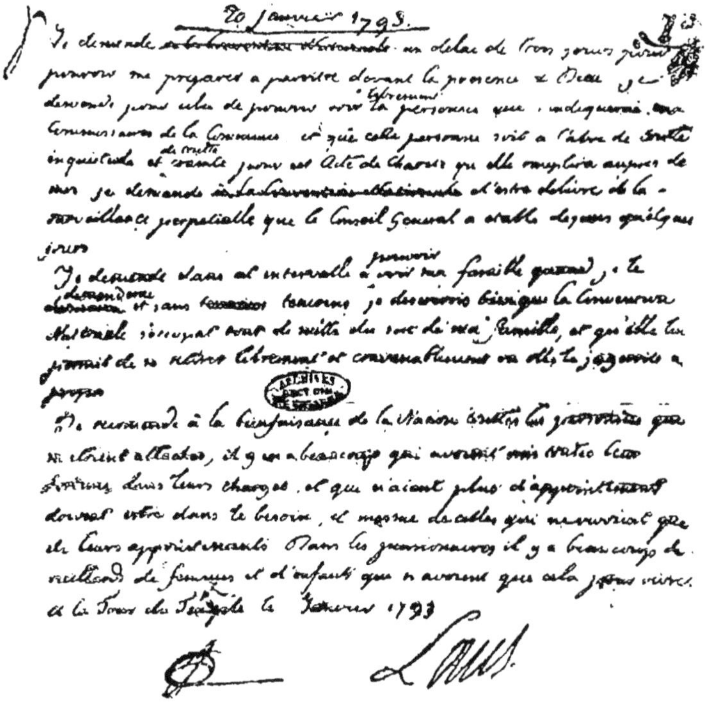

20 janvier 1793.

Je demande un delai de trois jours pour pouvoir me preparer a paroitre devant la presence de Dieu je demande pour cela de pouvoir voir librement la personne que j'indiquerai aux Commissaires de la Commune et que cette personne soit a l'abri de toute inquietude et de toute crainte pour cet acte de charité qu'elle remplira auprès de moi je demande d'etre delivré de la surveillance perpetuelle que le Conseil General a etabli depuis quelques jours

Je demande dans cet intervalle a pouvoir voir ma famille quand je le demanderai et sans temoins je desirerois bien que la Convention Nationale s'occupat tout de suite du sort de ma famille, et qu'elle lui permit de se retirer librement et convenablement ou elle le jugeroit a propos

Je recommande à la bienfaisance de la Nation toutes les personnes qui m'etoient attachées, il y en a beaucoup qui avoient mis toute leur fortune dans leurs charges, et qui n'ayant plus d'appointements doivent etre dans le besoin, et meme de celles qui ne vivoient que de leurs appointements dans les pensionnaires il y a beaucoup de vieillards de femmes et d'enfants qui n'avoient que cela pour vivre.

a la Tour du Temple le   janvier 1793

Louis

Testament de Louis XVI.

Dans le silence matinal la voiture se met en marche. C'est d'abord le sourd roulement des canons traînés à la tête du cortège que forment 14.000 hommes armés. Brusquement les tambours et les trompettes éclatent, scandent leur marche héroïque au devant de la voiture. Dans un grand espace libre, elle roule doucement, menée au pas par les chevaux. La buée couvre les vitres. On ne voit aucun des visages immobiles de ceux qu'elle transporte.

Depuis sept heures du matin, en une double haie

de fusils et de piques, les hommes sont rangés au long du boulevard. Dans leurs sections, les comités sont en permanence ; la Commune siège à l'Hôtel de Ville ; les barrières sont fermées (1).

Dans ce muet cercueil qui roule, quelles peuvent être les pensées du pauvre homme à son heure dernière ? Se remémore-t-il les janviers passés, celui de 1786 où à pareille date, le samedi, 21, il a écrit sur son journal intime, ces deux mots laconiques : « *Rien. Dégel.* » Songe-t-il à celui de 1792 où, en faveur de Mme Elisabeth, il a signé un ordre de paiement de 36.000 livres, « savoir, 6.000 pour ses étrennes ; 6.000 à cause de la foire Saint-Germain, et 24.000 pour menus plaisirs pendant les six premiers mois 1792, à raison de 4.000 livres par mois (2) » ? On ne sait. C'est autour de cette voiture, dans cette voiture, le mystère de la mort. Les oreilles sont fermées aux bruits de la ville et, arrivé à la Porte Saint-Denis, Louis XVI ne saura même pas que deux hommes se font tuer en cet instant pour lui. Le baron de Batz, son ami Devaux et deux autres royalistes, le sabre à la main, ont tenté de franchir la haie armée en criant : « A nous, Français ! Sauvons le Roi ! » C'est un moment de stupeur et une courte bagarre. Deux des conspirateurs sont tués sur le seuil du n° 8 de la rue de Cléry. De Batz et Devaux s'échappent. La voiture est passée. Les tambours battent toujours, les trompettes gonflent l'orage de leurs cuivres. A la hauteur de la Madeleine, dix heures sonnent. La voiture tourne. Encore quelques minutes et le roi dira :

— Nous sommes arrivés, je crois (3) ?

(1) Arrêté du département de Paris, envoyé par la Commune aux sections, 20 janvier 1793.

(2) *Collection de feu M Paul Dablin.*

(3) « A dix heures dix minutes, la voiture arriva sur la place de la Révolution ». MAGIN, *Histoire de France*, tome II, p. 348.

La comtesse du Barry
guillotinée le 17 frimaire an II (7 décembre 1793)

Deux gravures de l'exécution de Louis XVI. — I. Une estampe de la Restauration.

La voiture s'arrête. C'est ici.

Au milieu d'un grand espace bordé de canons gardés par des hommes au poing desquels fume la mèche, s'élève la guillotine. Face à elle, à la place d'honneur, s'alignent les bataillons des « braves Marseillois ».

Un dernier échange de paroles a lieu dans la voiture :

— Messieurs, dit le Roi, je vous recommande Monsieur l'abbé.

Le maréchal de logis est penché à la portière.

— Messieurs, continue le Roi, veillez à ce qu'il ne lui arrive pas de mal après ma mort.

— C'est bon, c'est bon, grogne le lieutenant de gendarmerie.

On descend. Dans le brouillard, moutonne au loin l'énorme foule. Les élèves du Collège des Quatre-Nations regardent, debout sur les balustrades, en avant des fossés. Au bas des marches, Sanson attend. Il s'agit d'enlever les vêtements du condamné. Il résiste. L'abbé intervient et il se résigne. On lui veut lier les mains. Il proteste de toute sa majesté royale offensée. Les paroles de l'abbé le calment. Il offre les mains. Sanson les lie avec un mouchoir. Un coup de ciseau, qui ride sa nuque d'un frisson de froid, fait tomber les cheveux. Appuyé du coude sur le bras de l'abbé, le roi met le pied sur la première marche. Il est dix heures vingt-deux minutes (1).

Péniblement il monte, soufflant. Des voix crièrent-elles : « Grâce ! Grâce ! » derrière « les tas de pierres et de pavés qui se trouvaient non loin de l'échafaud et du piédestal veuf de la statue de Louis XV (2) » ? Peu importe. Il monte toujours. Espère-t-il la délivrance, le suprême effort qui soulèvera le peuple de France à sa « voix terrible (3) » ? Est-ce de là que lui

(1) *Procès-verbal de l'exécution.*

(2) «L'incident des voix qui crièrent : *Grâce !* est fort douteux.» Louis Combes, *Episodes et curiosités révolutionnaires*, p. 104.

(3) Thomas Carlyle, *vol. cit.*

vient sa fermeté ? (1) Le voilà debout sur le tréteau, le regard vers les tambours qui battent. Il crie :

— Tambours, taisez-vous !

Le roulement cesse. Aux doigts soudain paralysés les baguettes s'immobilisent. Un vaste étonnement

L'aide du bourreau coupant les cheveux du roi, d'après un croquis du tableau de Benezech dont la gravure parut à Londres en 1795.

plane dans le silence et dans ce silence la voix proclame :

— Français, je meurs innocent de tous...

Un sabre se lève, une stature chamarrée se hausse au-

(1) « La fermeté du tyran à ses derniers moments ne venait que de l'espoir qu'il avait d'être délivré par le peuple. » Lettre, attribuée à Talleyrand, au ministre Lebrun, Londres, 24 janvier 1793. Citée dans *Monsieur de Talleyrand*, tome II, p. 110. Cet ouvrage, sans nom d'auteur, parut en 1835, en quatre tomes, à la librairie de Lecointe et Pougin, quai des Augustins, n° 49. Paris. Il portait en épigraphe : *Ni pamphlet, ni panégyrique.*

dessus de la crinière d'un cheval, une voix hurle, étranglée :

— Tambours !... Force à la loi !...

D'autres voix se croisent :

— Exécuteurs, faites votre devoir !... La loi !... Force à la loi !...

Dans ce moment de trouble, le visage du Roi se décompose (1). Il recule d'un pas. Les cinq aides du bourreau se précipitent sur lui. Il leur résiste, se cabre sous les mains qui l'empoignent. Il se livre « une espèce de combat (2) ». Le voici renversé, bouclé, sanglé, lié. La bascule s'abat. Le jet de sang chaud jaillit. Il est dix heures vingt-quatre minutes (3).

A genoux sur les marches, l'abbé hoquète quelque chose — prière ? encouragement ?

La tête au col déchiqueté, à la mâchoire mutilée (4) est promenée aux quatre coins de l'échafaud. Elle éclabousse les planches de son sang. C'est d'abord un instant de silence, de stupeur triomphante, puis de toutes ces poitrines jaillit le cri multiplié : « Vive la République ! (5) » Le cabriolet de Philippe-Egalité s'éloigne au galop (6). Sur le tréteau ruisselant grimpe un homme, qui trempe son bras dans la mare gluante et en asperge la foule hurlante.

— Républicains, le sang d'un roi porte bonheur (7) !

C'est tout. Les bataillons s'en vont, marquant le pas au rythme des tambours, à la chanson héroïque des trompettes. La vie de Paris recommence. Le soir, la Comédie-Française joue l'*Enfant Prodigue* de

(1) *Thermomètre du jour*, 13 février 1793.
(2) Sébastien MERCIER, *Nouveau Paris.*
(3) *Le Républicain*, 22 janvier 1793.
(4) Louis COMBES, *vol, cit.* p. 105.
(5) *Mémoires de M. l'abbé Edgeworth de Firmont.*
(6) Thomas CARLYLE, *vol. cit.*
(7) PRUDHOMME, *Les Révolutions de Paris*, n° 185, (du 19 au 26 janvier 1793).

Deux gravures de l'exécution de Louis XVI. — II. Le Roi sur l'échafaud, d'après une gravure de 1793.

Voltaire (8). La République s'est délivrée de l'otage monarchique. « Il n'y a que les morts qui ne reviennent pas (1) ». Un an plus tard, à cette même place, un citoyen se souviendra de cet anniversaire pour déclarer avec la franchise d'un sans-culotte :

— Il y a aujourd'hui un an que le gros cochon est mort ! (2).

Il nous faut nécessairement terminer ce chapitre par les deux points d'interrogation que se pose l'histoire : le 21 janvier 1793, qui a commandé le roulement de tambours, qui mit le baillon aux lèvres du Roi ?

Généralement l'honneur, si nous osons dire, en est recueilli par Santerre, le « moteur des insurrections

(1) Casimir STRYIENSKI, *vol. cit.* p. 8.

(2) BARRÈRE, *Rapport sur les crimes de l'Angleterre envers le peuple français et sur ses attentats contre la liberté des nations ;* 7 prairial an II.

(3) « Dans un cabaret, porte Saint-Honoré, on s'est entretenu de la fête. Des femmes disoient : « On ne pouvoit mieux faire plaisir aux Sans-culottes que de guillotiner un jour comme aujourd'hui ; car si la guillotine n'eût pas marché, la fête n'eût pas été si belle. » On a ensuite parlé de la mort du tyran. Les uns disoient : « Il y a aujourd'hui un an que le gros cochon est mort. — Avez-vous bien pris garde, a répondu une femme d'un certain âge, que ce jour-là il faisoit presque le même tems d'aujourd'huy ; et bien ! moi j'ai dans la tête qu'on se bat à présent à Londres. On lui a dit ; cela se pourroit bien ; et si ce n'est pas aujourd'huy avant peu il n'y aura pas de rois en Angleterre. (L'esprit étoit révolutionnaire). » Rapport de police de l'observateur A. Baccon ; 2 pluviôse, an II ; *Archives nationales*, Série W, carton 191.

ouvrières (1)». La bibliothèque municipale de Nantes (2) possède son état des services dressé par lui-même. Il n'y fait aucune mention de son rôle lors de l'exécution de Louis XVI. Peut-être n'a-t-il pas voulu, à cette époque, raviver ces souvenirs de 93, et force nous est donc de chercher en d'autres documents des indications sur l'attitude qu'on lui prête.

SANTERRE
d'après le croquis de Benezech (1795).

La première pièce à consulter est naturellement le rapport des commissaires de la Commune, en l'espèce : Jacques Roux et Jean-Claude Bernard, délégués pour assister à l'exécution. Or ceux-ci déclarent, brièvement mais nettement : « Il a voulu parler au peuple, Santerre s'y est opposé ». Le *Moniteur*, à la date du 23 janvier, est non moins bref et affirmatif : « Il paraissait vouloir commander encore : le commandant général

(1) Albert VANDAL, *L'avènement de Bonaparte*, tome I.
(2) Collection Labouchère, vol. 661, pièce 154.

ordonne à l'exécuteur de faire son devoir. » Un de ses biographes note son aveu : « Je fis taire les tambours qui battaient la marche... (1) » Taire ? Ce n'est donc pas l'ordre de battre qu'il donna ? Fut-ce pour dire une phrase, qu'en 1798 on lui attribua : « Santerre l'interrompit et lui dit : « Je vous ai amené ici non pour haranguer, mais pour mourir ? (2) »

C'est la réponse de Jacques Roux à Louis XVI, au Temple, quelque peu travestie. Mercier, dans son *Nouveau Paris* (3), met Santerre hors de cause : « On prétend que ce fut le comédien Dugazon qui prévint le commandement de Santerre et ordonna le roulement de tambours. » Voilà le peu héroïque Santerre qui « n'eut de Mars que la bière » privé de son seul titre de gloire devant la postérité. Mais ce qu'en dit Mercier n'est, sans doute, qu'un bruit qui courut à l'époque. Lui-même n'ose s'en porter garant. On peut donc, sans craindre de travestir la vérité, assurer que ce fut bien Santerre qui donna aux vingt tambours de l'armée de ligne — et non de la garde nationale — l'ordre de battre le ban devant la tête qui tombait.

Il est plus difficile de répondre affirmativement au second de ces points d'interrogation, celui qui met en cause l'abbé Edgeworth et son apostrophe à Louis XVI sur la bascule. Voyons d'abord quelques-uns de ceux qui lui accordent la paternité du mot célèbre. C'est Prudhomme qui déclare, moins d'un mois après l'exécution : « Le prêtre Edgeworth, qui a dit à Louis XVI en le conduisant à la mort : *Allez, fils de Saint Louis, le ciel vous attend*, est à Londres, actuelle-

(1) A. Carro, *Santerre, général de la République française, Sa vie politique et privée*, écrite d'après des documents originaux laissés par lui et les notes d'Augustin Santerre, son fils aîné ; Meaux, 1869, in-8°.

(2) *Procès des Bourbons*, Hambourg, 1798.

(3) Sébastien Mercier, *Le Nouveau Paris*, chap. LXXXII.

ment (1)... » Ce témoignage, sous la plume du rédacteur des *Révolutions de Paris*, a son importance. On y peut joindre celui de Mercier : « ... les paroles du confesseur furent sublimes : *Allez, fils de Saint Louis, montez au ciel* ! (2) »

Par contre, lord Holland déclare : « Ce mot est une complète fiction. L'abbé Edgeworth a avoué

L'abbé EDGEWORTH
d'après le croquis de Benezech (1795).

franchement et honnêtement qu'il ne se rappelle pas l'avoir dit (3) ».

L'abbé a-t-il vraiment fait cet aveu ? Un témoignage apporté en 1835 l'explique en ces termes (4) : « Le

(1) PRUDHOMME, *Les Révolutions de Paris*, n° 188 (9 février 1793).
(2) Sébastien MERCIER, *ouvr. cit.*
(3) Lord HOLLAND, *Souvenirs diplomatiques.*
(4) D... Lettre au directeur de la Revue Rétrospective, sur l'authenticité des mots historiques, *La Revue Rétrospective*, 1835, 2e série, tome IV, p. 458.

cardinal de Bausset racontait souvent qu'il demanda un jour à l'abbé s'il était vrai qu'il eût adressé ces paroles au royal patient. L'abbé lui répondit : « Je ne me le rappelle pas » ; c'était le seul biais qu'avaient pu trouver son amour-propre et sa conscience pour continuer à lui laisser attribuer, sans trop se rendre complice d'une contre-vérité, un mot auquel son nom devait toute sa célébrité (1). » C'est, en effet, une explication vraisemblable. Il paraît difficile d'admettre que l'abbé Edgeworth ait pu oublier les circonstances du drame du 21 janvier et son rôle dans l'acte du régicide. Cette excuse d'oubli c'est celle-là même dont, plus tard, les lys revenus, Cambronne se servira pour répondre aux questions qu'on lui posera sur le *mot* ou la *phrase* de Waterloo. « Il ne m'a jamais dit avoir prononcé ces sublimes paroles (2) », dit le comte d'Allonville. Qui croire au milieu de toutes ces contradictions ? Le mot est-il véritablement apocryphe ? Pour notre part, nous osons le penser. Presque tous ceux retenus par l'histoire le sont, tant il est rare, au milieu des grands événements de la vie humaine, qu'une intelligence médiocre ou simplement moyenne soit touchée de l'éclair du génie. L'à-propos est le fait des hommes d'esprit, et ces hommes le perdent aisément dans les drames auxquels le hasard le mêle, et l'abbé Edgeworth n'était simplement qu'un brave homme.

Après la mort du Roi, il passa en Angleterre. En 1796, le 19 septembre, Louis XVIII, en exil à Blankenbourg, l'appela auprès de lui, et dans sa cour lui donna le titre d'aumônier à côté de Louis-Joseph

(1) « Un article du *Cabinet de Lecture* du 14 septembre 1831 auquel notre correspondant anonyme paraît avoir fait quelques emprunts, attribue l'invention de ce mot à M. Charles His, journaliste de cette époque, qui l'imprima le jour même du supplice de Louis XVI. » (*Note de l'éditeur*).

(2) Comte d'ALLONVILLE, *ouv. cit.* tome III, p. 159.

de Montmorency-Laval, baron-cardinal. Le 23 mai 1807, l'abbé Edgeworth mourut à Mittau, des fièvres putrides apportées par les blessés d'Iéna. Une épitaphe latine, œuvre de Louis XVIII, orna la dalle mortuaire et proclama, dans un humble cimetière en terre étrangère, qu'il « arma de force Louis XVI pour le dernier combat où il périt par le crime de sujets impies et rebelles, et montra à cet intrépide martyr les cieux ouverts ».

Le 29 juillet de la même année, l'abbé de Bouvens prononçait dans la chapelle française de King-Street, à Londres, son oraison funèbre.

II

OU ÉCHOUA LA GUILLOTINE DE LOUIS XVI ?

Il nous faut le reconnaître ici, le sujet que nous abordons tient de la légende, et c'est uniquement parce que nous tenons à compléter autant que possible ce musée secret de la guillotine, que nous nous y arrêtons.

Aucun document authentique, des Archives nationales ou municipales, ne nous apporte des renseignements sur le sort qui fut réservé à la guillotine de Louis XVI. Il est certain, cependant, que les mêmes bois servirent aux exécutions jusqu'à la fin de la Terteur et que seul le couteau fut remplacé, lorsqu'il fut hors d'usage. *Les Mémoires de Sanson,* que nous savons apocryphes, rapportent l'anecdote d'après laquelle le premier condamné à mort du Tribunal Révolutionnaire, Guyot des Maulans, guillotiné le 6 avril 1793, aurait demandé à Sanson si le couteau qui allait le décapiter était celui qui avait servi au supplice du Roi. Sanson lui fit une réponse négative, affirmant que le couteau avait été changé. La chose est possible, quoique nous n'ayons aucun moyen de la contrôler.

Une légende veut que la guillotine, ayant été tirée au sort, soit échue à la ville d'Auch. C'est là que M. le comte de Reiset place une aventure romanesque, trop romanesque pour pouvoir être admise. M. le comte O'Mahony, se rendant chez Mme de Marignan, fut surpris aux portes d'Auch par un violent orage qui le contraignit à chercher un abri sous une espèce de hangar. Là, fatigué, attendant la fin de l'orage, il s'assit sur des pièces de bois éparses. En arrivant chez Mme de Marignan, il apprenait que son abri était la maison du bourreau et les pièces de bois celles de la guillotine de Louis XVI.

Cette anecdote a la couleur de celles dont se régalaient, vers 1816, les royalistes échappés à la Terreur.

Ce macabre sujet a été celui d'un article de M. Hugues Le Roux (1), que M. Lenôtre a reproduit (2). S'il faut l'en croire, la guillotine de Louis XVI serait celle qui fonctionne aujourd'hui à la Guyane, dans l'archipel du Salut. Enfin, d'après un autre article (3), le couteau ayant tranché la tête du Roi serait aujourd'hui entré, par voie d'héritage, dans la famille du bourreau Roch.

C'est à titre de curiosité que nous rappelons ces détails, sans qu'on puisse nous croire susceptible d'y ajouter foi. On peut penser que la guillotine de Louis XVI, comme nous le disions plus haut, resta simplement à Paris et qu'elle continua sa tragique permanence jusqu'au jour où on la relégua dans un abri définitif. Là, ces bois de la Terreur, pourrirent sans doute, oubliés, dédaignés, et la lunette qui emboîta le cou du monarque et celui de Robespierre, tomba en poussière, laquelle, un jour de nettoyage, fut poussée à l'égout par le balai d'un aide du bourreau.

L'antithèse ne joue pas fatalement un rôle dans tous les derniers actes des tragédies humaines.

***

Si le sort du tragique instrument nous est inconnu, il n'en est pas de même de celui des juges de Louis

(1) *Le Figaro*, 20 juillet 1891.
(2) G. Lenotre, *vol. cit.* p. 254.
(3) *La Paix*, 13 janvier 1892.

Capet. Nous n'entreprendrons pas de résumer la vie des conventionnels échappés au « rasoir national » quand la tourmente fut passée. Trois cent soixante-deux représentants laissèrent tomber sur le cou de Louis XVI l'arrêt fatal. Parmi eux, cinquante-six devaient le suivre sur le même échafaud ; vingt-sept devaient connaître les amertumes de l'exil et apprendre, comme l'avait dit Danton, qu'on « n'emporte pas la patrie à la semelle de ses souliers ». Parmi ces derniers quelques-uns allaient mourir, assassinés ou suicidés; quelques autres finirent fous. Enfin quatre-vingt-treize, — 93 ! chiffre fatidique ! — allaient devenir fonctionnaires et grands dignitaires de l'Empire. Comme Fouché, ils envelopperaient la « corde de la lanterne dans le cordon de la Légion d'Honneur ». La Restauration employa les uns, grâcia les autres ou chassa de France ceux qui avaient juré de « purger le sol de la patrie de la race infâme des tyrans ». Dans l'exil, ils attendirent le retour de la République. Quelques-uns la virent ; d'autres moururent à l'aurore où les aigles du second Empire se levèrent sur la France.

*
* *

Achevons ce bref chapitre par un détail curieux donné par M. Henri Lavedan, et qui ne manque pas de pittoresque (1). La mort de Louis XVI fut mise en musique « en un morceau pour le piano-forte ou la harpe et violon d'accompagnement *ad libitum* ». Cela s'intitulait : *La mort de Louis Seize arrangée et composée par F. D. Mouchy ;* on la vendait 6 livres « chez la citoyenne Mallet, artiste marchande de musique, d'instruments, de cordes de Naples et de Nuremberg, rue Neuve-de-l'Egalité, cy-devant Bourbon, à l'Har-

(1) *L'Illustration*, janvier 1907.

monie ». Ce qui fait la bizarrerie poignante, le tragique et le curieux de cette œuvre traitée avec le respect le plus sincère, c'est que, par endroits, au-dessus des portées de notes, les diverses étapes du drame y sont marquées par de courtes phrases accompagnées elles-mêmes de l'indication du sentiment musical qui doit les souligner. *Louis Seize au Temple avec sa famille* (andantino) *Motion faite à la Convention de le mettre en jugement* (allegro). Entre temps, sous certaines mesures ou accords, on lit : *Plusieurs orateurs parlent à la fois... Murmures... Appel nominal... Le décret est adopté...* L'annonce « faite à Louis XVI du décret qui ordonne sa mise en jugement » porte la recommandation : *affectuoso*. Celle du « désespoir de la famille » s'exprime par *agitato*. *Presto* peint « l'empressement de Malesherbes à le défendre » et *amoroso* la mélancolie de la réponse de Louis à son avocat. Et l'événement suit ainsi son cours, se précipite... L'annonce à lui faite de son jugement par la commune (*tempo guisto*). Ses adieux, sa marche au supplice (*adagio*) son discours commencé sur l'échafaud couvert par le bruit des tambours (*larghetto*), les tambours (*plus vite*) sa mort sur un déchaînement de trémolos en octave ».

Cette mort a été portée au théâtre, peu d'années après 93. En 1797, le libraire Elion publia d'Et. Aignan et J. Berthevin, *La mort de Louis XVI*, tragédie en trois actes, in-18 ; et parmi toutes celles qui virent le jour à partir de 1814, on peut citer celle publiée chez Gueffier, en 1814, in-8, dont l'auteur est resté anonyme et qui est devenue excessivement rare.

Ainsi, dans l'anecdote menue, le temps a diminué le tragique souvenir de cette journée dont tous les rois sentirent le frisson sur leur nuque (1).

(1) En 1905, le 11 juillet, nous avons nous-même donné sur la scène du Théâtre des Indépendants, une adaptation dramatique en quatre actes du procès de Louis XVI, sous le titre : *L'Affaire Capet.*

III

L'AUTRICHIENNE

Il est peut-être hasardeux de déclarer que seuls les politiques d'estaminet de province sont convaincus aujourd'hui que ce n'est point une tête innocente qui tomba le 16 octobre 93.

Marie-Antoinette qui n'eut rien, elle, du caractère français, ni par l'éducation, ni par la race, resta toujours une étrangère. « C'était presque criminel chez une princesse », écrit Jules Simon. Elle ignora par quoi le peuple qui vénéra Saint-Louis et acclama, Henri IV, se conquiert, comment se gagne ce grand cœur fraternel de Paris. La « femme Capet » devant la France fut d'une insolence extrême. C'est elle qui tua la monarchie, et Louis XVI fut sa victime. Sa morgue, son dédain, son mépris, firent en réalité tomber le couteau sur le cou de la Royauté. Et si le sang de tous les massacrés, de tous les fusillés, de tous les assassinés, de tous les égorgés et de tous les guillotinés de 89 et de 93 crie vengeance vers quelqu'un, c'est assurément vers l'Autrichienne en qui le cataclysme déchaîné et le furieux ouragan révolutionnaire trouvent leur origine. Elle eut l'insolence des

Emilie de Sainte-Amaranthe sur la charrette
29 prairial an II (17 juin 1794)

aristocrates, leur morgue hautaine et insupportable et toutes les tares anciennes de leur race. Il nous plaît d'ignorer la vie privée de cette femme, qui, si M. de Fersen et Biron ne furent pas ses amants, fit tout pour le laisser croire ; nous ne voulons retenir et considérer que son attitude devant la nation, son attitude publique devant le peuple. Cette attitude tient à la fois du défi et de la provocation. S'il est une tête coupée peu digne de larmes dans les journées rouges de 93, c'est assurément celle de cette reine autrichienne qu'on peut, nous aimons à le croire, plaindre comme femme, mais pour laquelle, comme souveraine, il faut ratifier le terrible jugement du Tribunal Révolutionnaire qui frappa en elle un ennemi public.

Qu'on lise ses lettres à Mercy-Argenteau, ces appels à l'étranger, car pour la France, l'Autriche c'est l'étranger. Cette correspondance est édifiante, et on ne peut songer à la nier. Le 2 août, on la sépare de sa fille, au Temple. Elle la rassure : — Ma fille, je reviendrai. Je parlerai à mes juges, jamais des Français n'oseront condamner une étrangère qu'ils n'ont point le droit de juger » (1).

Une étrangère ! Reine de France, princesse française, elle se considère toujours comme une étrangère, elle en fait l'aveu et c'est un royaliste qui nous le donne ! « Il étoit naturel que la Reine désirat que la restauration de la maison de Bourbon fut due à sa maison (2) ». A sa maison ! Une maison étrangère, antique ennemie de la France et qui s'en souviendra toujours, se trouvera prête toujours à entrer dans toutes les coalitions menaçant la France ! « Quand on l'appelait *l'Autrichienne*, écrit fort judicieusement M. Arthur Levy, cela semblait, de prime abord, n'être qu'une insulte facile, grossière et gratuite. Mais certains bruits s'étaient repercutés jusque dans le peuple qui n'injuriait qu'à bon escient. N'avait-on pas appris qu'en diverses circonstances, la reine de France

(1) F. de BARGHON-FORT RION, *vol. cit.* p. 69.
(2) Antoine FERRAND, *vol. cit.* p. 166.

avait été l'agent soucieux uniquement des intérêts de l'Autriche ? Et, tout de même, quand il proférait cette injure odieuse, *l'Autrichienne*, le peuple, avec l'intuition indéniable des foules, semble avoir pressenti que jamais cette femme ne s'était identifiée avec la patrie française. Vous pouvez lire toute sa correspondance, vous y trouverez presque à chaque page les mots : « Cette nation », quand elle parle de la France, du pays dont elle est la Reine » (1).

Signature de Marie-Antoinette.

Nécessairement « par ses projets de violence et de guerre civile, elle rendit les représailles inévitables (2) ».

Son frère a des mots violents et durs pour lui reprocher certains écarts de conduite. A Versailles ou à Marly, où elle perd ou gagne des sommes qui montent, dans la même soirée, à 7000 livres (3), Joseph II qualifie son salon de jeu de *tripot*. Tripot où, un soir, le comte Arthur Dillon sera volé de son portefeuille bourré de billets de la Caisse d'escompte (4).

Quand tous ces menus scandales auront passé de la Cour à Paris, quand on pourra donner le nom de ses amants, vrais ou présumés (5), quand il y aura quelque chose de pourri dans le royaume de France et que ce quelque chose sera la Royauté, alors le nom de la Reine deviendra le synonyme de toutes les injures et sa personne l'objet de tous les outrages.

(1) Arthur LEVY, *La Culpabilité de Louis* XVI *et de Marie-Antoinette*, p. 25.

(2) Jean BERNARD, *vol. cit.* p. p. 45, 46.

(3) Gaston MAUGRAS, *Le monde, le jeu, les courses, à la Cour de Marie-Antoinette*, 1894.

(4) *Idem.*

(5) « Suivant M. de Tilly, la reine était la plus vertueuse des femmes de son règne...; mais elle eut deux amans. » *Passages retranchés des Mémoires de Lauzun; Revue rétrospective*, tome I, p. 86, 1833; *Observations préliminaires de l'éditeur* (J. Taschereau).

Lebrun-Pindare trouvera, pour la blasphémer, de beaux accents — les seuls qu'il ait eus :

> Reine que nous donna la colère céleste,
> Que la foudre n'a-t-elle écrasé ton berceau !

Elle sera une « Erinnyes, qui a détaché tous les serpents de sa chevelure et les a lancés au milieu de la France (1) », elle sera « un monstre dégobillé de la bouche d'Alecto (2) », la *Boulangère*, celle dont Hébert a promis la tête aux sans-culottes et qu'il menace de tuer de ses mains (3), et son fils, ce douloureux Louis XVII, ne sera plus qu'un « bâtard adultérin légitimé par l'imposture (4) ».

Plus tard, on aura beau tenter de l'excuser à l'aide des raisons les plus spécieuses, rien ne prévaudra contre l'unanimité de cette colère populaire (5).

Qui les comptera ces pamphlets qui, de 1789 à 1792, l'enveloppèrent du tourbillon de leurs menaces, de leurs injures, de leurs blasphèmes et de leurs obscénités ? Que son amitié pour la Polignac paraisse suspecte, et aussitôt se lève la moisson des libelles. C'est la *Confession et repentir de Madame de P... ou la nouvelle Madeleine repentie*, le *Testament de Madame la duchesse de Polignac*, la *Lettre de Madame de Polignac*, la *Dernière ressource de Madame de Polignac, ou dialogue entre cette dame, son confesseur, un médecin anglais et un baron suisse ;* c'est encore *Le vrai caractère de Marie-Antoinette* (6); c'est l'*Essai historique sur la vie de Marie-Antoinette, reine de France et de*

(1) Camille DESMOULINS, *Révolutions de France et de Brabant*, n° 62, janvier 1791.

(2) *Petit dictionnaire des grands hommes de la Révolution*, par un citoyen actif ci-devant rien.

(3) *Historical manuscripts Commission ; report on the manuscripts of J. B. Fortescue, esq., preserved at Dropmore.*

(4) *L'ombre du mardi gras ou les mascarades de la Cour.*

(5) Voir le manuscrit inédit de Louis XVIII : *Réflexions historiques sur Marie-Antoinette*, publié par M. Ernest DAUDET (*Revue des deux Mondes*, juillet 1904).

(6) Paris, imprimerie de Momoro, 1793, in-8, 8 p p.

Navarre, née duchesse d'Autriche le 2 novembre 1755 (1); c'est la *Description de la Ménagerie Royale d'animaux vivans, établie aux Tuileries près de la Terrasse nationale, avec leurs noms, qualités couleurs et propriétés* (2) ; c'est *le Petit Charles IX, ou Médicis justifiée* (3) ; c'est... Mais pouvons-nous les citer tous ? (4) C'est un flot montant, sourd, continuel, implacable, qui battra les murs de Versailles jusqu'au jour où les poissardes ramèneront avec la Boulangère, le Boulanger et le Petit Mitron. La boue l'éclaboussera. Le souvenir des acclamations d'autrefois sera inutile, car ainsi que le dit l'Anglais Burke : le siècle de la chevalerie est passé (5). Il n'y aura plus en France qu'une reine : la Guillotine.

(1) Rédigé sur plusieurs manuscrits de sa main. A Versailles chez la Montensier, hôtel des Courtisanes. — Spécialement consacré aux amours féminins de la Reine.

(2) Paris, de l'imprimerie des Patriotes, 1789, in-8, 8 pp.

(3) Paris, 1789, 77 pp.

(4) La plupart des pamphlets sur Marie-Antoinette étant devenus extrêmement rares, il est peut-être intéressant de rappeler les titres de quelques-uns d'entre eux ici : *Antoinette d'Autriche, ou dialogue entre Catherine de Médicis et Frédégonde, reines de France aux Enfers ;* Londres, 1789, 15 pp. ; *L'Autrichienne en goguette ou l'Orgie royale,* opéra proverbe, Paris, 1789 ; L. Prudhomme, *Les crimes des Reines de France, depuis le commencement de la monarchie jusqu'à Marie Antoinette,* Lyon, Prudhomme aîné, 1791, in-8°; une nouvelle édition de 342 pages parut à Londres en 1792 ; *Le Portefeuille d'un talon rouge contenant des anecdotes secrètes et galantes de la cour de France,* Paris l'an 178, parut en réalité le 18 juin 1779 à Versailles, pet. in-12, 59 p. ; l'auteur est le comte de Paradès qui attaque violemment les mœurs lesbiennes de la Cour. Il est à remarquer que presque tous ces pamphlets et libelles accusent Marie-Antoinette d'amours contre nature et de relations intimes avec Mme de Polignac et quelques autres dames de la cour. Au moment où nous corrigeons les épreuves de ce livre, M. Henri d'Almeras, publie une excellente étude sur les pamphlets contre Marie-Antoinette : *Les Amoureux de la Reine Marie-Antoinette, d'après les pamphlets ;* Paris, La Librairie Mondiale, 1908.

(5) Burke, *Réflexions sur la Révolution de France et sur les procédés de certaines sociétés à Londres relatifs à cet événement,* trad. de 1791.

IV

LE COUTEAU SUR LE COU GREC

Il n'est rien de plus tragiquement sobre que le dessin fait par David, à une des fenêtres de la rue Saint-Honoré, le matin du 16 octobre 93. Instinctivement, le regard va à ce beau « cou grec » dont parle Mme Vigée-Lebrun (1), et qui sera la dernière raillerie du père Duchêne (2). C'est là, sur cette rose blancheur, que va s'abattre le couteau ; on est saisi, on se laisse empoigner par le sentiment de la pitié, on regarde encore, et brusquement, à l'attitude hautaine de la tête, à la moue méprisante de la grosse lèvre épaisse autrichienne (3), à ce dernier défi, la pitié cesse. On se sent partagé entre trop de sentiments contraires, et c'est d'ailleurs une femme qui va mourir. Pendant vingt-deux heures d'audience elle n'a pas faibli, soutenant jusqu'au bout, hardiment, ce que son rôle avait à la fois de déconcertant et d'odieux.

Un décret de la Convention nationale, le 1er août 1793, l'a, du Temple, menée à la Conciergerie et de la Concier-

(1) Mme VIGÉE-LEBRUN, *Souvenirs*, Paris, 1891, 2 vol. in-12.

(2) « *La plus grande joie de toutes les joies du Père Duchêne après avoir vu de ses propres yeux la tête du Veto femelle séparée de son col de grue* », n° 299.

(3) Maurice BOUTRY, *Autour de Marie-Antoinette.*

gerie à la Salle de la Liberté. Là un perruquier, un luthier, un chapelier, un charpentier, lui ont demandé des comptes (1) et l'ont condamnée, car il n'était « pas possible qu'une femme couverte du sang du peuple français pût être blanchie par un tribunal populaire, un tribunal révolutionnaire (2). » Cela, le 3 octobre, Billaud-Varennes l'a déclaré à la tribune de la Convention et les jurés se sont aveuglément soumis à l'ordre tombé de ces froides et minces lèvres. Le 21 janvier a été pour eux un exemple. Le 15 octobre ils s'en souviendront.

Après la Convention, ils frapperont avec rigueur (3).

A onze heures dix, elle franchit le guichet de la Conciergerie et une légère rougeur lui monte aux joues. On ne lui a pas fait la grâce d'une voiture : la charrette des fournées est là. Sur la planche fichée entre les ridelles, la Veuve Royale attestera l'égalité républicaine. A côté d'elle monte — et malgré elle — le prêtre constitutionnel Girard. Il a son crucifix noir à la main. Par un dernier mouvement de mépris, Marie-Antoinette lui tourne le dos. Le fouet du cocher claque. On part.

La Reine a revêtu un déshabillé blanc recouvert

(1) Ganney, Renaudin, Baron, Devèze. Les autres jurés étaient : Antonelle, ex-député des Bouches-du-Rhône à l'Assemblée Législative ; Souberbielle, chirurgien ; Besnard ; Fievé et Lumière, membres du comité Révolutionnaire de la section du Museum ; Thouin ; Chrétien ; Desboisseaux ; Nicolas, imprimeur du Tribunal Révolutionnaire ; Sambat, peintre, et Trinchard, menuisier. Herman présidait assisté de quatre juges : Coffinhal, Maire, Donzé-Verteuil et Deliège. Fouquier-Tinville prononça le réquisitoire ; Chauveau-Lagarde et Tronson-Ducoudray, nommés d'office, plaidèrent pour la Reine. Le jury la condamna à l'unanimité.

(2) *Journal des Débats et des Décrets*, n° 380.

(3) « On se trouve forcé d'admettre que Marie-Antoinette, plus responsable, étant plus intelligente que le Roi, ne pouvait guère attendre du Tribunal Révolutionnaire un jugement moins sévère que celui prononcé par la Convention. » Arthur Levy, *vol. cit.*, p. 9, préface.

Portrait de Marie-Antoinette, reine de France, conduite au supplice, dessiné à la plume par David, spectateur du convoi et placé à une fenêtre (*rue Saint-Honoré*) avec la citoyenne Jullien, épouse du représentant Jullien.

d'un grand fichu de mousseline croisé sous le menton. Les cheveux, légèrement gris, sont coupés sur la nuque et lui donnent l'aspect d'une femme vieille déjà. Un bonnet de linon tremble aux cahots de la voiture, sur sa tête redressée. Les mains sont liées derrière le dos ; on remarque au poignet droit une faveur noire nouée. Au sortir de la Cour de Mai, la charrette s'engage entre une double haie de gardesnationaux, l'arme au poing(1). La Reine se raidit sans doute en cet instant. « La mort n'est rien, c'est l'agonie qui est longue et cruelle, » a-t-elle dit. Voici la dernière étape de cette agonie, la dernière station de la Monarchie condamnée et humiliée. Sur la foule qui se bouscule, s'écrase et crie, elle promène un regard où l'indifférence se mêle au dédain. Qu'on la hue, qu'on l'injurie, qu'on lui crache au visage les obscénités mille fois répétées depuis 1789, peu importe, « rien à présent ne peut plus me faire mal, » a-t-elle déclaré (2). Chacun remarquera cette tranquillité dédaigneuse. Un rustre d'Argentan écrira à son Comité : « La garce a fait aussi belle fin que le cochon à Godille, le charcuitier de chez nous, elle a été à Le cha fau avec une fermeté incroyables... elle a traversé presque tout paris en regardant le monde avec mépris et Dédain... La coquine a eue la fermeté j'usqu'à Le Cha fau sans Broncher... (3) » D'autres, peu suspect, sreconnaîtront qu'elle a conservé « en chemin une tranquillité féroce (4) ». Autour d'elle montent les acclamations mêlées aux refrains de la *Carmagnole* et du *Ça Ira*, ce *Ça Ira* dont l'air qui lui fut cher autrefois, la *Brunette* de Dupuis, lui rappelle

(1) *Biographie Michaud ;* art. Marie-Antoinette.

(2) *Récit de Madame Royale.*

(3) Lettre de La Pierre, membre du Comité Révolutionnaire d'Argentan, citée par M. de Lescure dans les *Autographes et le goût des autographes en France et à l'étranger*, Paris, 1865. in-8°.

(4) *Compte rendu aux Sans-Culottes de la République française par très haute, très puissante et très expéditive dame Guillotine*, etc.

les heures de Versailles et les belles nuits de plaisir où l'on soupait à la Laiterie de Trianon (1). Airs d'autrefois et de jadis, ce sont eux qui berçeront son souvenir en cette heure terrible et lui feront apparaître le jadis charmant et souriant qu'elle expie. Puis, ce sont d'autres airs encore où son trépas est chansonné, raillé, ridiculisé :

Contre Antoinette la veuve
La France ne fit qu'un cri ;
Elle subit la même épreuve
Que le sire son mari ! (*bis*)
A mâter cette ex-reine
Le fer n'a point réussi ·
Sa Majesté souveraine
S'y montrait en raccourci ! (2)

Devant le parvis de Saint-Roch, la foule est dense. Rose Lacombe a massé là les femmes de la halle et les tricoteuses. A l'arrivée de la charrette, une bordée de sifflets l'accueille. Un refrain ordurier scande les cris. Au-dessus des têtes un sabre tournoie. C'est le ci-devant comédien Grammont qui hurle :

— La voici, l'infâme Antoinette ! Elle est foutue, mes amis !

Et cela dure cinq minutes, dix minutes. La Reine demeure immobile, sans un geste. Seule la lèvre accuse son pli, son pli de dédain véritablement royal. Devant cette foule française qui la hue, elle est l'Autrichienne méprisante et son expression de dégoût n'égale que la colère populaire. On avance pourtant à travers la marée humaine dont les cris poursuivent la charrette, mais peu à peu, Saint-Roch dépassé, ils diminuent. C'est presque le silence, un hostile silence qui enveloppe le cortège. Au-dessus du passage des

(1) Jean BERNARD, *vol. cit.*, p. p. 213, 214.
(2) *La Révolution en vaudevilles*, Paris, an III.

Jacobins s'étale un large écriteau à la peinture fraîche encore :

ATELIER D'ARMES RÉPUBLICAINES
POUR FOUDROYER LES TYRANS

L'œil terne de la Reine se lève, déchiffre l'inscription et s'étonne. Elle se tourne vers Girard :

— Qu'est-ce donc ? demande-t-elle.

Girard hausse le crucifix. La charrette avance toujours. Plus loin, ce sont d'autres bâtiments nationaux, aux façades barrées de la devise égalitaire :

LIBERTÉ, ÉGALITÉ, FRATERNITÉ OU LA MORT ! (1)

... *ou la Mort* ! La Reine détourne son regard et au même instant, dans l'angle de la Rue nationale, se découpe la grisaille du ciel de la place de la Révolution. C'est l'endroit où Lafont d'Aussonne place sa légende : «A la vue de l'échafaud, les yeux de Marie-Antoinette se fermèrent, la pâleur de la mort couvrit son visage, sa tête retomba sur sa poitrine. Elle avait cessé d'exister. Une apoplexie foudroyante termina les jours de la reine, et ce fut son triste cadavre et non pas elle-même que les républicains portèrent sur l'échafaud (2) ».

Il est à peu près inutile de s'arrêter à discuter cette

(1) « L'auteur de cette devise a droit d'être connu de la postérité. C'est Pache, alors maire de Paris, après avoir été ministre ». BEAULIEU, *Essais historiques sur les causes et les effets de la Révolution de France avec notes sur quelques événements et institutions.* — De son côté M. Charavay affirme que la devise est due au Club des Cordeliers : « Momoro, en qualité de membre de l'administration départementale de Paris, fit mettre cette devise sur les édifices de la capitale pendant la Terreur. On y ajouta le mot : *ou la mort* ». *Catalogue d'une importante collection de documents autographes*, etc. Paris, 1862, p. 162.

(2) LAFONT D'AUSSONNE, *Mémoires secrets et universels des malheurs et de la mort de la Reine de France ;* Paris, 1836, 2 vol. in-8°.

L'exécution de Marie-Antoinette, d'après une gravure allemande du Cabinet des estampes. (Collection Hemin).

fable enfantine. « Elle monta sur l'échafaud avec courage (1) » dit un témoin oculaire. Heurtant Sanson du pied, elle dit : « Pardon, monsieur, » fit tomber son bonnet et fut renversée sur la bascule. Il était midi un quart. La tête offerte aux quatre points cardinaux avait les paupières agitées d'un frisson convulsif (2). Les cris habituels la saluèrent. Chacun s'en retourna à ses affaires ; cette mort fit peu d'effet (3). On en causa peu. L'indifférence enveloppa ce fantôme de la Veuve, et Mallet du Pan a pu écrire : « Les cours ont paru si peu occupées de cette catastrophe que le public en a bientôt perdu la trace ». Le régicide n'était plus une nouveauté depuis le 21 janvier 1793. « Peut-être n'eut-il pas fallu en venir là ; mais puisque nos législateurs ont pris l'événement sous leur responsabilité, rallions-nous autour d'eux ; éteignons toutes les haines et qu'il n'en soit plus question (4) ». Le dernier lys de France était fauché : qu'il n'en soit plus question. Et ainsi un journaliste enterra Marie-Antoinette d'Autriche, sœur de l'Empereur d'Allemagne, de la reine des Deux-Siciles, de l'Electeur de Cologne, du grand duc de Toscane, du duc de Parme, et de la duchesse de Saxe-Teschen.

Et il n'en fut plus question.

(1) *Le Glaive vengeur de la République Française.*
(2) *Mémoires de Sanson.*
(3) J. Michelet, *ouvr. cit.* tome VI, *La Terreur*, p. 367.
(4) *Mercure Universel*, 1793.

LIVRE V

L'ÉPOPÉE DE LA FILLE A GUILLOTIN

I

LES FAITS-DIVERS DE LA GUILLOTINE

Tandis qu'aux frontières en danger l'épopée jacobine scandait sa marche, au chant « des braves Marseillois », triomphait à Paris l'épopée de la terrible « fille à Guillotin ».

Les innocentes plaisanteries de jadis se réalisaient, et plus d'un de ces joyeux amis qui s'accueillaient, en 1792, par un ironique : « A la lanterne ! » en guise de salut (1) avait porté sa tête sur le rouge autel où officiait l'exécuteur des arrêts criminels. Par une singulière conception du mépris de la vie humaine,

(1) Voir : *Un Prussien en France en 1792. — Lettres intimes de J.-P. Reichardt*, traduites et annotées par A. Laquiante (Paris, in-8, 1892).

la guillotine était entrée dans les mœurs de « ce peuple violent mais exorable ; excessif, mais généreux », ainsi que le disait Mirabeau après le pillage de l'hôtel de Castries, au lendemain du fameux duel de M. de Lameth. Cette acceptation d'un supplice, désormais national, aucun peuple ne la témoigna plus allègrement que celui de 1793. Et cependant on voyait surgir, chaque jour, un de ces disciples de Rousseau, — on ne les comptait plus pendant la Terreur — proposant l'abolition de la peine de mort (1), suivant ainsi l'exemple donné déjà par Maximilien de Robespierre à la Constituante (2). Propositions inutiles et superflues qui choisissaient l'heure des « grandes fournées » du Tribunal Révolutionnaire ! Mais cette sensibilité à la mode s'effaçait sous l'éclat autrement puissant de la grande vie orageuse de Paris.

A son entrée dans les mœurs françaises, la guillotine est baptisée aussitôt par l'argot.

Vadier l'appelle : le *vasistas* (3), la Convention la salue du titre pompeux du *glaive des lois*, mais pour le peuple c'est le *rasoir national* et Sanson est son barbier. Malgré ce qu'en dit Balzac — dont nous avons déjà eu l'occasion de signaler l'extrême fantaisie en matière d'histoire — la guillotine n'est pas encore l'*Abbaye de Monte-à-regret* (4). Plus tard,

(1) « N'est-il pas établi que la Terreur était un temps d'humanité ? En effet, ne demandait-on pas l'abolition de la peine de mort lorsqu'on tuait tant de monde? » CHATEAUBRIAND, *Mémoires d'outre-tombe*.

(2) « Le même sentiment qui m'a porté, mais en vain, à demander à l'Assemblée Constituante, l'abolition de la peine de mort... » Opinion de Robespierre sur la question : *Quelle peine Louis Capet, ci-devant roi des Français, a-t-il encourue ?* »

(3) *Mémoires de Sénar*, p. 141.

(4) « En 1790, Guillotin trouve, dans l'intérêt de l'humanité, la mécanique expéditive qui résout tous les problèmes soulevés par le supplice de la peine de mort. Aussitôt les forçats, les ex-galériens, examinent cette mécanique placée sur les confins monarchiques de l'ancien système et sur les

l'argot donnera droit de cité à cette expression saisissante, mais à cette heure de la révolution, c'est le *rasoir*, c'est *la petite Louison, la planche à assignats, la raccourcissement patriotique, la petite chatière*, chère au Père Duchêne, c'est enfin la Sainte-Guillotine (1), celle à qui on adresse des litanies glorificatrices :

Sainte Guillotine, protectrice des patriotes, priez pour nous !
Sainte Guillotine, effroi des aristocrates, protégez-nous !
Machine aimable, ayez pitié de nous !
Machine admirable, ayez pitié de nous !
Sainte Guillotine, délivrez-nous des tyrans !

La lugubre et cahotante charrette où se serrent cinq ou six condamnés, suivant l'importance de la fournée, c'est le *carosse aux trente-six portières*, (allusion aux ridelles), le *vis-à-vis de maître Sanson.*

Arrivés sur la place de l'exécution, les condamnés vont *jouer à la main chaude, essayer la cravate à Capet, faire la bascule, demander l'heure au vasistas, mettre la tête à la petite fenêtre.* « Je vais aller faire un tour à la petite fenêtre, » déclare Admiral, celui qui dans la nuit du 3 au 4 prairial (an II) tenta d'assassiner

frontières de la justice nouvelle, ils l'appellent tout à coup l'*Abbaye de Monte-à-Regret !* Ils étudient l'angle décrit par le couperet d'acier, et trouvent, pour en peindre l'action, le verbe *faucher* ». H. de BALZAC, *La Dernière Incarnation de Vautrin*, p. 37.

(1) On trouve dans un rapport de police sur l'esprit public, signé Perrières, à la date du 26 ventôse an II, ces mots : « Le bruit d'un nouveau complot tramé avec plus de noirceur que tous les autres contre ses jours (du peuple) et sa liberté est sans doute la cause de ces nouvelles dispositions de sa part. Oh ! les coquins ! oh ! les scélérats ! disait-il, qu'ils approchent, qu'ils périssent ! On a bien raison de dire, ajoutait-il en regardant la guillotine, qu'il n'y a que cette sainte-là qui peut nous sauver. » (*Archives nationales*, W. 112.) Dans une lettre à Richard, le représentant de la Sarthe à la Convention, le comité révolutionnaire d'Angers écrit : « *La sacram sanctam Guillotinam* ».

Collot d'Herbois. Mais l'expression, qui dans cette sinistre phraséologie, prévaut, c'est: *éternuer dans le sac.* Sénar, dans ses « révélations puisées dans les cartons des Comités du Salut public et de la Sûreté générale » n'hésite pas à en attribuer la paternité à Vadier. Quoi qu'il en soit, l'expression est familière à l'époque. Guffroy, l'obscur avocat du Pas-de-Calais, qui, de l'anagramme de son nom avait fait un titre de journal : *le Rougiff*, s'écrie dans le n° 14, à la nouvelle d'arrestations en masse : « Allons, dame Guillotine, rasez de près tous ces ennemis de la patrie ! » Et il conlut par un véhément : « Tête au sac ! » (1)

Et les têtes vont au sac. Des guillotines de France coule le fleuve fumant du sang innocent des uns, du sang coupable des autres ; et, grisé par cette fumée de massacre, Vouland exhorte :

— Allons voir célébrer la messe rouge (2) !

C'est une messe, en effet, un holocauste à la gloire de la terrible déesse de la *salutaire Terreur* (3).

***

(1) Ces apologies répétées de la guillotine sous la plume de Guffroy, devaient un jour constituer une grave accusation contre lui. Dans le compte rendu de la séance des Jacobins publié le 16 ventôse an III, par le *Journal de la Montagne*, n° 113, on peut lire : « ... il a été dit que la feuille ayant pour titre : Journal de *Rougiff*, n'avoit l'approbation ni d'aucun homme de goût ni d'aucun patriote ; que ce journal étoit le tombeau du bon sens ; que par conséquent, ne pouvant avoir un grand nombre d'abonnés, il falloit qu'il y eut des hommes invisibles qui fournissent les fonds pour l'impression ; que ce journal contenait des principes contre-révolutionnaires, et qu'il falloit nécessairement empêcher la circulation d'une feuille qui propageoit le modérantisme ». Cette accusation, pour le moins inattendue, fut fatale pour ce rédacteur enthousiaste de la guillotine. Les Jacobins l'exclurent de leur sein (Séance du 13 ventôse an II) tout en se promettant de le dénoncer incontinent à la Convention et au Comité de Sûreté Générale.

(2) *Mémoires de Sénar*, chap. XIII, p. 107.

(3) Fouché.

Le bonnet rouge, ce symbole de la Révolution qu'on accrocha aux arbres de la Liberté et dont on coiffa au portail des cathédrales les statues des saints et les Christs en croix, aux bras garnis de flots de rubans tricolores, le bonnet rouge lui-même semble céder

La Tabatière à la guillotine.

le pas à la guillotine, si j'ose dire. Comme la vertu, comme la terreur, comme le sans-culottisme, la guillotine est à l'ordre du jour. On verra plus loin les étranges chansons et les hymnes bizarres qu'elle inspira aux poètes et aux rimeurs de l'époque.

Elle monta sur les planches avec un vaudeville d'un gaieté facile à imaginer : *la Guillotine d'amour* (1) ;

(1) Voir *Journal des Spectacles,* juillet 1793.

elle orna des assiettes (1), des tabatières, des tasses (2), des cachets (3). Le redoutable instrument mêlé ainsi à la vie quotidienne, familiarisait avec l'idée de la mort. On ne s'en écartait pas avec l'horreur dont, autrefois, on se détournait du gibet de Montfaucon ou de la roue de la place de Grève.

Aux mains des enfants elle devenait le jouet habituel et le docteur Max Billiard a pu écrire (4) : « Le vent de folie qui passait sur la France avait altéré à ce point le sens moral, qu'on accoutumait les enfants à jouer à l'échafaud ; on vendait de petites guillotines, comme aujourd'hui « des petits soldats » ; et l'on pouvait voir, comme l'après-midi, sous les ombrages des Champs-Elysées, à quelques pas de l'échafaud dressé sur l'emplacement actuel de l'obélisque des Pharaons (5), l'on pouvait voir, disons-nous, les papas, les mamans et leurs bébés, s'esclaffer de rire à la parade de Polichinelle, où la scène traditionnelle de la potence était remplacée par celle de la guillotine (6) ».

Ce n'est pas une absence de sens moral dans « le temps où les guillotines immolaient des milliers de

(1) Gustave GOUELLAIN, l'*Assiette dite à la Guillotine*, Paris, in-8°, 1872.

(2) Les collections du Musée Carnavalet contiennent une de ces tasses d'un coloris charmant, représentant dans un large médaillon l'exécution de Marie-Antoinette. Le même musée possède une assiette où est figuré le supplice du Roi.

(3) « *Gatteau*... avait pour cachet une *guillotine*, dont l'empreinte est encore sur la cire qui scellait une de ses lettres. Ce *Gatteau* était employé dans les subsistances militaires ». *Rapport fait au nom de la commission chargée de l'examen des papiers trouvés chez Robespierre et ses complices*, par E. B. Courtois. (A Paris de l'imprimerie nationale des Lois, nivôse, an III de la République), p. 22.

(4) Dr Max BILLIARD, *Les tombeaux des rois sous la Terreur* (1907).

(5) L'emplacement réel de la guillotine fut entre les chevaux de Marly; voir à cet égard les estampes de l'époque.

(6) Voir Charles NODIER : *Souvenirs de la Révolution*.

victimes (1), » mais une manière d'indifférence caractéristique, la même qui ne souleva pas une seule fois la foule en faveur des condamnés, au passage des longues théories de charrettes en marche vers la barrière du Trône-Renversé ou la place de la Révolution.

Sous la menace du triangle égalitaire, toutes les têtes étaient inclinées et la proposition des *Révolutions de Paris* (2), demandant d'inscrire sur la guillotine les deux vers classiques :

> Et la garde qui veille aux barrières du Louvre
> N'en défend point nos rois,

se réalisa à l'apogée de la Terreur.

Cette guillotine, que le n° 7 du *Rougiff* demandait « en permanence dans toute la République », constituait le plus sûr des épouvantails et on peut, sans crainte, affirmer que ce fut cette vision de cauchemar qui tua Vicq d'Azyr (3) et le faisait délirer en proie aux affres de l'agonie (4). A son aspect, le 20 juin, lors de l'envahissement des Tuileries par le peuple, Marie-Antoinette avait failli s'évanouir (5). Plus tard, rendue forte par le malheur, elle affrontera avec calme le glaive vengeur, et, sortant de la Concier-

(1) Discours de Dumolard au Conseil des Cinq Cents, séance du 13 fructidor, présidence de Siméon. *L'Historien*, n° 650, 15 fructidor, an V ; p. 217.

(2) *Les Révolutions de Paris*, n° 146 (du 21 au 28 avril 1792), p. 177.

(3) Ancien premier médecin de Marie-Antoinette.

(4) Lémontey, *Eloge historique de Vicq d'Azyr* (Séance publique de l'Académie Française, 25 août 1825).

(5) « Les hommes, les femmes, les piques et les couteaux, les cris et les injures, tout se rue contre la Reine. De ces cannibales, l'un lui montre une poignée de verges avec l'écriteau : « *Pour Marie-Antoinette !* », l'autre lui présente une guillotine, l'autre une potence et une poupée de femme... » E. et J. de Goncourt, *Histoire de Marie-Antoinette*.

gerie, elle donnera sur le tréteau dressé face aux Tuileries, l'émouvant exemple de la majesté royale tenant tête à son désastre.

*
* *

La guillotine eut ses courtisans, son culte ; elle eut, aussi incroyable que la chose puisse paraître, ses journalistes. Parmi les cris des camelots de l'époque, les titres se hurlaient par les rues, quelques heures après les séances du Tribunal Révolutionnaire:

— V'là du nouveau donné tout à l'heure ! V'là mon reste à deux liards (1) ! Arrêt de la Commune ! Don patriotique ! La liste des gagnants à la loterie de la Sainte-Guillotine (2) !

Et maintenant, imaginez dans une mansarde, dans une triste chambre de garni, des amis, des parents de ceux qui ont été jugés dans la journée. A l'horrible titre clamé dans la rue, ils descendent, craintifs, tendent la pièce de cuivre au vendeur et, haletants, le cœur battant à coups précipités, regagnent leur refuge. Là, le rugueux papier à l'encre encore humide est déplié. Des yeux brouillés de larmes se dardent sur les lignes inégales, cherchent les noms, les noms de la fournée de ce soir ou de l'aube de demain... Et quelquefois, souvent, ce nom est là, perdu parmi dix, vingt, trente autres, et ce nom est celui d'un mort, ami ou parent. Tragique époque où ces feuilles légères venaient, comme une brutale et populacière lettre de deuil, frapper en plein cœur ceux-là qui attendaient, espéraient encore! Dans l'instant où nous

(1) *Lettres bougrement patriotiques*, n° 39, par Lemaire. Il en parut 400 numéros.

(2) *Déjeuner du mardi ou la vérité à bon marché.* Ce journal était rédigé par Mirabeau le jeune; il en parut 7 numéros (1791).

écrivons, quelques-unes d'entre elles sont là, en liasse, devant nous, froissées, marquées aux coins de l'empreinte grasse et noire des pouces anonymes qui les brandirent. De ces feuilles funèbres, maculées, jaunies, aux longues listes inexorables, se dégage en cette heure la vision des cortèges en marche vers les lieux d'exécution. A travers ces noms imprimés en caractères maladroits, heurtés, usés, nous imaginons les visages déjà marqués par la pâleur et l'angoisse de la mort. Ce sont des femmes, des mères, des amantes. Ce sont de jeunes hommes, des généraux, des fermiers de l'ancien régime. Ce sont des Français enfin... Ah ! la triste et lugubre liasse ! Saurons-nous jamais les yeux qui ont pleuré là-dessus, les mains tremblantes qui la froissèrent, les chambres désolées où elle apporta la tragique nouvelle de toutes ces morts additionnées en la longue et interminable liste des « gagnants » à l'horrible loterie ?

Il est bon de noter cependant, ici, l'espèce de dégoût et d'indignation qui soulevait quelques cœurs, et dont un rapport de police oublié nous apporte aujourd'hui, après plus de cent ans, le consolant écho. C'est l'inspecteur de l'esprit public, Latour-Lamontagne, que plusieurs fois déjà nous avons cité, qui, à la date du 2 ventôse an II, note la chose. « On s'indigne toujours, dit-il, d'entendre crier partout avec une espèce d'affectation la liste des guillotinés. On ne peut prêter que des intentions contre-révolutionnaires à ceux qui ont publié cet ouvrage. Il n'y a point de milieu, ou c'est une liste de proscription et d'infamie pour les familles des suppliciés, ou on cherche à rendre le tribunal odieux à la France entière ; cette dernière conjecture est d'autant plus vraisemblable, que si l'éditeur eût eu des intentions patriotiques, il n'eût pas manqué de joindre à la liste des condamnés la liste plus nombreuse encore et bien plus consolante de tous ceux que le tribunal a acquittés. On demande de toutes parts la suppression de cette espèce de libelle, on voudrait même que son auteur fût poursuivi (1), à moins qu'un patriotisme bien connu ne justifiât de ses bonnes intentions (2) ».

Mais voici une autre feuille. Son frontispice, qui représente des cadavres de « tyrans », de gens de cour, de généraux, d'évêques, entassés à côté d'un panier regorgeant de têtes coupées, est accompagné de deux vers significatifs :

Ces monstres en morceaux, par puissance divine,
Annoncent les travaux de Dame Guillotine.

C'est le *Compte rendu aux Sans-culottes de la République française par très haute, très puissante et très expéditive dame Guillotine, dame du Carrousel, de la place de la Révolution, et de la Grève et autres lieux, contenant les noms, prénoms, qualités de ceux et celles à qui elle a accordé des passeports pour l'autre monde ; le lieu de leur naissance, leur âge, le jour de leur jugement, depuis son établissement au mois de juillet* 1792, *jusqu'à ce jour, rédigé et présenté aux amis de ses prouesses par le citoyen Tisset, rue de la Barrillerie* (3), *coopérateur du succès de la République Française* (4).

Le titre était long, mais les tricoteuses le retenaient aisément. Malgré ces gages donnés « à très expéditive

(1) Le vœu de Latour-Lamontagne devait être exaucé. Un des auteurs de ces listes, Tisset, dont nous allons avoir l'occasion de parler, fut poursuivi, condamné, et son patriotisme dut sans doute paraître ou peu connu ou insuffisant, car il fut guillotiné et son nom s'ajouta à la liste de son confrère et concurrent.

(2) Archives nationales, Série W, carton 112.

(3) L'actuel boulevard du Palais. Tisset avait jugé nécessaire la proximité de son officine avec le Tribunal Révolutionnaire.

(4) De l'imprimerie du *Calculateur patriote* — Au corps sans tête — Paris, an II.

Dame Guillotine » le citoyen Tisset n'en reçut pas moins d'elle ses « passeports pour l'autre monde ». Avec lui disparut le sanglant *Compte rendu*. Son concurrent — cet homme au sinistre métier avait un concurrent ! — resta le seul à renseigner le public sur les travaux de la fille à Guillotin. C'était un sieur Dulac qui publiait la feuille fameuse : *Le Glaive vengeur de la République Française ou Galerie révolutionnaire, par un ami de la Révolution, des mœurs et de la justice ; à Paris, chez Galetti, imprimeur aux Jacobins Saint-Honoré.*

Lui aussi donnait les noms, âge, qualité, crimes et dernières paroles de tous les « grands conspirateurs et traîtres à la patrie dont la tête est tombée sous le glaive national ». Enfin, pour compléter cette brève revue rétrospective de la presse sanglante d'autrefois, mentionnons, pour mémoire, la feuille in-folio simple qui parut le 1er mars 1848 avec ce titre :

LA GUILLOTINE

PAR

UN VIEUX JACOBIN

1848. — *Personne n'y passera.*

1793. — *Tout le monde y passera.*

La vignette du journal prétendait représenter Louis-Philippe écartant sa chemise pour montrer, tatouée sur sa poitrine, une guillotine (1). La deuxième

(1) L'idée de ce sinistre tatouage n'est pas perdue. En effet, le mercredi 4 septembre 1907, on a pu lire dans la rubrique des tribunaux, du *Journal*, l'information suivante : « Le 15 août dernier, vers minuit, M. Bauer passait devant un bar

page du journal était d'ailleurs signée de l'anagramme de son nom : *Olusi Lippephi.* Ce placard, d'une inspiration réactionnaire, est-il besoin de le dire, et qui ne parut qu'une seule fois, était imprimé chez Bonaventure et Ducessois, 55, quai des grands Augustins, à Paris.

Dans toutes ces feuilles, nées au hasard de l'actualité, nous aurions pu glaner maint article, découper maint passage. A quoi bon ? Le lecteur n'aura pas, sans quelquefois un frisson de dégoût, suivi cette longue énumération des faits divers de la guillotine. Il nous a cependant fallu livrer ici ces à-côtés du terrible instrument, son histoire anecdotique en un mot, et sa mode. Les commentaires du *Compte rendu* de Tisset et du *Glaive vengeur* de Dulac étaient superflus en la matière. Grossiers, obscènes, cruels, que nous auraient-ils appris que nous ne sachions déjà sur le règne du glaive de la Loi ? Cependant, c'est à un homme proscrit, victime de la Terreur après en avoir été un rouage inconscient, au girondin Pétion, que nous demanderons la conclusion de ce chapitre. La pièce est curieuse à divers titres et surtout par son ironie et les circonstances où elle fut écrite. C'est ce qui nous engage à la donner ici, et dans cette revue de la presse l'article de Pétion devait avoir sa place.

Compris dans la proscription des députés de la Gironde, le ci-devant maire de Paris avait, en compagnie de Buzot, l'amant de l'élégiaque femme de

du faubourg Montmartre, lorsque Lachaux Michel, âgé de 20 ans, sortit du bar, se jeta sur lui, le renversa, et le frappa de plusieurs coups de pied. Lachaux est sans domicile ; il passe ses nuits dans les bars du faubourg Montmartre en compagnie de filles... Lachaux se présentait à l'audience avec un bandeau sur le front, comme s'il avait été blessé. Le président lui fit enlever son bandeau et l'on put voir que Lachaux avait, tatouée sur le front, une jolie petite guillotine... » Ce jeune malandrin avait-il lu la *Guillotine par un vieux jacobin de 1848* ?

Roland, et de Barbaroux, gagné Saint-Emilion où, du 1er pluviôse au 30 prairial, le perruquier Trocart parvint à les soustraire aux recherches des comités révolutionnaires. C'est là, dans un galetas obscur devenu sa prison, que Pétion écrivit cet article, véritable pamphlet rédigé dans la phraséologie outrée et déclamatoire de l'époque, pour railler le régime niveleur de la Montagne. Dans une lettre écrite à M. Etienne Charavay, M. Charles Vatel, l'auteur de l'ouvrage désormais classique sur *Charlotte Corday et les Girondins*, fixe en ces termes la date exacte de l'article de Pétion : « Pétion parle d'un cocher de fiacre, d'une servante envoyés à l'échafaud. Or, il n'y a parmi les victimes du Tribunal Révolutionnaire, qu'un cocher, F. A. Mangin, condamné à mort le 7 floréal (26 avril) et une domestique, M. F. Rolland, femme de chambre de Mme Dutillet, condamnée et exécutée en même temps que sa maîtresse, le 20 mai (1r prairial). Les Girondins, refugiés à Saint-Emilion, recevaient quelques journaux : ils pouvaient lire les listes des guillotinés, leurs qualités, leurs professions. En tenant compte du temps nécessaire pour que ces journaux parvinssent de Paris à Saint-Emilion, on peut admettre que la lettre de Pétion (*c'est-à-dire l'article ci-dessous reproduit*) aura été écrite dans les premiers jours de prairial (*derniers jours de mai*)... » C'est donc une des dernières pages écrites par Pétion avant son suicide. Le style en est nerveux et net, et la terrible situation où se trouvait placé l'auteur ne l'empêchait pas de mêler à ses imprécations la plaisanterie qu'on ne s'attendait certes pas à trouver sous sa plume, en cette affaire. On en pourra juger :

« *Guillotine*, article absolument neuf adressé aux nouveaux éditeurs de l'Encyclopédie.

« Le mot de guillotine vient de Guillotin, médecin de la faculté de Paris et membre de l'Assemblée Constituante, qui, inventeur de cette machine, lui a donné son nom. Son mécanisme est si connu de tout le monde qu'il est inutile d'en faire la description. Nous nous contenterons de dire qu'il est extrêmement simple et que son exécution est très rapide.

« La Guillotine a remplacé la décolation (1) avec le damas pour les nobles ; la potence, les échafauds, la roue et le feu pour les roturiers. Il n'est plus qu'un genre de supplice en France pour donner la mort; il est uniforme pour les citoyens, et toute distinction injurieuse à cet égard est effacée.

PÉTION.

« Le but principal de cette invention a été d'éviter dans les supplices ces recherches atroces qui outragent la nature et déshonorent l'humanité. Elle a aussi l'avantage moral d'abréger les souffrances de l'homme condamné à mort.

« L'application de ce supplice étoit extrêmement rare. L'Assemblée constituante avoit porté l'œil de la philosophie et de la raison dans la réforme de nos loix criminelles. Elle avoit laissé subsister avec regret la peine de mort ; mais au moins avoit-elle limité cette peine à l'incendiaire et à l'assassin.

« Sous le régime soi-disant républicain cette peine s'est tellement étendue que les législateurs actuels en ont fait le principal ressort de leur gouvernement.

« Un particulier a-t-il mis en réserve une portion de grain qu'on juge excedder celle qui est nécessaire à sa consommation ?. . . . . *la guillotine.*

(1) Est-il besoin de dire que nous reproduisons fidèlement le texte de Pétion, et que nous ne nous croyons pas obligé à signaler, quand elles se présentent, les libertés que prend le conventionnel avec l'orthographe ? Ceci n'est pas un morceau de style, c'est un document.

« Un marchand a-t-il fait une déclaration inexacte des marchandises qu'il a dans son magasin ? *la guillotine.*

« Un cocher de fiacre une servante se sont-ils permis de parler de la royauté ? . . . *la guillotine.*

« Un citoyen murmure-t-il contre les maux affreux qui dévorent la France ? . . . . . . *la guillotine.*

« Un général éprouve-t-il un échec ? ou ne veut-il pas être le vil instrument de la faction dominante ? . . . . *la guillotine.*

« Le peuple est-il mécontent, pour l'appaiser lui faut-il des victimes ? . . . . *la guillotine.*

« Quelle est maintenant la bannière sous laquelle on rallie les armées dites révolutionnaires et qu'on porte à leur tête ? . . . . *la guillotine.*

« Il n'y a pas une seule grande ville en France où l'on n'ait planté des guillotines dans les places publiques pour convertir les énemis du maratisme et de la *Sainte Montagne.*

« Les effets que cette machine produit sur les esprits sont surprenans. Elle les frappe de stupeur et les pétrifie au lieu de les indigner, de les soulever. Les commissaires de la Convention nationale sont dans l'usage d'en traîner plusieurs à leur suite pour les exposer dans les lieux où ils passent. Si l'aspect momentané de ces machines n'opèrent pas le bien qu'ils en attendent ils les mettent (suivant leurs expressions) *en permanence.* Alors le remède est souverain (et suivant encore leurs expressions) *ça va.*

« Pour inspirer de bonne heure aux enfans des principes de morale et d'humanité on leur remet de bonne heure entre les mains de petites guillotines en bois ou en ivoire très artistement travaillées. Ce sont des joujoux avec lesquels en s'amusant on leur apprend l'histoire de la révolution (1).

(1) Ce détail donné par Pétion ne fait que confirmer ceux que nous avons notés dans ce même chapitre, à la page 226.

« De prétendus hommes à principes, des pédans soutiennent que le supplice d'un homme est un spectacle affreux dont la société ne devrait pas donner l'exemple (1), mais les philosophes révolutionnaires ont démontré jusqu'à l'évidence que ces radoteurs n'étoient pas à la hauteur des circonstances ; que c'est sur le sang qu'on fonde des gouvernements libres ; que la guillotine devait être un divertissement public, et, pour dissiper les sombres idées que l'image de la guillotine pourrait faire naître, ils appellent le jeu de cette machine le jeu *de la main chaude*, attendu que le patient a les mains attachées derrière le dos lorsqu'on place sa tête sous le fer qui doit la trancher.

« Aussi le peuple a-t-il bien profité des leçons de ses vrais amis, les fervens apôtres du sans-culotisme. Autrefois il avoit la faiblesse de s'attendrir à la vue du coupable qu'on alloit mettre à mort ; il détournoit ses regards au moment où on lui portait les coups. Aujourd'hui, plein d'une énergie républicaine, il regarde avec une joie avide la guillotine, et quand il a vu la tête séparée de son tronc, qu'on lui présente cette tête toute sanglante en signe de triomphe, il fait retentir l'air de ses cris d'allégresse et de Vive la République.

« O législateurs barbares ! jusqu'à quel point vous avez dépravé la morale du peuple ; jusqu'à quel point vous avez dénaturé le caractère d'une nation sensible et généreuse. Non, jamais vous ne pourrez expier les innombrables maux que vous avez fait à la France ! »

PÉTION.

Enfin, on ne peut passer sous silence le véritable journal officiel de la guillotine : le *Bulletin du Tribunal criminel révolutionnaire*, qui faisait suivre son titre de la mention explicative : « *établi au Palais, à Paris, par la loi du* 10 *mars* 1793, *pour juger sans appel les*

(1) Dans le procès du Roi, Pétion vota la mort avec sursis.

conspirateurs ». Le numéro s'accompagnait d'une épigraphe significative :

> Celui qui met un frein à la fureur des flots
> Sait aussi des méchans arrêter les complots.

N°. 15. **BULLETIN**

DU TRIBUNAL CRIMINEL

RÉVOLUTIONNAIRE,

ETABLI au Palais, à Paris, par la Loi du 10 Mars 1793, pour juger sans appel les CONSPIRATEURS

Clément

Celui qui met un frein à la fureur des flots
Sait aussi des méchans arrêter les complots

Fin de l'interrogatoire de Gabriel DUGUIGNY *émigré* — *Affaire de Louis-Alexandre* D'HARAMBURE, *Lieutenant-général, commandant les troupes du Haut-Rhin et de la Rauracie*

D'après cette déclaration, l'accusateur-public conclut à la peine de mort, conformément à la loi du 23 Octobre 1792, dont il donne lecture, laquelle porte que les émigrés français sont bannis à perpétuité du territoire de la République, et que ceux qui rentreroient d'y rentrer, seront punis de mort.

L'accusé paroît aussi tranquille, que s'il s'agissoit d'un autre que lui, il dit sur les conclusions de l'accusateur-public. *bien obligé*

Le tribunal, d'après la déclaration des jurés, faisant droit sur les conclusions de l'accusateur-public, condamne Gabriel Duguigny à la peine de mort, ordonne que ses biens seront acquis et confisqués au profit de la République, conformément à la loi du 10 Mars dernier.

Avant l'application de la loi, l'accusé dit : il est d'usage qu'un malheureux, condamné à mort, ait droit à quelque indulgence, je demande en grace de pouvoir parler, seul et sans témoin, à la demoiselle Urban ; elle est la seule personne à qui je sois attaché dans ce monde, je fais cette demande, parce que j'ai quelque chose d'important à lui communiquer.

Le président, après le prononcé, annonce au condamné que le tribunal va prendre sa demande en considération (On le fait retirer)

D'après les observations de l'accusateur public, sur les inconvéniens qui pourroient résulter de cette entrevue, le tribunal ordonne que le condamné ne pourra communiquer avec personne.

La demoiselle Urban, avec qui Duguigny vouloit communiquer, avoit été entendue comme témoin ; elle n'a rien déposé ni à charge ni à décharge.

L'exécution a eu lieu sur la place de la

Fac-simile de la première page du Bulletin du Tribunal Révolutionnaire.

L'abonnement était de 3 livres pour 30 numéros pour Paris et de 4 livres pour les départements, franc de port. L'imprimeur Clément, cour des Barnabites, en face le Palais, dans la maison du sieur Nagerand, traiteur, recevait les abonnements. Le compte rendu des procès était fait par Bonnemain et quelques autres qui rédigèrent les 559 numéros qui parurent jusqu'à la mort de Fouquier-Tinville. Mais, moins que Dulac et Tisset, le *Bulletin* avait le souci de l'actualité. A la date du 9 thermidor il publiait le compte rendu des procès de prairial ! Le tribunal allait plus vite en besogne que Clément.

Mais c'est surtout de la page de Pétion, exhumée de la poussière du passé, que s'élève le véritable cri de la conscience nationale, la réprobation envers ces grandes fournées de la Terreur qui, dans le même panier, mêla la tête échevelée de la Dubarry et la tête pensive de Lavoisier.

II

LES PLAISIRS PARMI LA MORT

Sur le mépris — ou la stupeur — de la mort, s'épanouit en 93 la large fleur vénéneuse des plaisirs faciles. Jamais la mort et l'amour ne furent davantage frères que dans la grande crise secouant, galvanisant la vieille société française. Cet amour s'est habitué aux bruits vociférants de l'émeute ; il a souri à la prise de la Bastille, il a souri encore au lendemain de la débâcle de Thermidor. L'estampe populaire qui nous montre l'*Amour sans culotte*, dédaigneux du carquois aux perfides flèches, harnaché du baudrier sur sa nudité rose et joufflue, armé du fusil et coiffé du bicorne du garde national ; cette estampe-là est symbolique. Symbolique aussi cet assignat du domaine de l'Amour qui, dans la guirlande qui l'entoure, s'orne de devises galantes qui s'essaient à imiter les devises terribles des vrais assignats : *L'Amour punit de mort l'indifférence — Domaines de l'Amour — L'amour récompense la fidélité — Vingt-cinq baisers —*

Puis c'est en caractères rococos :

MANDAT
DE VINGT-CINQ BAISERS PAYABLES AU PORTEUR

Série des cœurs *Enregistré au boudoir*
L'an du bonheur *des Grâces*

Et le tout s'accompagne d'un carquois et d'un flambeau croisés parmi une guirlande de roses.

Ce n'est pas la *jeunesse dorée*, la cour de la fille Cabarrus, le Directoire, qui nous offre cette puérilité : c'est la Terreur. On a tout supprimé dans la furie égalitaire : le Roi, la noblesse le clergé, les fermiers-généraux ; on n'a pas supprimé les amoureux. Il y a encore une royauté en France sous la dictature terroriste ; et c'est la royauté de l'Amour.

Au Palais-Egalité où grondèrent les premiers coups de tonnerre de la Révolution, il règne en terre conquise. Là, sous le vol léger des feuilles brûlées de juillet, la Révolution ouvrit ses jeunes ailes hésitantes. Là règne désormais Erôs toujours vainqueur. Plus loin, à quelques pas de là, rugit l'orage permanent de la Convention nationale ; à quelques pas encore, la guillotine fonctionne, place du Carrousel devenue place de la Réunion, et, au delà, il y a la rouge flaque coagulée entre les pavés de la place de la Révolution. Il importe peu. Ce redoutable voisinage n'est pas pour effrayer les reines publiques du jardin des Oliviers des aristocrates. Moins de dix ans après la Terreur, en 1805, l'abbé Cancellieri, dans sa relation du voyage de Pie VII à Paris pour le sacre de Bonaparte, constatera qu'elles sont plus de six mille à rivaliser, le soir, d'élégance et d'audace sous les Galeries de Bois.

« Ce désordre est toléré parce qu'il a été jugé nécessaire dans une cité pleine de militaires, d'étrangers et de libertins », observe le brave bibliothécaire du cardinal Antonelli, et, comme le sacre du Corse heureux l'a préparé à tous les étonnements, il ne manque pas d'en faire la piquante remarque.

Pourtant, en 1805, cette galanterie n'était plus celle de 93. Ce n'était plus le troupeau empanaché, décolleté et bruyant qui comptait parmi ses élégantes la Chevalier, fille du bourreau de Dijon, et la mulâtresse Bersi. Ce qu'en rapportent les contemporains est significatif à cet égard.

Plus tard, dans cette ruée au plaisir, dans ce règne libertin, Robespierre reconnaîtra, à tort, la main des émigrés et des contre-révolutionnaires. L'homme de la probité et de la vertu révolutionnaires s'écriera : « Tout ce qui regrettait l'ancien régime s'est appliqué dès le commencement de la Révolution a arrêter les progrès de la morale publique (1) ». Mais, au président du Tribunal Révolutionnaire, interrogeant : « De quoi vivez-vous ? », l'insolence d'une fille perdue pouvait répondre : « De mes grâces, comme toi de ta guillotine ! (2) »

La guillotine ! Ici encore sa grande ombre oblique et haute s'allongeait. De ces cous roses sous les boucles éparses des coiffures *à la Titus*, combien n'allaient pas connaître le froid baiser de l'acier triangulaire ? Peut-être est-ce cela encore qui ajoutait au charme des femmes de cette époque. Et qu'importait la somme énorme que coûtait le pain (3) devant le prix d'une heure de plaisir ?

(1) *Rapport fait au nom du Comité de Salut public par Maximilien Robespierre sur les rapports des idées religieuses et morales avec les principes républicains et sur les fêtes nationales, 18 floréal*, p. 8.

(2) Beaulieu, *ouvr. cit.* tome V, p. 317.

(3) « Le pain vaut 3 livres 12 sols les 4 livres. Il est fixé à 12 sols les 4 livres, mais on ne peut pas en avoir. Il faut que les hommes passent la journée à l'attendre à la porte du boulanger. Ils perdent une journée de 3 livres. Il vaut donc 3 livres 12 sols les 4 livres ». *Quand aurons-nous du pain ?*

Toutes les femmes n'étaient pas à tapager à la Convention (1), ou à hurler à la guillotine autour des voitures emportant les suspects mis en arrestation (2). Armées d'une coiffure *à la nation*, ou *à la lucarne* (sanglante allusion), ou *à la sans redoute* ; les cheveux bouclés *à la victime* ; la gorge libre dans des *caracos à la sultane* ou à *la cavalière*, quelquefois habillées *à la républicaine* (3), ayant aux oreilles des boucles d'argent à la guillotine (4), elles menaient à travers le Palais-Egalité leurs cortèges impudiques. D'après les élégantes et fraîches aquarelles de Debucourt on se les imagine aisément, ces belles courtisanes de l'ère jacobine. Dans les trente-et-une maisons de jeu du Palais-Egalité (5), elles mettent l'éclat de leurs rires, le charme de leurs fraîches toilettes d'une inspiration civique. Sur les gains quelquefois colossaux, elles prélèvent la dime de leur présence, et on se laisse faire avant que de les suivre dans les soupentes étroites et obscures

Vignette sur une souscription pour une frégate (an II).

(1) « ... les tribunes étaient remplies de mégères hurlant à la guillotine... » *Manuscrit des révélations de Chabot*, Archives nationales.

(2) « ...quelques femmes criaient *à la guillotine* ! » observa Mme Roland lors de son arrestation. *Mémoires de Madame Roland*, tome I, p. 38. Edit. de 1865.

(3) *Journal de Paris*, 19 octobre 1792.

(4) Sébastien MERCIER, *Le Nouveau Paris*.

(5) *Liste des maisons de jeu, académies, tripots. — Dénonciation faite au public sur les dangers du jeu.*

où elles gîtent, sous les combles même du Palais. Dans les quatre mille maisons de jeu établies à Paris (1), il en est presque partout ainsi. L'élégance des femmes diffère seule suivant l'élégance du lieu. Que ce soit au 35 de la rue Traversière Saint-Honoré, au 18 de la rue de la Richelieu, à l'hôtel de Londres, à la place des Petits-Pères, à la rue de Cléry, à la rue Notre-Dame des Victoires, à l'hôtel Radziwill, à la rue des Petits-Pères, à l'hôtel d'Angleterre, dans chacun de ces endroits il y a des joueurs acharnés. Il en sera ainsi, même à l'apogée de la Terreur, dans cette « horrible France (2) » honnie des émigrés.

On se rue au plaisir avec une frénésie sans pareille. La Régence ne connut pas cette fureur.

Est-ce l'ambiance sanglante qui met aux cerveaux cette sorte de névrose que des médecins tentèrent d'analyser depuis dans ses manifestations les plus inattendues ? (3) On ne sait; mais ce qu'on ne saurait dissimuler, c'est qu'il y a là un caractère nettement maladif, étranger au tempérament de la race. Mais l'axe de la raison nationale ne se trouvait-il pas déplacé dans cette explosion d'une société ? Paris grisé longtemps du sang de Septembre devait en retrouver le goût âcre et fort jusque dans les plaisirs.

*
* *

Dans ce temps, sur les tréteaux de la Montansier, du Théâtre de la Nation, la Muse comique triomphait. Ce n'est pas une histoire du théâtre révolutionnaire que nous entreprenons d'écrire ici. Notre sujet nous condamne à plus de brièveté ; mais le rapide coup d'œil

(1) Charon, orateur de la Commune, à l'Assemblée nationale.

(2) Lettre de Louise de Chastillon, princesse de Tarente, au maréchal de Castries, 18 novembre 1790.

(3) Docteurs CABANÈS et NASS, *La Névrose révolutionnaire*.

que nous donnerons à ces manifestations civiques sur la scène nous montrera, une fois de plus, derrière les fantoches de la comédie, l'ombre penchée du rasoir national. Les théâtres abondent. Si nous en croyons les contemporains, les Français disent : « Nous aurons bientôt un théâtre par rue, un acteur par maison, un musicien par cave et un auteur par grenier (1) ». Malgré cette légion de scènes, qui rappelle quelque peu celle dont nous jouissons aujourd'hui, les recettes étaient fructueuses, le public envahissait les parterres, et les élégances, qui n'abdiquent jamais, même au fort des révolutions, mettaient leurs taches claires, bazins rayés, soies fleuries, rubans, plumes et dentelles, aux loges et aux baignoires. « Les théâtres étaient restés ouverts pendant la Terreur ; bien plus, ils n'étaient pas déserts. Les Muses dramatiques au milieu de ces terribles événements, n'étaient restées ni stériles, ni muettes (2) », écrira plus tard un témoin oculaire. Et, de fait, jamais la production dramatique ne fut plus abondante. Ce serait un curieux catalogue à dresser que celui des pièces qui, de 1790 à 1794, triomphèrent sous les applaudissements des clubistes, ou tombèrent sous les vociférations des tape-dur (3). On y trouverait

(1) Le Cousin Jacques (Beffroy de Reigny), *Nouvelles Lunes.* C'est de lui que Camille Desmoulins écrivait, en novembre 1789, dans le prospectus des *Révolutions de France et de Brabant* : « ...le cousin Jacques, un patriote assez zélé pour nous apporter des nouvelles de la lune et entreprendre la messagerie des planètes. »

(2) Antoine-Vincent Arnault, *Souvenirs d'un Sexagénaire.*

(3) « Leur fonction était de tapager, de pousser dans l'air des chansons patriotiques et de vexer les honnêtes gens qui gênaient. Ces janissaires de l'émeute avaient une livrée; larges pantalons, vestes courtes ; la tête ornée d'un casque de fourrure de renard dont, assez ordinairement, le poil, usé au pourtour comme le dessus d'une vieille malle, n'était apparent que vers l'extrémité de la queue de la bête retombant d'une façon galante sur les larges omoplates du porteur ». *Mémoires de Fleury, de la Comédie-Française* (1789-1822).

le *Réveil d'Epiménide* (1) de Carbon-Flins ; le *Philinte de Molière ou la suite du Misanthrope* (2), ces cinq actes charmants du comédien Fabre d'Eglantine ; le *Journaliste des Ombres ou Momus aux Champs-Elysées* (3), pièce héroï-nationale en vers et en un acte, d'Aude ; *Dorval ou le fou par amour* (4), de Ségur jeune ; le *Mari Directeur ou le Déménagement du Couvent* (5), un autre acte de Carbon-Flins ; le fameux drame en prose de Monvel : *les Victimes cloîtrées* (6), la tragédie d'Arnault : *Marius à Minturnes* (7), la reprise *d'Athalie* (8) avec les beaux chœurs de Gossec ; le *Vieux célibataire* (9), de Collin d'Harleville ; *La Mort d'Abel* (10), tragédie de Legouvé; le bruyant *Ami des Lois* (11), de Jean-Louis Laya; le *Conteur ou les deux Postes* (12), de Picard ; et la retentissante *Paméla ou la Vertu récompensée*, (13) de François de Neufchâteau. Pêle-mêle, pour ce travail curieux, s'offriraient toutes ces brochures anciennes, jaunies, où grondent les tirades civiques, où pleure la sensibilité en honneur depuis

(1) Représenté pour la première fois au Théâtre-Français, le 1er janvier 1790.

(2) *Id.*, le 22 février 1790.

(3) *Id.*, le 14 juillet 1790. Parmi les personnages venant vanter les bienfaits de la Constitution figurait Jean-Jacques Rousseau. Le rôle était joué par Talma.

(4) Première représentation au Théâtre-Français le 29 janvier 1791.

(5) *Id.*, le 25 février 1791.

(6) *Id.*, le 29 mars 1791.

(7) *Id.*, le 19 mai 1791.

(8) *Id.*, le 17 juin 1791.

(9) *Id.*, le 24 février 1791.

(10) *Id.*, le 6 mars 1792.

(11) *Id.*, le 2 janvier 1793.

(12) *Id.*, le 4 février 1793.

(13) *Id.*, le 1er août 1793. La pièce parut à Avignon en l'an V, in-8°.

l'*Emile.* C'est le *Bon Fermier* (1), de C.-J.-A. Ségur le cadet ; l'*Intérieur des Comités révolutionnaires ou les Aristides modernes* (2), du citoyen Ducancel ; la *Mar-*

THEATRE DU MARAIS

SOUS LA SURVEILLANCE DE LA NOUVELLE ADMINISTRATION.

DEMAIN 2? Thermidor, AU BENEFICE D'UNE ARTISTE.

Une représentation de LA

COQUETE CORRIGÉE,

Comédie en cinq actes, suivie

DU DÉGUISEMENT,

Comédie en un acte.

Les principaux Rôles seront remplis par les CC. *Devigni*, *Garnier*, *Leroy*. Les Cnes. *Jadin*, *Amenaide*, *Legrand*, *Leroy*.

Pour la location des Loges, s'adresser au Théâtre, au Bureau de l'Administration.

PRIX DES PLACES.

Loges du Theâtre et Balcons. 6 liv. Premières Loges, Orchestre, Premières Galeries 3 liv.

Deuxièmes Loges et Baignoires. 2 liv. 10 f. Troisiemes Loges. 1 liv. 15 f.

Quatrièmes. 1 liv. 5 f. Parterre. 1 liv.

Les Places du Paradis sont suprimées affin que le Lustre puisse être sufisament baissé pour procurer plus de lumieres à l'intérieur de la Salle.

Une affiche de spectacle sous la Terreur.

quise de Pompadour ou Germon et Juliette (3), du citoyen Cubières ; le *Dîner d'un Héros* (4); les *Femmes*

(1) *Le bon Fermier*, comédie en un acte en prose, par C.-J.-A. Ségur le cadet, *Paris, sans date*, an III, in-8°.

(2) *L'intérieur des Comités révolutionnaires ou les Aristides modernes.....* comédie en trois actes en prose, par le citoyen Ducancel, *Paris*, an V, in-8°.

(3) *La Marquise de Pompadour ou Germon et Juliette*, comédie en trois actes en prose par le citoyen Cubières, Paris, an V, in-8°; 62 p. Du même signalons encore un drame historique : *La Marquise de Chantal*, Paris, an V, in-8°.

(4) *Le Dîner d'un Héros*, trait historique en un acte et en prose par Rouhier-Deschamps et Arm. Gouffé, Paris, 1798.

politiques (1); *Wenzel ou le magistrat du peuple* (2); le *Triomphe de la Raison ou les Fêtes républicaines* (3); *Collot dans Lyon* (4); *Le Champ-de-Mars ou la régénération de la France* (5); *la Veuve Calas à Paris ou le Triomphe de Voltaire* (6); *Jean Calas* (7)... Mais elles sont trop, et leur liste oubliée pourrait s'étendre ici interminable, évocatrice de ces triomphes fanés. Il faut se borner. Cependant, parmi tous ces titres, deux ou trois retiennent encore aujourd'hui l'attention. Aux jacobins de 93 le nom de Voltaire est toujours cher, et quand la *Mort de César* apparaît sur l'affiche du Théâtre-Français, la salle est pleine bien avant le lever du rideau. En le défenseur de Calas et de la Barre on acclame le précurseur de la Révolution, le prophète qui, en 1762, pouvait écrire : « Tout ce que je vois jette les semences d'une révolution qui arrivera immanquablement et dont je n'aurai pas le plaisir d'être témoin. La lumière s'est tellement répandue de proche en proche qu'on éclatera à la première occasion, et alors ce sera un beau tapage. Les jeunes gens sont bien heureux. Ils verront bien

(1) *Les femmes politiques*, comédie en 3 actes et en vers par citoyen Gosse. *Paris*, an VIII, in-8°, 56 p.

(2) *Wenzel ou le Représentant du peuple*, opéra, paroles de Pillet, musique de la Durner, *Paris*, an III, in-8.

(3) *Le Triomphe de la Raison ou les fêtes républicaines*, par H. Rosière, représenté sur le théâtre de Montpellier le 3 vendémiaire, an III, in-8.

(4) *Collot dans Lyon*, tragédie en vers et en cinq actes, dédiée aux membres de la Convention victimes de la tyrannie au 31 mai 1793, par Fonvieille aîné, de Toulouse, an III, in-8, 88 pages.

(5) *Le Champ de Mars ou la régénération de la France*, divertissement en un acte et en prose par Pellet-Desbarreaux, représenté pour la première fois sur le théâtre de Toulouse, le 16 août 1789. In-8, 27 pages.

(6) *La Veuve Calas à Paris ou le Triomphe de Voltaire*, par J. B. Pujoulx, Paris, 1791, in-8.

(7) *Jean Calas*, tragédie par J. M. Chénier, Paris, 1793, in-8.

des choses (1) ». Les jeunes gens de 1762 sont des hommes en 1793 et le beau tapage prédit par Voltaire est arrivé. C'est lui qui inspirera les poètes et les législateurs de l'époque, et comment ne pas délirer d'enthousiasme à ces vers, si extraordinairement d'actualité après cinquante ans :

Non, n'imitons personne, et servons tous d'exemple !
C'est nous, braves amis, que l'univers contemple !

Cela dit, on traîne sur la scène le buste du poète et on coiffe la majestueuse perruque à rouleaux d'un bonnet rouge. Et cette gloire aura sa définitive consécration le 21 janvier quand, quelques heures après que la tête du Roi sera tombée, le Théâtre-Français donnera en spectacle une pièce de l'amant de la divine Emilie.

Quelquefois, autour d'une pièce, c'est l'émeute, comme pour l'*Ami des Lois*. Cela fouaille les hommes du jour et les admirateurs de l'Incorruptible sifflent Nomophage, et les fervents amis de Jean-Paul Marat huent Duricrâne (2). Les tape-dur entrent en scène, la pièce est dénoncée aux Jacobins et un arrêt de la Commune la suspend. On traîne du canon au carrefour Buci pour faire respecter l'arrêt. La Convention intervient et son décret, en autorisant la pièce, calme l'émeute populaire qui gronde autour des tréteaux comiques.

Puis c'est la *Paméla* de François (de Neufchâteau)

(1) On ne manquera pas de rapprocher ce fragment des quelques lignes écrites, en 1770, par Jean-Jacques Rousseau : « Nous approchons de l'état de crise et de révolution. Je tiens pour impossible que les grandes monarchies de l'Europe aient encore longtemps à durer ; toutes ont brillé et tout Etat qui brille est sur son déclin ».

(2) « Tout le monde reconnut Robespierre dans Nomophage et Marat dans Duricrâne ». ETIENNE, *Histoire du Théâtre Français*. C'était Saint-Prix qui jouait Nomophage.

qui crée, elle aussi, un beau tapage. Mais cette fois les comédiens vont en prison, où un obscur employé du Comité du Salut Public, la Bussière, les sauve. La politique a allumé la noire torche de la discorde au Théâtre-Français ; Talma qui hait la royauté, empoigne au collet Naudet, qui déteste la république. C'est un duel, c'est une rupture. Talma emmène ses partisans au Théâtre du Palais-Royal : Grammont, Dugazon, la Vestris, la Desgarçins, Julie Candeille, la belle maîtresse de Vergniaud (1). Naudet reste au théâtre de la Nation avec Fleury, Dazincourt, Mlle Contat. L'affaire de *Paméla* leur donne un autre gîte. Tandis qu'on les oublie en prison, la guillotine choisit sa proie parmi les comédiens.

Le 16 octobre 1793, autour de la charrette menant, par la rue Saint-Honoré, Marie-Antoinette au lieu du supplice, on a vu caracoler, le sabre haut, le comédien Nourry, dit Grammont. De la voix large et sonore qui, au théâtre Montansier, lui valut quelques succès dans les rôles de tyrans (2), il criait allégrement :

— La voilà l'Autrichienne, mes amis ! Elle est foutue !

Comme au théâtre, cet homme prétendait jouer un rôle dans la tragédie révolutionnaire. Il le joua courageusement, cyniquement, jusqu'au bout.

Le 24 germinal an II, il suivait, peut-être sur la même charrette, le trajet accompli quelques mois auparavant par la reine de France. Celle-ci était seule. L'ancien acteur de la Montansier, le ci-devant adjudant-général de l'armée révolutionnaire, compris dans la conspira-

(1) « La citoyenne-comédienne » Julie Candeille était l'auteur de *Catherine ou la belle fermière*, qui eut plus de trois cents représentations.

(2) *Biographie moderne ou galerie historique, civile, militaire, politique, littéraire et judiciaire*, tome III, p. 53. A Paris, chez Alexis Eymery, 1816.

tion des athéistes (1), était accompagné de dix-huit complices parmi lesquels figuraient la veuve Desmoulins et la veuve du père Duchêne. A côté de lui, sur la charrette, se tenait, debout, son fils âgé de dix-neuf ans, officier dans la cavalerie révolutionnaire. On arriva à la place de l'exécution. Monté sur l'échafaud le fils dansa (2). Le père mourut comme il avait vécu — théâtralement.

Sanson montra sa tête. La foule cria : Bravo !
Ce fut son dernier succès.

(1) Motifs de la condamnation : « Comme convaincus d'être les auteurs ou complices d'une conspiration contre la liberté, la sûreté et la souveraineté du Peuple, tendant à troubler l'Etat par une guerre civile, en armant les citoyens les uns contre les autres, et contre l'exercice de l'autorité légitime ; par suite de laquelle, dans le courant de ventôse, des conjurés devaient dissoudre la représentation nationale, assassiner ses membres et les patriotes, détruire le gouvernement républicain, s'emparer de la souveraineté du peuple, rétablir la monarchie et donner un tyran à l'Etat ». Les dix-huit de la fournée étaient : Chaumette ; Gobel ; Arthur Dillon ; Ernest Bucher ; Lacombe ; Lasalle ; Lapallu ; Rameau ; Brumeaux-Lacroix ; Nourry-Grammont père ; Nourry-Grammont fils ; Duret ; Lebrasse ; Beysser ; Barras ; Simon, député à la Convention nationale ; Laridon-Duplessis, femme Camille Desmoulins ; Goupil, veuve Hébert, dit Père Duchêne. — Lucile complice de Grammont !

(2) *Biographie moderne*, p. 54.

III

LE ROMAN COMIQUE DE LA GUILLOTINE

Le hasard des voyages ou des excursions vous mène souvent en des villes de province qui, paisibles et silencieuses, somnolent au bord d'une rivière bleue ou sous l'ombre allongée des arbres de leurs vieux remparts. C'est la quiétude provinciale dans toute sa grise mélancolie. Des vieillards immobiles se chauffent au tiède soleil de l'arrière-saison sur les esplanades ou sur le mail. Dans l'air doucement bleu pointe le clocher de la cathédrale. Des vols d'oiseaux rayent le ciel uni.

Ces villes de province sont aujourd'hui ce qu'elles étaient au début de la Révolution. Le tonnerre de Paris y venait mourir en murmures atténués, et si l'exécution du roi y semait l'épouvante, du moins celle-ci restait-elle secrète, silencieuse, derrière les murs où les siècles avaient mis leur patine luisante.

Mais brusquement cette paix était troublée. La vieille petite ville provinciale semblait s'éveiller d'un long sommeil. Les turbulents du faubourg fondaient un club ou une société patriotique. Les Jacobins et les Cordeliers poussaient jusque-là leurs ramifications. C'en était fait désormais de la quiétude où se berçait la ville morne. La rafale révolutionnaire passait sur elle, secouait la poussière des siècles. Et un matin, un étrange cortège débouchait sur le mail. Sous la bâche d'une charrette réquisitionnée gisaient des pièces de bois oblongues, neuves. A la tête du cortège, précédant des gardes nationaux et des citoyens enthousiastes, marchait ou chevauchait, ceinturé de tricolore, un homme au grand bicorne empanaché, en bataille.

C'était la guillotine qui, avec le représentant du peuple en mission, faisait son entrée.

Dans cette ville éloignée, l'homme représentait « cette autorité révolutionnaire qui a fait tant de merveilles » (1), et avait pour mission d'appliquer les principes de la « diplomatie acerbe » qu'était la Terreur, suivant l'expression de Barère (2). Cette tâche l'article que nous avons cité de Pétion nous dit comment elle s'exécutait : « Les commissaires de la Convention nationale sont dans l'usage d'en traîner plusieurs à leur suite pour les exposer dans les lieux où ils passent. Si l'aspect momentané de ces machines n'opère pas le bien qu'ils attendent ils les mettent (suivant leurs expressions) *en permanence*. Alors le remède est souverain (et suivant encore leurs expressions) *ça va* ».

Après l'ouvrage de M. Wallon sur les *Représentants du peuple en mission*, nous ne pouvons apporter au roman comique de la guillotine en voyage que la contribution d'un résumé de faits saillants. Puisés à des sources diverses et rapprochés, ils éclairent d'une lueur particulière cette phase de l'épopée de la fille à Guillotin. On comprend alors la stupeur qui s'abattit sur les départements paisibles qui se croyaient à l'abri de la tourmente, à l'aspect de la redoutable machine, dressée en permanence, sur ces mails et ces

(1) La HARPE, *Le Mercure Français*, 8 mars 1794.
(2) Maria WILLIAMS, *Souvenirs de la Révolution*.

places jusqu'alors réservés aux jeux innocents des enfants et aux lentes promenades des vieillards. Souvent le rouge tréteau était drapé de drapeaux tricolores. A Arras, Lebon, le doux Lebon (1), y ajoutait un orchestre, et on allait voir « tomber les abricots (2) » au son du *Ça Ira*. Là, la guillotine était le véritable épouvantail, et Caron, l'accusateur public, écrivait à ce propos : « Les aristocrates triomphent quand la guillotine se repose seulement deux jours ». Le proconsulat de Lebon la priva, souventes fois, de ces loisirs déplorés par Caron. Chemises ouvertes, poitrines à nu, coiffés du bonnet civique et leurs sabres sur les genoux, les juges du tribunal révolutionnaire d'Arras comptaient parmi les ***bougres à poil*** (3) du département. Aussi Lebon les conviait-il à venir assister avec lui, du balcon du théâtre, sur la place de la Comédie, aux belles fournées.

Ce furent ces distractions et ces plaisirs-là qu'il expia le 13 vendémiaire an IV, sur cette même place, sur ce même échafaud dressé par sa toute-puissance autocratique et terroriste (4). Lebon aimait la

(1) Louise Fusil, *Souvenirs d'une actrice,*

(2 P. J. Thénard, *Quelques souvenirs de la Terreur à Cambrai.*

(3) *Rapport de Courtois*, p. 67.

(4) Le 21 thermidor an III, sur le rapport de Deutzel, Lequinio, Lefiot, Lanot, Bô, Chaudron-Rousseau, Piorry, Massieux, et Fouchet (de Nantes) furent décrétés d'arrestation relativement « à leur tyrannie exercée pendant leur proconsulat » dans les départements. Dupin (de l'Aisne) échappé ou oublié, fut décrété d'arrestation le 23 thermidor. L'échafaud l'épargna. Il vécut et mourut obscurément.

Pour plus de détails sur Joseph Lebon nous renvoyons le lecteur à quelques ouvrages curieux : E. Lecesne, *Arras sous la Révolution*, Arras, 1882, 3 vol. in-8° ; *Les Angoisses de la mort ou idées des horreurs des prisons d'Arras en* 1793, Paris, an III, 1 vol. in-18 (108 pp.) ; A. J. Paris, licencié ès-lettres et docteur en droit, *La Terreur dans le Pas-de-Calais et dans le Nord*, Arras, 1 vol. in-8 ; du même auteur : *Histoire de*

musique ; Borie-Cambort, représentant de la Corrèze, prisait la danse. Envoyé en mission dans le Gard, il s'arrêta à Uzès et ce fut pour danser, en bicorne et en écharpe, un pas guilleret devant la guillotine.

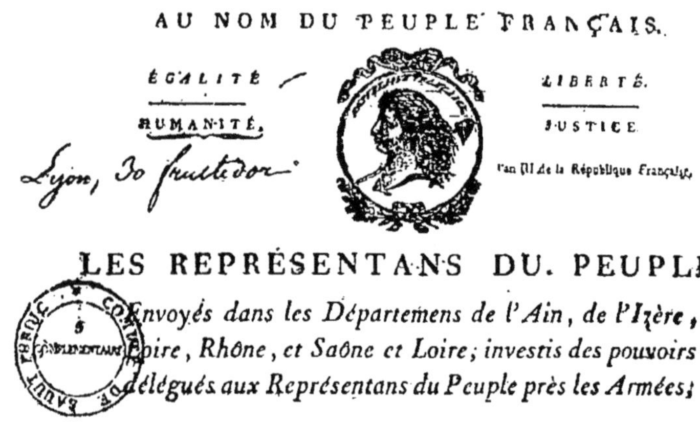

Vignette de papier à lettres de représentants du peuple en mission dans les départements.

« Les têtes tombent, et, pouf, pouf, ça va ! » (1) disait le policier Héron. A Lyon, après le répression de Collot d'Herbois, il en fut de même, et Chassagnon, en philosophe qui veut s'habituer à l'idée de la mort, s'en allait assister à toutes les guillotinades. Que devint cet amateur ? On ne sait. Peut-être mourut-il paisiblement, oublié et inconnu, et dans son lit, à un

Joseph Lebon et des tribunaux révolutionnaires d'Arras et de Cambrai, Arras, 1864. Le chapitre, forcément restreint, que nous consacrons à la guillotine dans les départements ne nous permet pas de nous étendre plus longuement sur la mission de Joseph Lebon, une des plus curieuses à étudier avec celles de Carrier à Nantes, de Jullien à Bordeaux, de Saint-Just sur le Rhin et de Collot d'Herbois à Lyon.

(1) SÉNAR, *Mémoires.*

âge avancé. On a vu de ces ironies du destin (1). C'est une tragique correspondance que celle des représentants en mission. Entre les lignes on peut compter le nombre des têtes coupées et comment ne pas frissonner aux mots d'Hérault de Séchelles : « J'ai dressé quelques guillotines sur ma route et je vois qu'elles ont produit un excellent effet ? » Ne vous semble-t-il pas entendre le coup sec du couteau s'abattant sur la lunette ? A Strasbourg, « Sainte Guillotine est dans la plus brillante activité (2) » ; à Boulogne, la besogne marche bon train et Dumont peut écrire à la Convention, qui lui en saura gré (du moins il le souhaite) : « Citoyens collègues, je vous marquais, il y a deux jours, la cruelle situation dans laquelle se trouvaient les sans-culottes de Boulogne et la criminelle gestion des administrateurs et officiers municipaux. Je vous en dis autant de Montreuil, et j'ai usé en cette dernière ville de mon excellent remède : la guillotine... Quarante-quatre charrettes ont emmené devant moi les personnes (3) ». A Bordeaux on rêve d'aller plus vite. Robespierre y a envoyé en mission le montagnard Marc-Antoine Jullien, conventionnel de la Drôme. Ses partisans sont devenus les *juliénistes*, et, sur l'un deux, il existe une curieuse notice qui doit trouver sa place

(1) Pour la mission de Collot d'Herbois à Ville-Affranchie voir : DELANDINE, *Tableau des prisons de Lyon pour servir à l'histoire de la tyrannie de 1792 à 1793 ;* Lyon, 1797, 1 vol. in-12 (336 p. p.) Le frontispice en est des plus intéressants. Le citoyen Maurille, de Lyon, *Les Crimes des Jacobins de Lyon, depuis 1792 jusqu'au 9 thermidor ;* Lyon, an IX — 1801, 1 vol. in-12 (220 p. p.) avec une vignette réprésentant le tribunal révolutionnaire ; Abbé Aimé GUILLON : *Histoire du siège de Lyon, des événements qui l'ont précédé, ainsi que leurs causes secrètes, générales et particulières ;* Paris et Lyon, 1797, 2 vol. in-8.

(2) Gatteau à Daubigny, Strasbourg, 27 brumaire an II.

(3) Dumont à la Convention nationale, 1er octobre 1793.

ici : « Seguy, *Jean*, chirurgien, ex-municipal, juliéniste et buveur de sang. Ce tygre donna l'ordre de construire la guillotine à quatre tranchants... ». Ce détail nous est donné par un pamphlet anonyme paru, en 1803, à Bordeaux, et dont voici le titre, interminable comme la plupart de ceux des brochures politiques de l'époque : *Liste par ordre alphabétique des hommes de sang et dénonciateurs qui ont le plus signalé* (sic) *leurs atrocités à Bordeaux, pendant le régime affreux de l'an deuxième de la République ; convaincus d'après les recherches faites, pièces compulsées au greffe criminel et autres renseignements donnés par des honnêtes gens des vingt-huit sections.* La brochure fut attribuée à Jean-Louis Tisseyre, imprimeur, rue du Loup, n° 70, à Joseph Bourguignon, instituteur, rue du Pont-Long, n° 16, et à Germain aîné, doreur, rue de la Justice. Poursuivis deux fois de ce chef, à Bordeaux, en février 1803, et à Libourne, le 25 avril 1804, ils furent acquittés. La particularité qu'ils signalent à l'actif du chirurgien Seguy serait intéressante au point de vue de l'étude des mœurs révolutionnaires en province, si elle n'était entachée d'une évidente exagération. Cette redoutable guillotine à plusieurs tranchants a longtemps été le *leitmotiv* des imprécations de ceux-là que la Terreur frappa. Il le faut dire : jamais des documents sérieux ne vinrent appuyer cette affirmation dont la fantaisie peut aller rejoindre les fameuses tanneries en peau humaine de Meudon. La vieille marquise de Créquy, dont les malheurs sous la Révolution et le grand âge avaient considérablement affaibli l'intelligence, fait rapporter cependant, par celui qui rédigea et arrangea ses mémoires, qu'une guillotine à neuf tranchants fut essayée à Paris. Elle dit : « ... afin de suppléer à l'insuffisance de la guillotine, on fit conditionner une autre machine avec neuf tranchants, qui devaient retomber ensemble. On en fit l'expé-

Comparution de Louis XVI devant la Convention
(11 décembre 1792)

Nouvelle comparution de Louis XVI devant la Convention
(26 décembre 1792)

D'après une estampe hollandaise.

rience au milieu de la cour de Bicêtre, mais l'expérience ne réussit pas (1) ». La marquise de Créquy confond certainement avec les essais faits à Bicêtre par le docteur Louis. Ses souvenirs ne pèchent que sur un point : c'est que la guillotine n'avait qu'un seul tranchant (2).

Revenons au voyage du glaive des lois à travers les départements de la République.

Marmontel, dans ses *Mémoires* (3), a raconté qu'on se servait quelquefois à table de petites guillotines. Le fait a été souvent contesté. Cependant le *Moniteur* en donna, le 18 prairial an III (6 juin 1795), la confirmation en ces termes : « Le représentant Lejeune pour repaître son imagination sanguinaire, avait fait construire une petite guillotine avec laquelle il coupait le cou à toutes les volailles destinées pour sa table ; il s'en servait même pour couper les fruits. Souvent, au milieu des repas, il se faisait apporter cet instrument de mort et en faisait admirer le jeu à tous les convives. Cette guillotine est déposée au Comité de Législation (4) ».

Il est à peine besoin, dans cette énumération, de

(1) *Souvenirs de la marquise de Créquy* (de 1710 à 1803), tome VIII, p. 158.

(2) Neuf tranchants, c'est aussi le chiffre que donne Galart de Montjoye à cette extraordinaire guillotine. Il en attribue naturellement l'idée à Robespierre : « Le fer de la guillotine n'alloit point assez vite à son gré. On lui parla d'un glaive qui frapperoit neuf têtes à la fois ; cette invention lui plut : on en fit des expériences à Bicêtre ; elles ne réussirent pas ; mais l'humanité n'y gagna rien ». *Histoire de la Conjuration de Maximilien Robespierre*, p. 159. *Les Souvenirs de la marquise de Créquy* étant apocryphes, l'anecdote a vraisemblablement été empruntée au fécond Montjoye.

(3) Marmontel, *Mémoires*, publiés avec une préface, notes et tables par Maurice Tourneux, tome III.

(4) Il convient cependant de noter que cette accusation a été portée contre Lejeune par les thermidoriens. On ne saurait donc la signaler que sous toutes réserves.

rappeler le proconsulat de Carrier à Nantes. Ce n'est cependant pas le monstre atroce qu'on s'est plu à nous représenter à l'envi. D'autres ont tenté de dégager cette tragique figure des ombres où on l'enveloppe si complaisamment.

Lyon s'étant révolté, la Convention, sur le rapport de Tallien, dans la séance du 25 février, envoya pour rétablir l'ordre trois commissaires : Bazire, Rovere et Legendre. A cette nouvelle, un journaliste accourut à Paris, pour protester contre le rapport de l'amant de la Cabarrus, et dans une lettre qu'il publia à ce sujet, il s'écriait, en un de ces beaux transports dont le style de 93 est coutumier : « Notre révolution ne peut-elle donc s'affermir que par le sang des victimes ? »

Ce journaliste c'était Carrier, le Carrier de Nantes. N'est-elle pas curieuse cette figure du « monstre », du « buveur de sang », de l'homme des « mariages républicains », surprise ainsi dans la pénombre de ses débuts ? Celui-ci aussi fut gagné par l'ivresse du sang, subit cette névrose qui faisait au pitoyable Marat réclamer les « cent mille têtes » de l'épuration nationale. Angoissante époque où l'ambiance demeurait victorieuse des plus solides et des plus austères caractères !

Pour tous, Carrier demeure un « Néron de mauvais lieux (1) », le protoype de la brute livrée à tous ses instincts. Lors de son procès qui dura du 7 frimaire

(1) Théophile Lavallée, *Histoire des Français*, 1847 ; tome IV, p. 147.

an II (27 novembre) au 25 frimaire an III (15 décembre 1794) et qui se termina par sa condamnation à mort, les pamphlets les plus violents s'abattirent sur cet homme déjà empoigné à la gorge. La réaction thermidorienne eut raison du terroriste. Cette tête-là tomba elle aussi, en expiation (1).

Avant 1789, la plupart de ces hommes terribles de 93 étaient des citoyens graves, sévères, modestes et dignes, procureurs, avocats, juges portant avec honneur la toge, rouages du régime royal. La Révolution vient, les déracine violemment, et on trouve un de ces avocats (2), Albitte, devenu représentant de la Seine-Inférieure, faisant guillotiner, à l'anniversaire du 21 janvier, les effigies des souverains régnants. En 1794 il est en mission à l'armée des Alpes où son éloquence rude et brève, froide et électrique, galvanise de son souffle les bataillons.

Il incarne dans ce département lointain la Convention avec tout ce qu'elle a de grand, de fougueux. C'est, parmi ces sans-culottes soldats, le glaive vivant de la Révolution. Et il fait brûler une statue de femme représentant la ville de Toulon rebelle !

L'exemple donné par Albitte des souverains guillotinés en effigie à la face de l'armée, est suivi. D'autres hissent des saints de bois, pris aux églises,

(1) La vie de Carrier a été remarquablement étudiée par le comte Fleury, dans *Un grand terroriste : Carrier à Nantes* (1 vol. in-16). Parmi les brochures de l'époque signalons cell parue en l'an III et devenue excessivement rare : *La Loire vengée ou recueil historique des crimes de Carrier et du Comit révolutionnaire de Nantes, avec les détails de la procédure e des moyens employés par ces scélérats et leurs complices pou se soustraire au glaive de la loi* (2 vol. in-8°).

(2) La Convention compta parmi ses membres 211 avocats, 71 hommes de loi, 36 procureurs ou substituts, 32 notaires, 27 magistrats de district, 26 juges, 4 huissiers, 4 greffiers 1 président à mortier, 1 président de cour, 1 conseiller à la Cour des comptes et 1 seul paysan sans instruction.

sur l'échafaud (1). Après le symbole de la Royauté, c'est le symbole de la Religion qui subit le supplice infamant.

Partout se propage le culte de la guillotine.

Le département de l'Yonne avait envoyé à la Convention l'épicier Maure, d'Auxerre. Il s'y distingua par un patriotisme bruyant et zélé, se vantant, le 26 janvier 1794, aux Jacobins, d'avoir été appelé *Mon fils !* par l'Ami du peuple. Ce patriotisme le porta à imaginer la Fête de la Terreur où, processionnellement, la guillotine devait être promenée (2). Il ne devait point échapper a une mort violente, mais ce ne fut point celle de l'objet de son nouveau culte. Menacé d'un décret d'accusation, il se brûla la cervelle, le 4 juin 1795.

Partout aussi se propagea la terreur du « rasoir » national. Les Vendéens le voyaient avec épouvante se dresser sur les places publiques des villes en insurrection. Leurs prêtres les entraînaient au combat en faisant apparaître, par des tours de prestidigitation, des hommes portant au cou la marque rouge du couperet égalitaire (3).

Ces sinistres cortèges de la Guillotine sillonnèrent la France. Le bourreau — officiel ou volontaire — les

(1) « Les saints de bois étaient guillotinés ». J. MICHELET, *La Révolution Française*, tome VI, *la Terreur*, préface de 1869, XVI.

(2) H. WALLON, *Les Représentants du peuple en mission et la justice révolutionnaire dans les départements en l'an* II, tome V, p. 239.

(3) *Mémoires de Mercier du Rocher*, administrateur du département de la Vendée. « Les prêtres n'ont-ils pas allumé la rage des brigands de la Vendée, par la promesse de ressusciter au bout de trois jours ? N'est-ce pas cet espoir qui les enhardissait à s'élancer sans armes sur nos batteries et à s'en emparer avec fureur ? » dit Vadier dans le *Rapport et projet de décret présentés à la Convention nationale au nom des comités de Sûreté Générale et de salut public, dans la séance du 27 prairial an II.*

escortait. Des rapports de municipalité nous relatent les incidents quelquefois piquants du voyage. Là, le chariot avec les bois de justice s'est embourbé. Des citoyens de bonne volonté s'offrent à le sortir de l'ornière. On réquisitionne des chevaux et c'est de nuit, dans la ténèbre complice, que le cortège fait son entrée dans la ville endormie. Le fait arriva à Bayonne (1).

Signature de Joseph Lebon.

Un des soirs de l'automne dernier, dans ce décor de ville somnolente, dans la verte ceinture de ses remparts abandonnés, nous avons évoqué la scène d'autrefois. Les hommes attelés à la charrette, pliaient sous

(1) Tradition locale et communication particulière. Le 3 mars 1794 les conventionnels Cavaignac et Pinet avaient institué à Bayonne une commission extraordinaire.

Sur la Terreur en province, consulter : Albert BABEAU, *Histoire de Troyes pendant la Révolution* (1787-1800), Paris, 1873, 2 vol. in-8 ; L. QUÉNAULT, *Coutances en 1793 — La Terreur dans une ville de province ; étude historique*, Coutances, 1862, in-12 (93 pp.) ; DUPRÉ, *Souvenirs de la Terreur à Blois*, Blois, 1877, in-12 ; J. X. Carré de BUSSEROLLE, *Souvenirs de la Révolution dans le département d'Indre-et-Loire* (1790-1798), Tours, 1864, 1 vol. in-12 ; A. C. THIBAUDEAU *Histoire du terrorisme dans le département de la Vienne*, Paris, 1793, in-8 (84 pp.) ; Albert TERRADE, *La Guillotine et ses divers emplacements à Versailles ;* Versailles, 1903, in-8 ; P. VERHAEGEN, membre de la société d'archéologie de Bruxelles, *Le Tribunal révolutionnaire de Bruxelles* (1794-1795), Bruxelles, 1893, in-8 (35 pp.).

la corde, la hâlant. Dans la boue du chemin, les essieux criaient. Des voix encourageaient le nocturne labeur. Et sans doute les pièces de bois heurtées, secouées, avaient ce bruit large et profond des forêts frissonnantes au vent de l'automne. C'est ainsi que la Révolution, armée de son glaive, entrait dans la vieille Bayonne qui semble, de son violent et furtif passage, avoir conservé entre ses murs usés le reflet des torches fumeuses qui éclairaient cette tragique marche à la mort. Et, ainsi que ce soir d'automne, la Nive bleue à peine murmurante et l'Adour morne devaient battre le vieux quai de pierre.

A l'aube, quand la ville s'éveilla, la guillotine était dressée à l'étape de son roman comique.

IV

LES CHANSONS DE « LOUISON »

S'il est permis de dire qu'en France tout finit par des chansons, il n'est pas exagéré d'ajouter que, bien souvent, tout commence par des couplets.

Le docteur Ignace Guillotin et sa philanthropique invention ne devaient pas échapper à la règle commune. « Guillotin n'était pas un orateur, dit M. Dubois, c'était un honnête homme animé d'excellentes intentions, mais imbu des nouvelles idées. Il n'en fallut pas davantage pour qu'il devînt l'objet d'attaques et de moqueries continuelles. On se mit à le chansonner... » (1).

Ce sont, en effet, les adversaires des idées révolutionnaires qui ouvrirent le feu contre le docteur Guillotin. Les *Actes des Apôtres*, dans le N° LIX, prétendent, que M. Guillotin, *tranche un peu dans le vif.*

(1) *Recherches historiques sur les derniers jours de Louis et de Vicq d'Azyr*, discours lu à l'Académie de médecine par M. Dubois, d'Amiens, secrétaire perpétuel. (*Bulletin de l'Académie de médecine* ; Paris, 1866 ; tome XXXII, p. 9 et suiv.) Cité par le docteur Cabanès.

Pour corser la plaisanterie, un rédacteur anonyme (1) l'accompagne d'une chanson sur l'air du menuet d'Exaudet, et cela s'intitule : « *Sur l'inimitable machine du médecin Guillotin propre à couper les têtes et dite de son nom : guillotine* ».

Guillotin,
Médecin
Politique,
Imagine un beau matin
Que pendre est inhumain
Et peu patriotique.
Aussitôt
Il lui faut
Un supplice
Qui sans corde ni poteau
Supprime du bourreau
L'office.

Le couplet devient plus agressif :

C'est en vain que l'on publie
Que c'est pure jalousie
D'un suppôt
Du tripot
D'Hippocrate,
Que d'occire impunément,
Même exclusivement
Il se flatte.

Le Romain
Guillotin,
Qui s'apprête,
Consulte gens du métier,
Barnave et Chapelier,
Même le coupe-tête,

(1) « J'ai lieu de croire que cette chanson fut faite par le marquis de BONNAY ». *Mémoires de M. le comte de Montlosier sur la Révolution Française*, 1755-1792 ; Paris, 1830, in-8 ; tome I, p. 349.

Et sa main
Fait soudain
La machine
Qui simplement vous tuera,
Et que l'on nommera
Guillotine.

Puis, c'est le *Prospectus d'un nouveau Journal* (cité par les Goncourt) qui s'empare de cette actualité pour l'exécuter (c'est le mot) en des couplets lestement tournés. Le premier se chante sur l'air : *Paris est au roi :*

Monsieur Guillotin
Ce grand médecin
Que l'amour du prochain
Occupe sans fin,
Un papier en main,
S'avance soudain,
Prend la parole enfin,
Et d'un air bénin
. . . .

Air de l'*Amoureuse de quinze ans :*

En rêvant à la sourdine
J'ai fait une machine
Tra la la la , la la la, la la, la la la, la la, la la la,
Qui met les têtes à bas !

Le troisième couplet exige l'air : *A la façon de Barbari :*

C'est un mécanisme nouveau
D'un effet admirable ;
Je l'ai tiré de mon cerveau,
Sans me donner au diable.
Un décollé de ma façon,
Lafaridondaine,
Lafaridondon,

Me dira : « Monsieur, grand merci,
Biribi,
A la façon de Barbari,
Mon ami.

Et sur l'air de « *Quand la mer rouge apparut* » se clôt le pot-pourri :

C'est un coup que l'on reçoit,
Avant qu'on s'en doute,
A peine on s'en aperçoit
Car on n'y voit goutte.
Un certain ressort caché,
Tout à coup étant lâché,
Fait tomber, ber, ber,
Fait sauter, ter, ter,
Fait tomber,
Fait sauter,
Fait voler la tête,
C'est bien plus honnête !

Les femmes elles-mêmes s'en mêlent. Mlle Contat, en prison, — dont le 9 thermidor, suivant la formule classique et consacrée, la sauva — composa le couplet que voici qu'elle se proposait de chanter sur la charrette, dans le parcours du dernier cortège. Soyons aussi indulgents pour la poésie que pour le dernier jeu de scène que cette aimable et jolie personne méditait :

Je vais monter sur l'échafaud :
Ce n'est que changer de théâtre.
Vous pouvez, citoyen bourreau,
M'assassiner, mais non m'abattre.
Ainsi finit la Royauté,
La valeur, la grâce enfantine...
Le niveau de l'égalité
C'est le fer de la guillotine (1).

(1) « Si Mlle Contat, dont on s'est plu souvent à louer l'esprit, est effectivement l'auteur de ce couplet, il faut avouer que sa muse était indigente ». A. POUGIN, *La Comédie-Française et la Révolution*, p. 152.

Rude et violente époque où la mort faisait le sujet des ritournelles ! Jours violents où, après le *cœur sacré* de Marat, les Droits de l'homme, la Bastille, la muse populaire fredonnait au coin des rues la louange de

La douce guillotine
Aux attraits séduisants ! (1)

Enfin la parodie entre en jeu, et un poète anonyme chante le *Fameux Guillotin* suivant le rythme consacré de la *Carmagnole* :

Il faut raccourcir les géants,
Et rendre les petits plus grands ;
Tous à la même hauteur,
Voilà le vrai bonheur !
Dansons la Carmagnole,
Vive le son,
Dansons la Carmagnole,
Vive le son
Du canon !

Sur le même air se chantent les galants couplets que voici :

Puisque nous sommes réunis,
Tuons les brigands du pays,
Ne faisons pas d'quartier,
Tuons jusqu'au dernier !

Dansons la Carmagnole ! *etc.*

Tremblez, traîtres, conspirateurs,
Fédéralistes imposteurs,
Vos projets sont connus,
Vous êtes tous foutus !

Dansons la Carmagnole ! *etc.*

(1) Cité par Louis DAMADE : *Histoire chantée de la première République*, 1789-1799 (Chants patriotiques, révolutionnaires et populaires). Paris, 1892. in-12.

Fuyez, fuyez, il en est temps !
La guillotine vous attend !
Nous vous raccourcirons,
Vos têtes tomberont !

Dansons la Carmagnole ! *etc.* (1)

La Constitution de 1791 elle-même n'est pas épargnée :

De notre autorité divine,
Mêmes crimes, mêmes délits,
Par l'agréable guillotine
Seront également punis..

C'est le motif d'une ronde populaire :

Quand ils m'auront guillotiné
Je n'aurai plus besoin de nez !

Quelquefois la chose prend des allures de madrigal :

La guillotine est un bijou
Aujourd'hui fort à la mode ;
J'en veux faire une en acajou
Que je mettrai sur ma commode.

Au plus fort de la Terreur, la raillerie des chansonniers n'épargne ni l'instrument, ni le bourreau. *L'Almanach des Prisons* s'accompagne de ce quatrain ironique :

Admirez de Sanson l'intelligence extrême !
Par le couteau fatal il a tout fait périr.
Dans cet affreux état que va-t-il devenir ?
Il se guillotine lui-même !

(1) *Recueil d'hymnes patriotiques chantés aux séances du Conseil Général de la Commune par les citoyens de l'Armée révolutionnaire*, Paris, an II. (Cité par G. Lenôtre, p. 300).

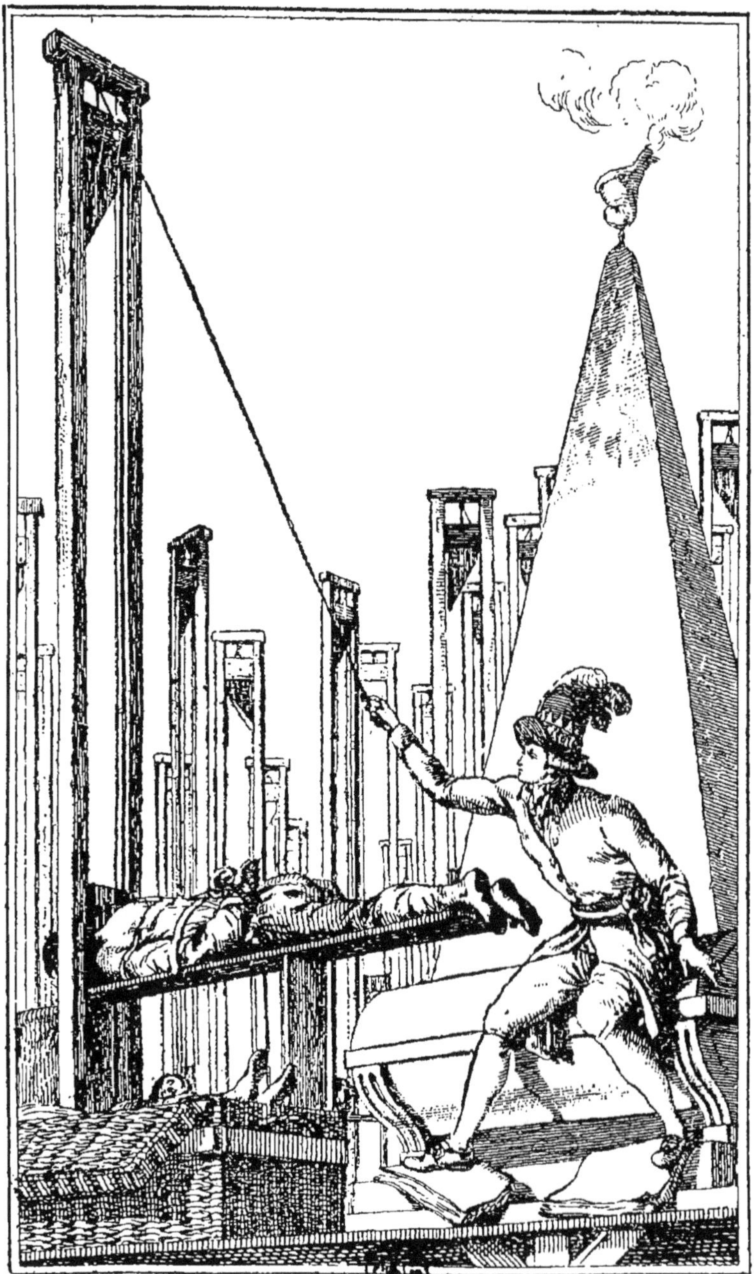

Robespierre, après avoir guillotiné la France, son gouvernement et ses habitants, guillotine Sanson. (Caricature de l'époque. — Cabinet des estampes).

Dans ce cabinet secret de la poésie anecdotique, une place particulière doit être réservée à l'*Hymne montagnarde aux Jacobins* du citoyen Picot-Belloc, ancien garde du corps devenu Commissaire des guerres dans l'Ariège. Cette pièce rare et curieuse, typique en même temps, a été trouvée par M. Léon de la Sicotière, qui, un peu bénévolement, n'a pas manqué de s'indigner de son cynisme (1). C'est, après la *Carmagnole*, la *Marseillaise* de la Guillotine. L'auteur a observé qu'elle doit se chanter sur l'air : *Allons, enfants de la Patrie :*

> O toi, charmante guillotine,
> Tu raccourcis reines et rois ;
> Par ton influence divine,
> Nous avons reconquis nos droits.
> Viens au secours de la Patrie,
> Et que ton superbe instrument
> Devienne toujours permanent,
> Pour détruire la secte impie !
> Eguise (*sic*) ton rasoir pour Pitt et ses agents ;
> Remplis (*bis*) ton sac divin de têtes de tyrans !

Dans la veillée funèbre qui précède le fatal matin, la sanglante vierge apparaît, dans la brume rouge, aux yeux des condamnés qu'elle attend. Aussi, bon nombre d'entre eux, se réveillant poètes au jour de leur mort, adressent-ils à la guillotine leurs suprêmes imprécations. Bien peu d'entre eux ne la mêlent pas à leurs adieux. Nougaret (2) nous a donné d'un « jeune homme de Bordeaux », Pierre Ducourneau, et de ses

(1) *Revue des Documents Historiques*, d'Etienne Charavay, tome II, 2e série, p. 50. Paris, 1880.

(2) *Histoire des prisons de Paris et des départements contenant des mémoires rares et précieux, le tout pour servir à l'histoire de la Révolution française, notamment de la tyrannie de Robespierre et de ses agents et complices.*

compagnons de chambre, Theillard et Hollier, ce couplet en adieu aux prisonniers :

O peuple qui nous outrage !
Nous pleurons sur ton erreur ;
Comme toi de l'esclavage
Nous eûmes toujours l'horreur !
Le fer de la guillotine
Ne nous épouvante pas,
Et la Liberté divine
Nous charme jusqu'au trépas !

On vit le fils Nourry-Grammont danser sur la plate-forme sanglante ; plus tard, on y entendit le chirurgien Beysser, le général des dragons-rouges de Bretagne, chanter une chanson qu'il avait composée en allant au trot lent de la charrette vers l'échafaud. C'est un des beaux exemples de sang-froid observés chez les condamnés. L'incident de Bayonne que, dans le chapitre précédent, nous avons signalé, pourrait se souligner à propos du couplet du *Chansonnier de la Montagne* (1) :

On verra sur tous les chemins
La troupe révolutionnaire ;
La guillotine la suivra,
Les magasins on fouillera,
Celui qui se mutinera
On fera sa fête
En coupant sa tête ! (*bis*)

Ici se clôt l'herbier de ces fleurs poétiques fanées, flétries, mortes, qui dorment là du grand sommeil irrémissible des anthologies — anthologie sanglante en l'occurrence. Ajoutons-y le titre de la *Guillotine*

(1) *Chansonnier de la Montagne, recueil de chansons, vaudevilles, pots-pourris et hymnes patriotiques, par différents auteurs.* Paris, Favre, l'an deuxième de la République française, une et indivisible, in-18. (Cité par G. Lenôtre, p. 301).

de Cythère (1), qu'après M. G. Lenôtre, nous nous refusons à reproduire. Elle se range parmi ces productions sadiques et obscènes sur lesquelles il convient de ne pas s'arrêter. Et si quelques-unes des pièces reproduites ici excitent l'horreur, celle-là ne saurait qu'inspirer le mépris. La Terreur a déjà fort à faire à se laisser pardonner les premières sans la charger de l'opprobre de la dernière.

Ce chapitre achève l'épopée pittoresque — si on peut employer un tel mot pour un tel sujet — de la sanglante machine. Tour à tour nous l'avons vue régenter la mode, les amusements, les feuilles publiques, les théâtres, et, comme nous sommes en France, nous ne devons pas nous surprendre de l'entendre fredonner le refrain du vaudeville, pour finir.

(1) L'auteur inconnu de cette singulière production affirme que :

> La Guillotine est à Cythère
> De mode comme en ce pays...

Tombeau de Louis XVI et de Marie-Antoinette
au cimetière de la Madeleine

Dessiné le 19 *juin* 1814 *par* F. A. PERNOT *et publié en* 1816.

V

LE DERNIER CORTÈGE

— Charlot ! V'là Charlot !

C'est l'énorme cri qui troue la rumeur de la foule, du Pont-au-Change au quai de la Mégisserie.

— Le cortège à Charlot ! (1)

La Conciergerie jette sur le pavé la blême cargaison des victimes du jour. Ce n'est encore, au loin, qu'un amas de têtes serrées, roulées aux cahots des charrettes qui, lentement, prennent la file. Et le grand cri hurlant de la foule ne cesse de monter, car maintenant le dernier cortège s'approche, et cette foule, que l'Anglais Carlyle appelle « un des plus vifs phénomènes de l'univers (2) », trouve une suprême plaisan-

(1) « Le peuple et le monde des prisons appellent ainsi l'exécuteur des hautes œuvres de Paris. Ce sobriquet date de la Révolution de 1789 ». H. de BALZAC, *La dernière Incarnation de Vautrin*, p. 71.

(2) Th. CARLYLE, *ouvr. cit.*

terie pour saluer l'ordonnateur de la rouge fête : elle appelle Sanson : *Sans farine.* Ces cris, ces rumeurs, ces appels, ces acclamations à la mort qui passe, traversent ces murs de la Conciergerie et annoncent aux prisonniers que la fournée du jour s'est mise en marche (1).

Du tribunal, les condamnés sont descendus à l'arrière-greffe de la Conciergerie. Sinistre lieu ! Les murs suintent dans l'avare lumière d'un jour de basse-fosse. Sur des bancs de bois épars, les hommes, les femmes, se sont assis. Les mains ont été liées. Un brusque coup de ciseaux a fait tomber les chevelures. Dans des paniers d'osier toutes ces tresses sont allées rejoindre celles de la fournée de la veille. Tresses blondes et soyeuses coupées à de jeunes têtes ; boucles d'argent clair chues de chefs courbés ; sinistre moisson que de mélancoliques amants lissèrent peut-être, autrefois, dans le doux clair de lune d'un parc seigneurial ; que des enfants enroulèrent autour de leurs doigts joueurs sous le sourire de l'aïeul. Chevelures anonymes désormais, elles gisent là avant d'être dispersées au hasard des ventes, au bénéfice de la concierge de la prison.

Fixons ici ce détail qui a laissé incertains plusieurs de ceux qui s'attachent à l'histoire de cette dernière étape des condamnés. M. Lenôtre écrit : « Peut-être les valets du bourreau, à qui on avait enlevé le *petit bénéfice* des vêtements de ceux qu'ils mettaient à mort, se procuraient-ils une légère compensation dans la vente des chevelures qu'ils coupaient à la Conciergerie au moment de *la toilette* : je n'ai trouvé

(1) « Nous entendions ces cris qui, arrêtés par cinq à six portes, s'assourdissaient en plongeant dans la Conciergerie, et, arrivés jusqu'à nous, ressemblaient à des gémissements étouffés ». Honoré RIOUFFE, *Mémoires d'un détenu pour servir à l'histoire de la tyrannie de Robespierre ;* à Angers, an III, in-12.

aucun document à ce sujet, et probablement il n'en existe pas ; il est certain, cependant, que quelqu'un tirait profit de ces chevelures (1) ».

Nous connaissons aujourd'hui le nom de ce « quelqu'un ». Certes, il ne nous vient pas des Archives nationales où nous ne fûmes guère plus heureux que M. Lenôtre, mais en ouvrant les *Souvenirs de la marquise de Créquy* (2), parmi le fatras des grossières erreurs historiques où se rencontrent cependant des détails neufs et curieux, nous lûmes ceci : « On me fit entrer... dans une grande salle basse. (*L'arrière-greffe où la marquise attendait d'être interrogée* par « un des vingt-quatre substituts » *de Fouqier*). Il y avait à l'entour de la dite salle des paniers d'osier de forme carrée et pareils à ceux où les femmes de chambre mettent le bois à brûler qui est à leur usage ; j'eus la curiosité de soulever le couvercle d'un de ces paniers, et je vis qu'il était rempli de poignées de cheveux de toute sorte de couleurs. La femme du concierge me dit ensuite que c'était là qu'on faisait *la toilette* des condamnés, qu'on ne reconduisait plus en prison pour en finir plus vite, et que c'était elle qui profitait de ces dépouilles qu'elle vendait à son profit ». C'est donc la femme de Richard (3) qui frustrait les valets de Sanson de leur *petit bénéfice*.

Nous n'ignorons pas que M. Lenôtre contestera ce témoignage. Ces *Souvenirs* sont apocryphes, soit, mais ils sont « piquants » reconnaît l'auteur de *Paris Révolutionnaire*, et qui dit apocryphe ne dit pas nécessairement inexact. Mille détails, dans ces *Souvenirs*, sont d'une précision et d'une vérité qui ne se retrouvent guère dans beaucoup de ceux laissés par les contemporains.

C'est donc dans cet arrière-greffe, cage et fosse,

(1) G. LENOTRE, *La Guillotine*, etc., p. 195.
(2) Tome VII, p. 211.
(3) Assassinée par un détenu en messidor an IV (1796)

que se terminait le voyage des condamnés à travers les prisons de Paris. Les Madelonnettes de la rue des Fontaines ; la Force, de la rue des Ballets, 35 ; la petite Force, de la rue Pavée, 12 (1) ; l'ancien hôtel de Talaru, rue de la Loi (rue de Richelieu) ; Sainte-Pélagie ; le Plessis ; l'hospice de l'Evêché ; la maison d'arrêt de la rue de Sèvres ; le Luxembourg ; Port-Libre ; les Carmes ; les Bénédictins Anglais, de la rue de l'Observatoire ; Saint-Lazare ; les Anglaises du Faubourg Saint-Antoine (2) ; la prison de Picpus, faubourg Saint-Antoine ; les Anglais de la rue Saint-Victor ; de la rue de Lourcine ; les Ecossais, de la rue des Fossés-Saint-Victor ; les Irlandais, de la rue du Cheval-Vert ; la caserne de Vaugirard et des Petits-Pères ; la maison La Chapelle, rue Folie-Regnault ; la maison Mahaye, rue du Chemin-Vert ; la maison Coignard, à Picpus, déversaient dans cette salle d'attente de la mort leurs funèbres et résignés contingents.

Les condamnés sur la charrette, sa feuille d'exécu-

(1) *Archives de l'Assistance publique* (1795).

(2) P.-J.-B. Nougaret, dans son *Histoire des Prisons*, dit de ces six dernières : « Toutes ces maisons ne sont que des prisons *muscadines*, les guichetiers y sont polis ».

Sur les prisons de Paris sous la Terreur, on lira avec intérêt : J.-F.-N. Dusaulcoy, l'*Agonie de Saint-Lazare sous la tyrannie de Robespierre ;* Paris, 1793, in-8 (56 pp.) ; *Almanach des Prisons, ou anecdotes sur le régime intérieur de la Conciergerie, du Luxembourg, et sur différents prisonniers qui ont habité ces maisons sous la tyrannie de Robespierre, avec les chansons, couplets qui y ont été faits,* Paris, an III, in-12 (156 pp.) ; Ce volume contient une gravure satirique : Sanson se guillotinant lui-même ; *Tableau des prisons de Paris sous le règne de Robespierre ;* Paris, 1793, in-18 (198 pp.) ; Dauban, *Les Prisons de Paris sous la Révolution,* d'après les relations des contemporains, avec notes et introduction, Paris, 1870, in-8 ; Réal, *Rapport fait à la Convention nationale sur l'affreux régime des prisons et les cruautés exercées sur les Patriotes par les ordres du scélérat Robespierre,* Paris, *chez la citoyenne Lefevre,* 1793, in-8 (16 pp.), etc., etc.

tion pliée (1), après un dernier coup d'œil au chargement, Sanson se mettait en marche. De la Cour de Mai, le cortège débouchait, et l'immense clameur de la foule accueillait ceux qui allaient mourir.

Quelle était, en ce moment, l'attitude des condamnés ? On se les figure assez généralement dans une pose théâtrale, la tête haute, bravant le peuple, stoïques, romains. Après tant de légendes, c'est encore une légende à détruire. Il en est qui pleurent silencieusement, à lourdes larmes ; d'autres qui sanglotent, hurlent au secours comme la Du Barry, gémissent, font un dernier et vain appel à une impossible pitié. Quelques-uns dansent sur la charrette (2), font des farces (3), ou des « singeries » (4), saluent avec élégance, à droite, à gauche, le public (5), sourient à leurs amis rencontrés sur la route (6); d'autres moins résignés injurient les spectateurs (7) et lancent parmi les injures leurs imprécations.

Ceux qui, muets, acceptaient leur destin, cherchaient du regard la main du prêtre réfractaire accordant l'absolution. Le nom de ces prêtres nous a été conservé. C'était M. de Sambucy, embauché comme chef d'atelier chez un maître-tourneur de la place du Palais de Justice ; c'était M. Borderies, le futur

(1) « Suivant le nombre des condamnés on se servait de papier in-8 ou in-4 ». Et. CHARAVAY, *Revue de documents historiques*, tome V, p. 97.

(2) Rapport de police de l'observateur Perrières, 28 ventôse an II, *Archives nationales*, Série W, carton 112.

(3) Rapport de police de l'observateur Mercier, 22 ventôse an II, *Archives nationales*, Série W, carton 112.

(4) *Le Glaive vengeur de la République Française.*

(5) *Bulletin du Tribunal criminel Révolutionnaire*, n° 64.

(6) *Idem*, n° 15.

(7) Rapport de police de l'observateur Prévost, 18 pluviôse an II, *Archives nationales*, Série W, carton 191.

évêque de Versailles ; c'était le neveu de Cambacérès, le régicide: M. de Kéravenant; c'était le grand vicaire de Monseigneur de Juigné, M. Jalabert ; c'était enfin M. de La Lande qui, au retour des Lys, monta sur le siège épiscopal de Rodez.

Sur ces têtes touchées du doigt de la mort, la silencieuse absolution tombait, tandis que, lentement, le cortège tournait le quai de la Mégisserie pour gagner, par la rue de la Monnoie, la rue du Roule, la rue Honoré, la rue Nationale, ci-devant Royale, place de la Révolution. Dans ses *Souvenirs de la Terreur* parus en 1800, Mlle Hemery parle des cortèges qui passaient sur le quai, face au Louvre. M. G. Lenôtre, non content d'émettre un doute à cet égard, affirme nettement : « Ses souvenirs la trompent (1) ». Et c'est, tout naturellement, une nouvelle erreur à ajouter à toutes celles dont M. Lenôtre est si prodigue.

Vignette sur une circulaire pour l'organisation de l'impôt sur les patentes.

Il ne pourra exciper ici que le témoignage apporté est apocryphe. C'est celui d'un observateur de police, de Perrières, qui, à la date du 17 ventôse, termine son rapport par ces mots : « On demande que la charrette du bourreau ait une route invariable dont les foibles puissent s'écarter (2) ». Le lendemain, 18 ventôse, il revient sur la question, et intitule cette fois ses observations : « *Route de la Guillotine* ». C'est la pièce entière qu'il faut citer :

(1) G. Lenotre, *vol. cit.*, p. 162.
(2) *Archives nationales*, Série W, carton 112.

« J'insiste sur l'avis que je présentais hier de donner à la charrette du bourreau une route invariable, premièrement parce que c'était un sentiment de plusieurs personnes bien intentionnées qui s'étonnaient que cette route autrefois fixe variât actuellement de la rue Saint-Honoré aux quais et des quais à la rue Saint-Honoré.

« En second lieu, parce que les aristocrates habiles à profiter de tout, se servent des accidents tels que celui que j'ai rapporté hier (1) pour appeller adroitement l'attention du peuple sur le nombre des exécutions et l'appitoyer, s'il est possible, sur le sort même de ses ennemis, en lui rendant odieux ceux qui lui préparent son triomphe : « On ne peut plus sortir, disent-ils, qu'on ne rencontre la guillotine ou ceux qu'on y conduit ; les enfans deviennent cruels, et il est à craindre que les femmes enceintes n'amènent des fruits marqués au col ou immobiles comme des statues par suite des impressions fâcheuses qu'elles éprouvent à la vue ou à la rencontre de ces tristes objets ». Le peuple répond ordinairement à ces discours où il ne voit que de la bonne foi et de l'humanité, par un air de méditation profonde qui peut produire des idées et des sentiments très contraires à ceux qu'il doit avoir (2) ».

On voit donc que Mlle Hemery ne se trompait pas, que ses souvenirs étaient exacts, et que M. Lenôtre est fort mal venu de les mettre en doute.

Au tournant de la rue Honoré, brusquement, étroite et haute sur le ciel, se détachait la guillotine.

Un sursaut, un recul, rejetaient les faibles en arrière, contre les ridelles ; les forts, les courageux, ceux que le désir de *paraître* redressait, pâlissaient un peu au terme de ce long voyage, qui, à travers les rues vociférantes, avait duré près de deux heures. A leurs yeux, la place offrait un coup d'œil extra-

(1) Perrières avait cité le cas d'une femme qui s'était évanouie au passage des charrettes.

(2) *Archives nationales*, SérieW, carton 112.

ordinaire. Les *tricoteuses* et les *furies de la guillotine* (1), dont beaucoup appartenaient à la *Société Fraternelle*, apportaient leurs petits bancs et plaisantaient avec les hommes à cocardes ; les vendeurs de journaux criaient la liste des condamnés du jour, la *liste des gagnants à la loterie de Dame Guillotine*. Aux jours d'été, on entourait le marchand de « coco » frais ; les mères, qui amenaient leurs enfants (2), offraient des gâteaux ; on chantait en chœur le couplet du jour en l'honneur de la Montagne.

Soudain retentissait le cri joyeux :

— Les voilà ! les voilà !

Un vaste remous ondulait cette foule où se pressaient, le cœur serré, la face blême, des amis, des parents. On grimpait sur des planches jetées sur des tréteaux (3), afin de mieux voir l'arrivée de la « bière des vivants (4) ». C'était l'instant dont profitaient les filous pour subtiliser les montres et les portefeuilles. Le volé criait à la garde. « On n'a pu découvrir les excrots », note Rolin, témoin de deux de ces exploits (5).

La charrette s'arrêtait, on descendait se mettre sur un rang. C'était l'instant des derniers adieux. Les condamnés s'embrassaient (6). C'est à Sanson qu'Adam Lux donnera son dernier baiser de paix (7). Ceux

(1) « Si elles étaient vieilles on les appelait *tricoteuses*, si elles étaient jeunes, elles avaient nom *furies de guillotine* ». *Mémoires de Fleury*, p. 113.

(2) D'Allonville, *vol. cit.* tome III, p. 242.

(3) « L'on observe que l'on ne devrait pas souffrir louer des places sure des planches sure la place de la Révolution attendu que cela fait beaucoup d'embaras et peut blaisser quelqu'un surtout quand il y a beaucoup de monde ce qui arrive souvent ». Rapport de l'observateur Pourvoyeur, 29 ventôse an II. *Archives nationales*, Série W, carton 112.

(4) *Rapport de Courtois*, p. 19.

(5) Rapport du 28 pluviôse, an II, *Archives nationales*, Série W, carton 191.

(6) *Bulletin du Tribunal criminel Révolutionnaire*, n° 59.

(7) *Le Glaive vengeur de la République Française*, p. 127.

qui avaient dansé sur la charrette saluaient le public d'un air gai (1), ou plaisantaient *in extremis*. L'un d'eux, le 8 prairial, ricanait aux assistants :

— Adieu, sans farine !

Ce à quoi un citoyen répliqua, indigné et péremptoire :

— Si nous sommes sans farine, tu vas éprouver que nous ne sommes pas sans fer (2) !

D'autres criaient leur innocence. « Ils disent tous qu'ils meurent innocents, ils n'ont jamais rien fait à les entendre (3) », observe Pourvoyeur, et Letassey note cette réflexion : « On se disait, si on écoute tous ces traîtres-là, ils sont tous innocents (4) ». Seule, la ferme contenance, la froideur devant la mort semblaient produire une forte impression sur la foule (5).

Mais sa liste à la main, Sanson commençait l'appel. Le premier rang des spectateurs se découvrait, afin de permettre aux autres de ne rien perdre du spectacle. A tour de rôle, les condamnés montaient. Les autres détournaient les regards, mais le triple coup de la bascule, de la lunette et du couteau n'en résonnait pas moins au fond du cerveau. Effroyable moment que celui où, le condamné sanglé, son cou s'emboîtait dans la lunette, tandis que, dans un rapide regard, les têtes coupées, ruisselantes de sang, tordues dans le rictus de la mort, yeux ouverts, bouches crispées, lui apparaissaient dans le panier ! Le déclic résonnait. Les coups tragiques se succédaient et

(1) *Bulletin du Tribunal criminel Révolutionnaire*, nos 13, 14, 15,

(2) *Archives nationales*, Série W, carton 124, pièce 12.

(3) Rapport du 5 pluviôse, an II ; *Archives nationales*, Série W, carton 191.

(4) Rapport du 8 pluviôse, an II ; *Archives nationales*, Série W, carton 191.

(5) Rapport de police de l'observateur Letarivel, 26 pluviôse, an II ; *Archives nationales*, Série W, carton 191.

l'énorme cri multiplié de « Vive la République ! » couvrait le choc trinitaire de l'hécatombe. Peu à peu, les jours de grandes fournées, le couteau s'émoussait et les derniers guillotinés, le cou horriblement entamé par l'instrument dentelé, jetaient des cris aigus (1). « Pendant cette cérémonie, le peuple chantoit, dansoit, et étoit très satisfait (2) ».

Quand les exécutions eurent lieu à la Barrière du Trône-Renversé, le cortège, passant le Pont-au-Change, prit le quai de la Grève, franchit la Grève pour s'engager dans la rue de la Tixeranderie, la place Baudoyer, la rue Saint-Antoine, la rue du faubourg Saint-Antoine, la grande rue du Faubourg Saint-Antoine, pour atteindre, près de la barrière de Vincennes, la ci-devant place du Trône. Le lieu, presque campagnard, aux confins de la ville, était désert, morne, tragique, En temps ordinaire, c'était la solitude où venaient mourir les bruits du faubourg. La rumeur populaire s'éteignait là, parmi cette sorte de lande, où flottait l'odeur âcre et écœurante du sang coagulé dans un trou, sous l'échafaud.

Le 21 messidor an II, il s'y passa un incident inconnu encore aujourd'hui, et que nous révèle, aux Archives (3), une lettre à Fouquier-Tinville, avec un luxe de détails qui permet de se figurer la scène avec une rare et lugubre exactitude :

Du 22 messidor l'an 2e de la République française, une et indivisible.

« Citoyen accusateur public,

« Après tes ordres je me suis transporté avec un détachement de 60 hommes à la Barrière renversée. — Avant de partir pour aller à l'exécution, un condamné

(1) F. C. Galart de Montjoye, *vol. cit.* p. 162.

(2) Rapport de police de l'observateur A. Bacon, 2 pluviôse an II, *Archives nationales*, Série W, carton 191.

(3) *Archives nationales*, Série W, carton 120, pièce 16.

n^e Conceau (1) nous a fait une déclaration à moi et au capitaine Adnet, qu'il avait remis à un gendarme sa montre en or à répétition avec sa chaîne aussi en or et cent livres en assignats ainsi qu'un mouchoir, le tout pour remettre à sa femme. Le condamné s'appercevant que le gendarme avait disparu aussitôt la remise des-dits effets sans attendre le mot d'écrit qu'il devait faire à son épouse, il désigna le gendarme comme étant de petite taille.

« Arrivé à la place susditte, j'ai fait mettre les plus petits gendarmes à portée de la vue du condamné, lequel après m'avoir fait signe de venir, me dit qu'il n'étoit pas du nombre des gendarmes présents.

« Sur ces entrefaites, un citoyen décoré de l'écharpe, accompagné de plusieurs autres individus, accourut sur moi, et me brusquant, et même me prenant par le bras, m'a dit avec un ton très dur : — « *Retirez-vous ; mettez-vous hors du rang, sinon, au nom de la loi, je vais ordonner aux gendarmes de vous arrêter. C'est moi seul qui commande ici.* » — Comme la moindre résistance de ma part pouvait produire une insurrection, la prudence m'a fait un devoir de garder le silence. D'ailleurs, les particuliers dont (*il*) est question étaient un peu yvres. Trois d'entre eux s'appellent Gillet de la section de Montreuil, René de la section des Enfants Trouvés, et Manièce de la section de Popincourt.

« Il s'est trouvé un adjudant-major qui a été témoin de cette scène.

« J'observe que ces particuliers abusent de leur autorité en faisant entrer quantité de personnes dans le cercle formé autour des condamnés, ce qui nuit essentiellement au bien du service ».

« Adnet, capitaine ».

Finburc .·. idem ».

(1) Il y a ici une erreur certaine, quant au nom du condamné. La fournée du 21 messidor ne comprenait aucun condamné du nom de Conceau. Le seul nom qui semble se rapprocher de celui indiqué dans la pièce, est Ornano. D'ailleurs aucun Conceau ne fut exécuté pendant la Terreur.

Ces débats autour d'une montre volée qui menacent de provoquer une « insurrection » au pied de la guillotine, ces entrées de faveur dans le cercle des condamnés, — réservées sans doute à des amateurs — n'est-ce pas un coin curieux et émouvant de la rouge histoire du Glaive des Lois (1) ?

(1) Plusieurs fois, au cours des précédents chapitres, nous avons eu l'occasion de citer des rapports dits de *l'esprit public.* Cette sorte de police secrète avait été créée par Garat, à son entrée au ministère, sous le nom d'*observateurs locaux du département de Paris,* La police de la ville était entre les mains de la Commune. Les rapports étaient adressés au citoyen Franville (ou Franqueville) chef de bureau à la maison de l'Egalité. Les principaux observateurs étaient : Le Breton, Siret, Mercier, Rollin, Latour-Lamontagne, Letassey, Hanriot, Soulet, Grivel, Jarousseau, Dugast, Leharives, Beraud, Moniès. Perrière habitait à l'hôtel de Poyanne, rue du Faubourg Saint-Honoré ; Pourvoyeur, cour du Commerce, rue Marat. L. Antoine Bacon, Prévost et Charmont signent toujours leurs rapports d'une manière maçonnique, c'est-à-dire en accompagnant leurs noms du signe .·.

LIVRE VI

LE COUTEAU TOMBÉ

I

LES FOSSES COMMUNES DE LA TERREUR

Pour qui ignore les coulisses et les dessous de cette grande tragédie nationale de 93, un point d'interrogation est posé après toutes ces pages chargées de noms de fantômes : que devenait le cadavre d'un guillotiné ?

C'est ce dernier et funèbre voyage que nous allons accomplir à travers les charniers de la Révolution, et tous ces corps illustres ou anonymes, nous n'allons les quitter que la fosse comblée, le terrain nivelé. C'est là, dans ces enclos, inconnus hier, fameux, hantés et doublement sinistres aujourd'hui, qu'apparaît la terrible égalité révolutionnaire Ce terrain mou, meuble, où le pied s'enfonce dans la terre fraîchement remuée, ces tertres bossués, sans croix, sans noms, ce sont les

Girondins, ce sont les Dantonistes, c'est la Monarchie. Quelquefois, des mains criminelles dépouillaient les cadavres de leurs derniers vêtements, et il fallut un arrêté de la Commune pour mettre fin à ces viols où la majesté de la mort était profanée (1). Plus tard, des chiens gardèrent ce que le mystère des tombes ne pouvait protéger et leurs abois chassèrent les criminels escaladant les murs des enclos mortuaires (2).

Tandis que Sanson et ses aides jetaient les têtes dans un panier et les corps dans un autre, — à moins que la fournée ne fût trop nombreuse, et en ce cas c'était à même la charrette, — un huissier dressait l'acte de décès en remplissant les parties laissées en blanc dans l'imprimé que voici :

PROCÈS-VERBAL
D'EXÉCUTION
DE MORT

.... (*nom du condamné*)

L'an mil sept cent quatre vingt treize, deuxième de la République française, le.......... à la requête du citoyen accusateur public prés le Tribunal criminel extraordinaire et révolutionnaire, établi à Paris par la loi du 10 mars 1793, sans aucun recours au tribunal de cassation, lequel fait élection de domicile au greffe dudit Tribunal séant au Palais,

Nous............. huissiers-audianciers, au dit tribunal, demeurant à Paris, rue.........., section........., soussignés, nous sommes transportés en la maison de justice dudit tribunal pour l'exécution du jugemen rendu par le Tribunal...... (*la date*)..... contre....... qui......... condamne à la peine de mort pour les causes énoncées audit jugemen

(1) « Les cadavres des suppliciés seront enterrés en présence d'un commissaire de police pour empêcher leur dépouillement ». *Registre du Conseil Général de la Commune*, Séance du 17 brumaire an II.

(2) « ... la garde du cimetière était confiée à des chiens ». Le vicomte WALSH, *Lettres vendéennes ou correspondance de trois amis en 1823, dédiées au Roi*. Paris, 1843, tome II, p. 9.

et de suite l'avons remis à l'exécuteur des jugemens criminels et à la gendarmerie qui l.... conduit sur la place de.................. où, sur un échafaud dressé sur la dite place, ... (*nom du condamné*).... a, en notre présence subi la peine de mort, et de tout ce que dessus avons fait et rédigé le présent procès-verbal pour servir et valoir ce que de raison, dont acte.

(*Signature*)

Enregistré gratis à Paris, le............ 1793.

La voiture avec son chargement sanglant et tiède encore gagnait la fosse commune. Suivons-la.

Du 25 août 1792 au 24 mars 1794, elle franchit la porte du cimetière de la Ville l'Evêque, dit aussi de la Madeleine. En 1770, on y avait enterré les victimes de la catastrophe du 31 mai, et au lendemain de la journée du 10 août, il avait reçu les morts de cette journée.

Le 21 janvier 1793, il s'ouvrit pour le corps de Louis XVI. Les sieurs Picavez, Renard, Damoureau, Leblanc, Dubois, qui signèrent au procès-verbal de l'inhumation, virent le cadavre dans la bière ouverte. Un d'eux retourna sans doute la tête tranchée, car ils constatèrent que les cheveux du derrière du crâne étaient coupés. On avait enlevé les souliers, la cravate et l'habit. Le Roi était là en manches de chemise, avec une veste piquée en forme de gilet, une culotte de drap gris; les jambes revêtues de bas de soie gris. Quand tout ceci fut constaté, le cercueil fut descendu dans la fosse, recouvert d'une couche de chaux vive afin de hâter la désagrégation, et la fosse fut comblée. Plus rien ne demeura du monarque défunt que cet acte de décès dans les archives de l'état civil :

« *Du* lundi dix huit mars *mil sept cent quatre vingt treize, l'an second de la République,*

ACTE DE DÉCÈS DE

Louis Capet, du vingt-un janvier dernier, dix heures vingt deux minutes du matin, *profession*, dernier roi des Français, *agé* de trente neuf *ans*, *natif* de Versailles, paroisse Notre-Dame, *domicilié* à Paris, Tour du Temple, *marié* à Marie-Antoinette d'Autriche ; ledit Louis Capet, exécuté sur la place de la Révolution, en vertu des décrets de la Convention nationale, des quinze, seize, dix-neuf et vingt dudit mois de janvier, en présence : 1° de Jean-Antoine Lefèvre, suppléant du procureur-général syndic du département de Paris, et d'Antoine Momoro, tous deux membres du Directoire dudit département et commissaires en cette partie du Conseil général du même département ; 2° de François-Pierre Sallais et de François-Germain Ysabeau, commissaires nommés par le Conseil exécutif provisoire à l'effet d'assister à ladite exécution, et d'en dresser procès-verbal, ce qu'ils ont fait ; et 3° de Jacques Claude Bernard et de Jacques Roux, tous deux commissaires de la Municipalité de Paris, nommés par elle pour assister à cette exécution. Vu le procès-verbal de ladite exécution dudit jour vingt-un janvier dernier, signé Grouvelle, secrétaire du Conseil exécutif provisoire, envoyé aux officiers publics de la Municipalité de Paris, ce jourd'hui, sur la demande qu'ils en avaient précédemment faite au ministre de la justice ; ledit procès verbal déposé aux archives de l'état-civil.

Pierre Jacques Legrand, *officier public.* (1)

En octobre suivant, le cadavre de la Reine vint rejoindre celui de son mari. On a, aux Archives, une petite feuille froissée, couverte d'une grossière écriture, et sur laquelle sont mentionnées ces trois lignes :

Mémoire du fossoyeur Joly

Ce 25 *vendémiaire*

« *La Veuve Capet : pour la bière, six livres ; pour la fosse :* 25 ».

(1) Les parties en italiques sont celles qui étaient imprimées sur l'original de l'acte.

Un charnier inconnu de la Terreur : le cimetière de Picpus (état actuel)

Le mur derrière lequel se trouve la fosse commune des guillotinés

Tombeau de Montalembert, dans la partie du cimetière réservée aux familles des guillotinés

Emouvante feuille de rude papier ! Ne vaut-elle pas le plus pathétique des pèlerinages dans un Versailles d'automne et de souvenir ? Sous les ifs de Le Nôtre et devant les toujours verts boulingrins harmonieusement taillés, c'est la Dauphine blonde et blanche que l'on retrouve ; la laitière de Trianon, celle qui chante la tendre et stupide romance de la sœur de Mme de Bombelles, la marquise de Travanet :

> Pauvre Jacques, quand j'étais près de toi
> Je ne sentais pas ma misère,
> Mais à présent que tu vis loin de moi,
> Je manque de tout sur la terre...

C'est tout ce que ce siècle de bergerie, d'Estelle et de Némorin, a de puéril, de charmant, le rocaille Louis XV et la cynique naïveté du citoyen de Genève. Mais ici ! Devant cette feuille froissée, c'est 93, c'est la Terreur, c'est le frisson des ailes de la liberté française prenant son vol et souffletant ce masque tragique de la royauté vaincue.

Dans le sillon ouvert au cimetière de la Madeleine, s'entassent les corps (1). C'est Anacharsis Clootz, c'est Ronsin, c'est Mme Roland, c'est Hébert, c'est Custine, c'est Barnave, c'est Vergniaud, c'est Brissot, c'est Charlotte Corday. C'est ici, qu'après son autopsie à la Charité, probablement (2), où elle a été reconnue vierge (3), elle a été transportée. De la fosse où elle dormait, à côté de la Reine, elle ne tarda point

(1) On trouvera une liste des personnes inhumées à la Madeleine dans *Martyrs et bourreaux en 1793*, par l'abbé Alphonse Cordier, de Tours, 3 vol. in-12 parus en 1884, à Paris.

(2) Docteur CABANÈS, *Le Cabinet secret de l'histoire*, tome III, p. 209.

(3) La virginité de Charlotte Corday est attestée dans les *Anecdotes sur la Révolution*, de Harmand de la Meuse ; dans l'*Almanach des honnêtes gens*, de Montjoye ; et par Francis Bonneville dans son ouvrage excellement documenté : *Portraits des personnages célèbres de la Révolution*.

a être exhumée pour être jetée à la fosse creusée aux Mousseaux ou Monceau

Par un sombre après-midi de frimaire, il se passa dans ce cimetière de la Madeleine une scène qu'aurait aimée Baudelaire de sa plus chère tendresse réservée à la plus atroce des fleurs du mal. Un homme arriva, qui disposa sur le sol un paquet de cire molle, des pinceaux, des flacons d'huile. Il attendit sans doute quelque peu, et son visage dut se dérider au bruit sourd d'une charrette franchissant la grille du charnier. De cette charrette on descendit un panier et dans ce panier on prit une tête.

Signature de Curtius, directeur du Cabinet de cires du Palais-Egalité.

C'était une belle figure de femme, un peu grasse, mais au modèle charmant malgré les traits fatigués. Cette face était crispée en un rictus d'indicible épouvante. Les yeux étaient révulsés, les lèvres tordues, les dents enfoncées dans la langue. Cette tête coupée avait dû effroyablement souffrir. L'homme la prit par les cheveux, insoucieux du sang coagulé qui collait ses caillots sur la belle nuque tranchée. D'un doigt habile, comme s'il les eût caressées, il raffermit les joues, détendit les lèvres, maquilla cette face d'un sourire posthume, la fit belle et agréable après la mort autant qu'elle fut épouvantée et tragique avant le coup fatal. La chose faite, il peignit la figure de son pinceau trempé dans l'huile, étendit la couche de cire gisante sur le talus de la fosse, calmement, simplement : c'est ainsi que fut moulé le masque de Mme du Barry, par le patriote Curtius, le créateur des cabinets de figures de cire (1). Puis la tête alla rejoindre le corps,

(1) Les autographes de Curtius sont très rares. La signature que nous reproduisons est celle qui figure sur une lettre à Palloy, datée du 16 septembre 1791 (1 p. in-4) et qui fit

à deux toises de la fosse de Louis XVI (1). Le 4 germinal (24 mars), les derniers cadavres entrèrent au cimetière de la Madeleine, malgré qu'un arrêté de la Commune l'eût fermé le 14 ventôse (4 mars) sur la plainte des habitants du quartier.

Des odeurs nauséabondes, intolérables, se dégageaient-elles vraiment de ces fosses, dangereuses (2), disait-on, pour la santé des habitants ? On peut en douter pour plusieurs raisons dont la meilleure est que ce n'était point l'époque des grandes fournées; que, par conséquent, le travail des fossoyeurs était de beaucoup moins pénible que celui qu'ils eurent, plus tard, à accomplir à Picpus. La chaux, en outre, dont on usait abondamment, ainsi qu'en témoignent les nombreux mémoires de fournitures, constituait un antidote insuffisant, admettons-le, mais de nature à éloigner le danger de la peste redoutée. Il convient plutôt de croire à l'inconvénient de ce voisinage tragique pour les habitants, à une époque où certains craignaient, le soir, d'approcher de la guillotine, de

partie de la merveilleuse collection de feu M. Paul Dablin, que nous eûmes tant de fois l'occasion de citer au cours de ce livre. C'est de Curtius que M. Paul Ginisty écrit : « Curtius, qui, à chaque changement de régime, habillait différemment le factionnaire immobile à la porte de son établissement, sans rien modifier à son musée ». *Mémoires d'une danseuse de cordes* (*Madame Sacqui*, 1786-1866) p. 132. Cette élasticité politique assura sa fortune.

(1) *Mémoires historiques de Jeanne Gomart de Vaubernier, comtesse du Barry, rédigés sur pièces authentiques*, par M. de Favrolle, à Paris, chez Lerouge, an XI.

(2) « ... Plusieurs cimetières deviennent très dangereux à la santé des citoyens, et particulièrement celui de la Magdelaine. Le Conseil Général arrête que l'administration des travaux publics sera autorisée à presser auprès de la Convention nationale le décret qui doit résulter du rapport que doit faire le comité d'instruction publique, et qui a pour objet la translation des cimetières *hors* de Paris ». *Journal de la Montagne*, 16 ventôse an II, n° 113.

peur des revenants (1). Quoi qu'il en soit, le cimetière fut fermé. Il ne devait se rouvrir qu'en 1816, pour permettre à Louis XVIII de retirer de la boue les ossements royaux enfouis par la République. Et on alla aux Mousseaux.

Le lieu portait aussi le nom des Errancis. Tout au haut du faubourg de la Petite Pologne, dans la solitude, le désert d'une quasi-banlieue, s'étendait ce terrain oblong. Ce champ était, en germinal, plein de fleurs et d'oiseaux. Les arbustes poussaient avec une sauvage liberté dans ce coin silencieux, si loin de Paris. Nul bruit, si ce n'était celui du vent léger du printemps dans les grands feuillages bruissants. Le 5 germinal, les premières charrettes y laissèrent choir des cadavres : Jacques Rougane de Vichy, Pierre Rougane de Bellebat et Jean Rougane de Barodine. Le 16 germinal, c'était la fournée des Dantonistes. Près des ruines lépreuses de la naumachie, ils garnirent une longue tranchée, les corps nus déposés sur le lit de chaux vive. C'est donc une erreur que commet M. Jules Claretie (2) en plaçant cette inhumation au cimetière de la Madeleine, et c'est une autre erreur d'affirmer, après Courtois, que Saint-Just vint lui-même désigner les fosses parce qu'il habitait une petite maison dont la rue donnait sur le cimetière (3). Saint-Just habitait rue de Caumartin et il semble bien difficile que de sa fenêtre il ait pu avoir la vue sur le parc Monceau.

(1) Un rapport de police du 5 germinal an II, de l'inspecteur Perrières, signale le fait suivant : « Préjugés populaires — Il paraît qu'il ne sont pas encore tous détruits et que même on cherche à les entretenir. Un citoyen racontait hier dans le groupe de la guillotine qu'il n'avait jamais pu déterminer son camarade à s'approcher, quand il fait noir, du lieu où l'on plante l'échafaud, parce qu'on lui avait dit que plusieurs des exécutés revenaient ». *Archives nationales*, Série W, carton 112.

(2) Jules Claretie, *Camille Desmoulins*, chap. VI.

(3) Albert Savine et François Bournand, *Le 9 thermidor*, Paris, 1907, *note*, p. 76.

Dans ce jardin où la noble colonnade dévastée, ravie à Saint-Denis (1), perpétue aujourd'hui l'élégance architecturale de l'ancienne France, Chaumette, Gobel, Malesherbes, Lavoisier, Mme Elisabeth, les femmes de Verdun, vinrent mêler leurs cendres à la terre oublieuse. Cette terre de Paris, gorgée de morts, grasse de sang, résonne en cette heure sous nos pas, et parmi les passants flâneurs et indifférents qui la foulent, combien songent que c'est ici même que dorment les ossements perdus de l'Incorruptible ? Au 10 thermidor, pour le prix de 193 livres, on transporta en cet endroit les corps de la fournée des Robespierristes exécutée spécialement place de la Révolution. Le travail d'enfouissement fut long,

pénible et dur par cette chaude soirée de juillet où le ciel retenait les orages prisonniers. A la guinguette proche, la chaux répandue sur « les restes des tyrans » afin « d'empêcher de les diviniser un jour », ces hommes allèrent trinquer, le verre de vin blanc à la main. On leur accorda 7 livres de pourboire (2).

Adam Lux, lui aussi, était là, Adam Lux, mort pour Charlotte Corday. La même fosse les rassemblait à quelques mois de distance dans la terre fraternelle (3).

(1) « Le grand bassin de la naumachie n'est plus qu'une mare dont l'humidité ronge l'hémicycle de colonnes corinthiennes, empruntées, ce qu'on ne sait guère, à la galerie inachevée du tombeau des Valois à Saint-Denis ». Edouard FOURNIER, *Promenade historique dans Paris*, p. 41.

(2) Le cadavre de Lebas, suicidé à l'Hôtel de Ville, fut enterré au cimetière Saint-Paul, dans la rue Saint-Antoine.

(3) Et non quelques jours plus tard, comme l'écrit M. WELSCHINGER dans son *Roman de Dumouriez*. Adam Lux,

Du 5 germinal au 19 prairial (7 juin), chaque jour amena son convoi. L'été dora le champ funèbre. Les herbes folles poussèrent plus hautes et plus drues. Un jour, la porte de l'enclos resta fermée. Le cimetière était abandonné. La guillotine était à la place de la Bastille.

La fournée de thermidor rouvrit les Errancis, mais pour peu de jours. La porte resta bientôt définitivement close et plus tard, en 1860, le terrain vendu, une guinguette s'ouvrit, des violoneux râclèrent leurs instruments, le dimanche d'été; on vint danser sur ce charnier (1). Aujourd'hui une haute et laide maison moderne a jailli de cette terre qui donna à notre race le grand enseignement de la discipline nationale.

Pendant douze jours, le cimetière Sainte-Marguerite allait recevoir les guillotinés de la place de la Bastille. Du 21 prairial (19 juin) au 3 messidor (21 juin), il en vint plus de trois cents, parmi lesquels ceux de la fournée des « chemises rouges », la Sainte-Amaranthe - Cécile Renault ; Ladmiral ; le prince de Rohan; Rochefort ; le gouverneur des Invalides, Sombreuil, et son fils. Bientôt le cimetière fut plein ; le charnier débordait, d'autant plus que, s'il en faut croire M. Lucien Lambeau, un certain nombre d'exécutés de la Barrière du Trône Renversé y furent amenés en attendant la mise en état du cimetière de Picpus (2). Une fois encore, le faubourg s'émut, se plaignit, et

nous l'avons déjà dit, comparut devant le Tribunal Révolutionnaire le 14 brumaire (4 novembre 1793), et fut guillotiné le même jour. Charlotte Corday avait été exécutée en juillet. C'est donc bien quelques mois plus tard que Lux la rejoignit aux Errancis.

(1) Edouard Fournier, *Chroniques et légendes des rues de Paris*, 1893 (nouvelle édition), p. 159.

(2) Lucien Lambeau, secrétaire de la commission municipale du Vieux-Paris : *La question Louis XVII, le Cimetière Sainte-Marguerite et la sépulture de Louis XVII* ; Paris, Daragon, 1905, p. 77 et suiv.

tandis que la guillotine changeait de place, on changeait de cimetière, délaissant pour jamais ce champ où la Commune devait opérer le simulacre de l'inhumation de Louis XVII. Les savants travaux de MM. Otto Friedrichs, Lanne, Henri Provins, Pierre Gaumy, et d'autres, ont depuis péremptoirement démontré l'inanité de cette farce macabre par l'identification du Dauphin, fils de Louis XVI, avec Naundorff, reparu plus tard, après la plus extraordinaire et la plus émouvante des odyssées.

C'est une erreur assez communément commise par les historiens de la Révolution, que de placer au 26 prairial (14 juin) l'ouverture des funèbres sillons au cimetière de Picpus.

« Coin de terre, écrit M. Casimir Stryienski, où reposent les treize cent quinze victimes qui furent guillotinées en moins de sept semaines, du 26 prairial au 9 thermidor (1) ». Cette erreur de date provient de la confusion créée par le rapport des administrateurs de police faisant part à la Commune des craintes du quartier redoutant une épidémie et de la satisfaction donnée à cette réclamation. Michelet, si peu soucieux, cependant, des exactitudes en matière de dates, écrit : « Du 4 au 21 messidor, une fosse fut pleine (2) ». C'est donc que le 4 messidor, on avait commencé les inhumations à Picpus. Ce terrain, ancien cimetière du Couvent de Notre-Dame-de-Lépante, appartenait à la communauté des religieuses chanoinesses de Saint-Augustin. Le corps municipal l'avait acquis, s'il faut s'en rapporter à Caffort (3), le 26 prairial. « On sait, dit M. Lambeau dans le volume que nous

(1) Casimir STRYIENSKI, *Deux victimes de la Terreur* (*la princesse Rosalie Lubomirska et madame Chalgrin*) Paris, 1899, p. 98.

(2) J. MICHELET, *Histoire de la Révolution Française*, tome VII, p. 419.

(3) CAFFORT, *Notes sur les cimetières de la ville de Paris*, p. 52.

avons déja cité, que cette acquisition avait été réalisée spécialement en vue d'assurer l'inhumation des suppliciés de la place du Trône et que 1.306 corps y furent déposés depuis le 25 prairial que la machine y travailla, jusqu'au 9 thermidor, soit environ quarante-cinq jours ». C'est évidemment, ainsi que nous l'avons démontré, en 4 messidor qu'il convient de rectifier cette date erronée du 25 prairial.

Ce qu'était ce nouveau charnier par les chaleurs estivales, une lettre de Poyet, l'architecte de la Commune, va nous l'apprendre :

Paris, le 21 messidor, l'an II
de la République une et indivisible.

« Je m'empresse de donner au département des travaux publics communication des mesures renfermées dans un rapport de Coffinet, relativement à la sépulture des suppliciés et qu'il croit indispensables pour prévenir toute espèce d'odeur méphytique.

« Cet inspecteur, qui est descendu dans la fosse établie à Picpus, y a éprouvé une odeur qu'il est important d'atténuer par tous les moyens possibles. Celui qu'il propose en ce moment consiste à établir sur cette fosse un plancher en charpente sur lequel on pratiquera des trappes pour la facilité du service ; ce moyen est le seul que l'on puisse employer en ce moment pour concentrer dans cette fosse les émanations dangereuses qui pourraient en sortir sans cette précaution ».

Le plancher avec sa trappe fut établi. Les charrettes y basculaient leurs cadavres qui, avec un bruit sourd et mou, dégringolaient dans la fosse bientôt pleine. Ainsi y furent jetés Chénier, Montalembert, les deux Trudaine, Roucher, le baron de Trenck, tous ceux qui forment la longue liste des guillotinés de cette dernière période de la Terreur.

Seul parmi les cimetières de 93, celui de Picpus n'a guère changé. Nul lieu au monde n'est plus lugubrement mélancolique à visiter par une heure déclinante de novembre. Par une grille basse encastrée dans la muraille, ce champ désert où s'érigent quatre stèles de marbre verdi, s'aperçoit. C'est un énorme tertre, déjà nivelé, planté de cyprès maigres que courbe le vent d'hiver. Là, pas de plaques — si ce n'est celle qui perpétue, à gauche de la grille, la mémoire divine d'André Chénier — pas de noms gravés dans le marbre, rien. Ce lieu dit tout le drame de la Terreur. Le souvenir parle dans ce silence terrifiant. On comprend. Tout près c'est, au long d'un mur rugueux, le tombeau de Lafayette. Des loques semées des étoiles de l'Union y claquent, souvenir de l'Indépendance américaine que paya du sang français.

La piété de femmes illustres, Mmes de Montagu, de Lafayette et la princesse de Hohenzollern, nous garda ce coin tragique. Ayant formé une société, elles achetèrent, en 1802, l'ancien couvent, l'enclos, d'autres parties du terrain où furent depuis inhumés les membres des familles frappées en 93 et dont les parents dormaient là, sous le tertre nu. Au milieu du Paris moderne, ce coin inconnu demeure une émouvante leçon.

Les autres cimetières ont disparu dans le bouleversement moderne, dans la haussmannisation exaspérée et à outrance qui a enlevé à Paris ces coins curieux et charmants pleins de souvenirs, hantés des grandes ombres du passé. De la Ville-l'Evêque il reste cet abominable monument qu'est la Chapelle Expiatoire, et on joue au ballon sur le terrain où furent enfouis Robespierre et Mme Elisabeth.

II

LES ENFANTS DES GUILLOTINÉS

Pour beaucoup de condamnés du Tribunal Révolutionnaire, le jugement avait sa répercussion sur des innocents. Nous voulons parler des enfants et des veuves que ces hommes laissaient derrière eux, dans les chambres vides où les ombres devaient être doublement tragiques, le soir, quand un ami en larmes y venait apporter la nouvelle de la mise à mort. Souvent aussi, après le père, la mère était frappée, comme cela eut lieu pour la famille Desmoulins. La Convention s'était émue de l'atroce situation de ces orphelins quelquefois en bas âge, dont les biens étaient confisqués, et, sur la proposition de Lecointre, elle les adopta par décret.

« Art. I. — Les enfants en bas âge dont les père et mère auront subi un jugement qui comporte la confiscation des biens sont déclarés appartenir à la République ; en conséquence il sera assigné un lieu où ils seront nourris et élevés aux dépens du Trésor national.

Art. II. — Le comité des secours est chargé de présenter à la Convention sous trois jours un projet de décret afin qu'il soit assigné un local et un mode convenable pour la nourriture, l'entretien et l'éducation de ces enfants. »

Ce fut là l'origine de l'*Hospice des Enfants de la Patrie* (1) où les enfants des guillotinés allèrent rejoindre les enfants trouvés ou abandonnés. Tristes orphelins que le désastre familial marquait déjà du malheur ! Cet hospice, c'était la terreur des mères, et Riouffe cite une lettre déchirante de la veuve de Guadet à ce propos : « Ces monstres de Lacombe et de Julien (2), écrit-elle, m'envoyèrent chercher par deux cavaliers de la troupe révolutionnaire, pour me conduire au tribunal avec mes trois enfants : leur projet était de me faire périr, et de mettre mes enfants à l'hospice ». Parmi ces lieux lugubres — antichambres de la guillotine, — le plus sinistre était assurément l'Hospice de l'Evêché où un concierge et six guichetiers avaient la garde des femmes enceintes condamnées par le Tribunal Révolutionnaire. Elles attendaient là. Quand l'enfant naissait, on le menait à l'Hospice des Enfants de la Patrie, tandis que la mère montait dans la charrette de la fournée du jour. Quelquefois, elle expirait en route (3).

Sur la vie de ces enfants à l'hospice, nous savons peu de chose. Le carnet de l'agent national Payan (4), qui, en 1862, fut vendu parmi une collection d'autographes révolutionnaires (5), nous apprend par une petite ligne brève qu'une même nourrice donnait le sein à deux enfants. « Détruire cet abus », note Payan sur son

(1) J. Michelet, *vol. cit.* tome VI, *La Terreur*, p. 421.

(2) L'envoyé de Robespierre à Bordeaux, Voir, livre V, chap. III, *Le Roman comique de la Guillotine*.

(3) Pierre Gaumy, *Un groupe d'habitants de la région de Rochechouart devant le Tribunal Révolutionnaire pendant la Terreur*, 2e édit., p. 185.

(4) « Payan, ex-noble, d'un mérite distingué ». A. Aulard, *Taine, historien de la Révolution Française*, IX, I ; 1907.

(5) *Catalogue d'une importante collection de documents autographes et historiques sur la Révolution Française depuis le* 13 *juillet* 1789 *jusqu'au* 18 *brumaire an* VIII. — Paris, Charavay, 1868, p. 242.

carnet, et il ajoute : « Faire disparaître les petits Jésus et le fanatisme ». C'est que sans doute les nourrices étaient des paysannes restées attachées à ce que le nouveau régime venait d'abolir. Nous manquons de renseignements à cet égard, mais la chose est présumable, et c'est ce qu'on peut déduire de la note de Payan. Leur salaire était peu élevé, mais supérieur en tous cas, vraisemblablement, à celui des nourrices de l'Hôtel-Dieu d'Auxerre qui recevaient cinq livres par mois. En juin 1793 elles touchèrent 9 livres (1). Ce sont là de petits faits menus, mais pathétiques, qu'on ne relate qu'avec une secrète tristesse. Soignés par des mains étrangères, ces enfants grandissaient, devenaient hommes, et s'inquiétaient enfin de savoir le pourquoi de leur abandon, de leur solitude. Une page du *Bulletin du Tribunal criminel Révolutionnaire* résumait leur histoire en quelques lignes. Ils apprenaient là la mort de leurs parents « traîtres, ennemis, conspirateurs émigrés ». Dans ces quatre mots se résument toutes les accusations de Fouquier-Tinville. Un ami de la famille condamnée retrouvait quelquefois le jeune homme, et à sa neuve mémoire il confiait le tableau des tragiques instants. Comme accablés, souvent, par le poids des grands noms les chargeant, les *enfants de la patrie* se résignaient à l'obscurité, se condamnaient à l'oubli. Ils disparaissaient, s'effaçaient, cachaient des gloires devenues des oppobres, des célébrités changées en hontes. Ainsi en fut-il des fils Danton (2), de la fille

(1) *Arrêté du Directoire du Département de l'Yonne relatif à l'augmentation des mois de nourrice. Extrait du procès-verbal de la séance du 11 juin 1793*, etc. Auxerre, L. Fournier, impr. Affiche in-folio. Cité par M. Henri Monceaux, *La Révolution dans le département de l'Yonne*, 1788-1800, essai bibliographique, Paris, 1890, in-8°, p. 267.

(2) Un fait singulier et inconnu a été révélé récemment par une lettre de la comtesse de Martel, née Gabrielle de Mirabeau, et connue sous le pseudonyme de Gyp. Cette lettre de vingt pages, vendue en 1906, confirmait l'alliance

de Madame Roland, de celle de Fouquier-Tinville, de son fils, de tant d'autres, qui, dans des villes de province, ignorés, inconnus, oubliés, achevèrent dans des vieillesses sombrement mélancoliques des vies frappées à leur aurore, par contre-coup, par le Tribunal qui condamna leurs parents.

Il en fut ainsi du jeune Horace Desmoulins que sa grand-mère recueillit au lendemain de l'arrestation de Lucile. Le Domaine allait procéder à la vente des meubles et effets ayant appartenu à Camille Desmoulins, quand Mme Duplessis adressa la pétition suivante au comité de législation :

« La citoyenne Duplessis, tutrice d'Horace Desmoulins, orphelin de Camille Desmoulins, réclame pour ce jeune infortuné le lit paternel et la bibliothèque de son père. Ces objets, aussi urgens pour subvenir à ses besoins que pour l'utilité de son éducation, ne peuvent lui être refusés. Déjà la veuve du citoyen Roucher (1) a éprouvé cet acte de justice ; la bibliothèque de son époux lui a été laissée comme objet de secours.

« Les papiers de famille et les manuscrits de Camille sont aussi réclamés par le jeune pupile (*sic*). Cette propriété privée ne peut lui être déniée : elle lui apprendra à connoître les auteurs de ses jours.

« Ces demandes, appuyées par le malheur respectable

du fils de Mirabeau-Tonnerre avec la fille de Danton, à Nantes, lorsqu'elle avait quinze ans. « Ils ont obtenu, dit Gyp, de falsifier l'orthographe et d'écrire Danthon avec un *h*, pour qu'à ce moment on ne sût pas qui le marquis de Mirabeau épousait ».

(1) Guillotiné avec André Chénier, le 7 thermidor an II. Inhumé au cimetière de Picpus.

et la justice, seront sans doute accordées avec plaisir par les collègues de Camille.

« D'après ces considérations, la citoyenne Duplessis sollicite la suspension de la vente des effets de Camille, avant que le Comité ait pris les demandes de son pupille en considération. »

Paris, le 28 pluviose, l'an 3e de la République française, une et indivisible.

« Bordeveix Vve DUPLESSIS ». (1)

L'apostille suivante accompagnait la pétition :

« Nous appuyons avec le plus vif intérêt la demande de la citoyenne Duplessis, belle-mère de notre infortuné collègue Camille Desmoulins, martyr de la liberté. La justice et l'humanité réclament en faveur de son fils : nous prions le Comité de législation de vouloir bien lui accorder un sursis à la vente de la bibliothèque, des manuscrits et du lit paternel. Ce sursis est d'autant plus urgent que l'enlèvement et la vente de ces objets doit avoir lieu demain. »

Paris, ce 30 pluviôse an IIIe de la République une et indivisible.

Les représentants du peuple,

Fréron, — C. Alex. Ysabeau, — Tallien, — F. Aubry, — Laurent, — Niou.

Recommandé par le représentant du peuple soussigné,

LEBLANC ROVÈRE.

La demande de l'orphelin fut entendue, car deux jours plus tard le Comité de législation arrêtait :

« Vu la pétition de la citoyenne Duplessis, tutrice d'Horace Desmoulins, fils de Camille Desmoulins, ex-député à la Convention nationale, tendant à faire surseoir à la vente du lit et de la bibliothèque dudit Camille, et réclamant ces objets pour subvenir aux besoins de cet enfant et à son éducation.

(1) *Collection de feu M. Alfred Sensier.*

« Le Comité des finances, section des Domaines et de législation, arrêtent qu'il sera sursis à la vente du lit et de la bibliothèque ayant appartenu à Camille Desmoulins jusqu'à ce que la Convention nationale ait statué définitivement.

« *Ce 2 ventôse an 3e de la République une et indivisible.*

« Pour copie prise sur la minutte (*sic*) déposée au Comité de législation. (1) »

C'est une des dernières pièces officielles où ce grand nom de la Révolution figure. Dans l'humilité d'une vie obscure le fils allait le laisser éteindre.

Ce que devint Eudora, la fille de la reine de la Gironde, on le sait généralement. Après la fuite de Roland, le fidèle Bosc avait confié la fille à la famille Creuzé-Latouche. Elle la quitta pour aller, sous un nom d'emprunt, à la pension de Mme Godefroid, où un ami de la maison apporta la nouvelle de l'exécution. Elle épousa le fils de Champagneux, dont elle eut deux enfants, et mourut, un peu honteuse du renom de sa mère, en 1858, marquée au front du grand signe des fatalités antiques.

Dans un lointain cimetière campagnard, son nom sur une dalle brisée, verdie, marque en lettres que les pluies effacent, ce qui demeure d'une grande mémoire et d'une haute volonté.

(1) *Revue des documents historiques*, tome V, 1878, p. 86.

III

INVENTAIRE ET VENTE APRÈS DÉCÈS

Le 8 prairial an II, une foule très considérable était massée à Sèvres, devant une maison confortable, sur la route de Versailles, près de l'église paroissiale. On y remarquait une assez grande quantité de brocanteurs, de bouchers, et tous ceux qu'attire une vente publique à la campagne. C'était, en effet, à une vente qu'allait procéder l'huissier Jean-Baptiste Hénault, audiencier près le tribunal criminel de Versailles (1), assisté du sieur Rolland, nommé commissaire par le district.

Les scellés levés, le récolement fait, la vente commença. Trois vaches furent sorties des étables. Les bouchers se les firent adjuger, la première pour 416, les deux autres pour 600 et 530 livres. C'étaient de belles bêtes grasses à point. Après elles vint un âne, qu'un jardinier, le sieur Dauvergne, précédemment attaché aux propriétaires de la maison, paya

(1) Il habitait à Versailles, n° 17 rue du Commerce, Section des Droits de l'homme.

Le tombeau de Lafayette au cimetière de Picpus, contre le mur de la fosse commune de 1794

156 livres malgré que la bête fût vieille et propre à peu de travaux. Le chien de la cour fut vendu 8 livres ; deux petits marcassins sangliers, 76 livres ; dix-neuf poulets, un coq et quarante-deux pigeons, à des prix divers. On vendit ensuite 30 lots de lard et jambon, six douzaines et demie de serviettes, sept nappes, quatre tabliers, un torchon, trente-sept bouteilles de gros verre, vides, dix-neuf verres à patte en cristal, vingt-quatre assiettes, une soupière et son couvercle, une salière en navette, un plateau en porcelaine avec quatorze tasses, deux couchettes à fond sanglé, un lit de plumes couvert de coutil, un sommier de crin couvert de toile à carreaux, une couverture de coton, huit paires de drap de toile, deux taies d'oreillers, deux couvre-pieds piqués, une redingote et une veste de ratine noisette, une culotte de drap de soie jaune usée, un manteau de drap bleu, une redingote de piqué de Marseille, deux chemises de toile blanche, quatre cravates et trois mouchoirs de toile (1), une paire de bas de coton, trente chaises foncées et couvertes de crin, six chaises de crin, un canapé avec son coussin couvert en étoffe de soie, un plat à barbe, un fusil de chasse, un violon brisé, un petit nécessaire contenant deux flacons, un entonnoir, un pot de pommade, deux peignes, un compas, deux porte-montres, tous les objets d'une vie quotidienne, épaves de quel grand naufrage ?

La vacation du 8 prairial n'ayant point suffi à tout liquider, l'huissier revint le lendemain. Le produit de la vente fut de 4.889 livres, 11 sous. Le 29 vendémiaire an III (20 octobre 1794), Jean-Baptiste Hénault terminait la vente en adjugeant pour la somme de 280 livres à la citoyenne Rougé, une cheminée anglaise en fer poli, et au citoyen Breton, pour 1 000 livres,

(1) Ces quatre cravates et ces trois mouchoirs furent adjugés au prix de 58 livres.

une berline à fond brun garnie de drap petit gris, montée sur quatre roues et essieux de fer, « sans boëttes », ce qui portait la somme totale à 6.169 livres, 11 sous.

Après les meubles de son appartement de la cour du Commerce, c'étaient ceux de son logement de Sèvres, que la femme de Danton voyait se disperser.

En exécution de la loi du 12 germinal an II (1er avril 1794), le Domaine vendait les biens confisqués sur l'ancien ministre, « passé par le glaive de la loi ». C'est ainsi qu'on en usait avec tous les condamnés. Nous avons vu que, du mobilier de Camille Desmoulins, seuls furent sauvés le lit et la bibliothèque. Du 25 thermidor au 18 fructidor, an II, on procéda, à la prison du Luxembourg, à l'inventaire des meubles et objets laissés par les condamnés. Dans l'appartement occupé par Danton, au deuxième étage, le procès-verbal (1) mentionne : « Un lit de sangle, un sommier de crin, deux matelats (*sic*), un pot à l'eau avec sa cuvette en faïence, trois bouteilles vides, une cafetière de fer blanc, un petit miroir à chapiteaux, un plat à barbe, un petit couteau nacre de perle, lame d'argent, une bergère de damas à fleurs, une chaise de paille ordinaire, une petite table à écrire, une pelle et une pincette, deux petits flambeaux de cuivre doré ».

Pour le mari de Lucile, le procès-verbal note moins :

« A Camille Desmoulins, condamné :

« Un mauvais chandelier de cuivre, une cafetière de fer blanc, un pot à l'eau en faïence, trois bouteilles, un petit poëlon et une marmite de terre ».

Mélancolique épilogue du procès de Germinal !

Chez Danton, tout témoigne d'une large aisance (2),

(1) *Revue Rétrospective*, 1835, 2e série, tome IV, p. 140.

(2) On trouvera l'inventaire des biens, meubles et effets de Danton, dans le volume que publia feu le docteur Robinet, en 1884 : *Danton, mémoire sur sa vie privée*.

d'un confortable bourgeois; chez Camille, le luxe est plus restreint, mais c'est surtout dans les documents qui nous restent sur Fabre d'Eglantine que transparaît le bien-être, large part taillée dans le gâteau public. L'archiviste du Tribunal Révolutionnaire certifie, à la date du 7 floréal an II, que le citoyen Degaigne, huissier du tribunal, a déposé au greffe une redingote de soie, une de laine, un gilet de satin blanc, une paire de draps, un traversin, deux couvertures de laine, huit chemises dont six en toile de coton, six mouchoirs rayés à carreaux, quatre bonnets de coton, une paire de bas blancs en soie, quatre mouchoirs et quatre cravates, le tout appartenant à Fabre d'Eglantine (1). Le 25 pluviôse an III, Prévost, commissaire du bureau du Domaine national du département de Paris, évalue les meubles du condamné à 25.509 livres (2).

Ceux de Danton lui-même n'ont pas atteint ce chiffre ! Mais la pièce la plus curieuse et la plus significative à la fois, à cet égard, c'est le procès-verbal dressé au Luxembourg. Dans la chambre occupée par l'auteur de l'*Apparition du Génie de la Suède* (3), on trouva les objets les plus disparates, qui prouvent que les derniers jours du poète révolutionnaire furent entourés d'un certain confortable : « Deux couverts d'argent à filet, une paire de draps, un gros manchon, une lunette d'approche en ivoire, cinquante volumes reliés ; trente-neuf *Encyclopédie*, et six volumes *Œuvres de Molière*, deux cahiers *Histoire de la Révolution*, une lampe à quinquet, trois matelas, un fauteuil de paille à dos de lyre, un pot à l'eau, un carafon

(1) *Collection de feu M. Paul Dablin.*

(2) *Idem.*

(3) Ce poème inconnu, glorifiant Gustave III et dédié au comte de Haga, a été retrouvé en 1907 par M. A. Body. C'est une pièce rare que les futurs historiographes du conventionnel ne manqueront pas de reproduire.

contenant quelques prunes, un demi-bouteille d'eau-de-vie, un cachet de bureau, une paire de boucles de jarretières en acier, dix-sept sous en numéraire, un petit orgue, dix grandes bouteilles, cent cinq sous en assignats, trente bouteilles vides, trois bougies, un bocal à cornichons, une bouteille à tabac, deux petites à crème, une salière de cristal, une carafe d'huilier et une cassée, une cuvette, un petit poëlon de terre brune, quatre assiettes et un petit plat, une table à écrire ». On ne s'explique guère dans cette chambre où, seul avec ses pensées, Fabre d'Eglantine devait songer à la hache levée sur sa tête, la présence d'un manchon et d'une lunette d'approche. Par contre, l'eau-de-vie, les cornichons, les prunes, les quinze bouteilles, nous montrent qu'il n'était pas insensible aux douceurs de la table. Ces objets d'un luxe neuf, cher à l'ancien comédien miséreux, on ne les trouvera pas au 10 thermidor chez Robespierre, « le seul homme de la Révolution qu'on put appeler l'*Incorruptible* » veut bien reconnaître M. Lenôtre (1). Dans un tiroir se trouve toute sa fortune : cinquante francs (2) et de vieux mandats de l'Assemblée Constituante qu'il a négligé de toucher (3). Avec du linge propre, mais médiocre, c'est tout ce que laisse Maximilien ; c'est tout ce que laissera Saint-Just, cet archange jacobin, le linge excepté, qui est plus fin que celui de l'ami avec lequel il meurt. Chez eux point de bijoux, point de ces tableaux que réclament plus tard les héritiers des guillotinés (4) ; une pauvreté austère et un nom intact ; c'est tout ce qu'ils lèguent à leurs familles.

(1) G. Lenotre, *Un conspirateur royaliste sous la Terreur : le baron de Batz* (1792-1795), p. 173.

(2) J.-P. Picqué, l'*Hermite des Pyrénées.*

(3) Louis Blanc, *ouvr. cit.*, tome XI, p. 263.

(4) Lettre de Pierre Benezech, ministre de l'Intérieur, à Fraipont; Paris, 18 nivôse an IV (7 janvier 1796). — *Collection de feu M. Léon Gauchez.*

Les procès-verbaux de saisie de l'époque pourraient interminablement continuer ce douloureux chapitre.

A quoi bon répéter à l'infini l'épilogue lamentable de ce que l'abbé Morellet appelle les « assassinats juridiques (1) » ? Véritablement, aux dernières pages de ce livre à la fois tragique, cruel et rude, nous ne nous en sentons plus le courage. La dernière pièce que nous donnons mérite cependant sa place ici. Nous l'empruntons à M. Campardon qui la mentionna dans son ouvrage sur le *Tribunal Révolutionnaire*, et on ne saurait opposer rien de plus saisissant à la liste civile de 31 millions que coûtait la maison du Roi (2). C'est le procès-verbal des effets laissés à la Conciergerie par Marie-Antoinette :

En-tête des arrêtés du Comité du Salut Public des 2 thermidor et 17 fructidor an II.

Du vingt-six du premier mois de l'an
Second de la République

Est comparu le citoyen Bault, concierge de la maison de justice de la Conciergerie, accompagné de deux gen-

(1) *Mémoires de l'abbé Morellet.*

(2) *Maison du Roi, ce qu'elle est, ce qu'elle était, ce qu'elle devrait être ;* Paris, in-8°, 1789.

darmes et de l'officier du poste, lequel a déclaré que dans la chambre ci-devant occupée par la veuve de Louis Capet, décédée le jour d'hier, se sont trouvés les effets dont la description suit :

Quinze chemises de toile fine, garnies de petite dentelle
Un mantelet de raz de Saint-Maur
Deux déshabillés complets de pareille étoffe
Un fourreau à collet et un jupon de bazin des Indes à grandes rayes
Deux jupons de bazin à petites rayes
Cinq corsets de toile fine
Une robbe à collet en toile de coton
Une camisole aussi à collet de pareille toile.

LINGES A BLANCHIR

Quatre mouchoirs de baptiste
Un jupon de bazin à petites rayes
Une serviette
Et unze chauffoirs (1)
Une paire de draps
Deux paires de poches de coton
Une serviette de toile de coton grise
Vingt quatre mouchoirs de baptiste
Six fichus de linon
Une coiffe de linon
Deux paires de bas de soye noire
Une paire de bas de fil
Unze paires de chaussons
Une ceinture de crespe
Un petit fichu de mousseline
Un autre fichu de crespe
Six serviettes de baptiste
Une grosse éponge fine
Une petite corbeille d'ozier
Une paire de soulier neufs
Et deux paires de vieux
Une boete de poudre, de bois
Et une houppe de cigne
Une petite boete de pomade en fer blanc

(1) Linges de propreté à l'usage des femmes.

Lesquels effets, il a à l'instant déposés au greffe, et requis acte dudit dépôt à lui octroyé, et a signé avec nous, greffier soussigné.

N. J. FABRICIUS. BAULT (1).

Et le triste héritage de la Reine de France alla aux femmes pauvres de la Salpêtrière.

Au moment où nous écrivons la dernière page de ce livre, nous parvient la carte que voici :

† *M*

Vous êtes prié d'assister à la Messe anniversaire de la mort du Roi martyr Louis XVI, qui sera dite le mardi 21 *janvier, à* 10 *h.* ½, *en l'église de Saint-Denis de la Chapelle,* 96, *rue de la Chapelle, Paris.*

Un groupe d'amis de la Survivance.

Dans ce lointain faubourg de Paris oublieux, un prêtre obscur va prier à la mémoire de ce grand mort de 93. Soit. Quelques-uns de ses descendants, les petits-fils de ce Naundorff traqué, renié, méconnu,

(1) Extrait du registre des dépôts faits au greffe du Tribunal Révolutionnaire des objets appartenant aux condamnés à mort, *Archives nationales*, carton W, Série 534, registre 11e.

s'agenouilleront devant le catafalque symbolique aux fleurs de lys endeuillées. En cette heure cependant il conviendrait de se souvenir d'autres morts, d'autres guillotinés, d'autres victimes de 93. Si cette âme royale est digne de la paix éternelle, il en est d'autres qui la méritèrent aussi.

La grande mort fraternelle a mêlé dans les charniers révolutionnaires tous ces cadavres mutilés. L'horizon hanté de la République de 89 et de 93 dresse toujours parmi la pourpre de ses nuages en lambeaux, d'impassibles statues d'airain. Que de pieuses mémoires s'en souviennent. A toutes ces fosses géantes il convient de faire le pèlerinage du souvenir fidèle. Danton est là, Robespierre est là. Ici gît la Gironde, ici dort la Montagne. Les ombres de cette histoire ne sont pas impénétrables. On ne comprend pas assez la vertu de ce sol de France où gisent tant de glorieuses charognes. Notre âme reste trop insensible à cet appel des morts de notre race, à ce cri de la terre où dort tout le passé, notre passé. La conscience nationale doit prendre devant elle sa véritable signification, apparaître dégagée des sophismes, claire et nue comme une vierge et comme une épée. Au spectacle de ces charniers, il nous faut condamner notre âme avide de lyrismes au joug sévère de la discipline de notre race. Ces morts jettent de leurs fosses de profondes et vivaces racines en nous, la terre ne pèse point de ses boues sur eux, ils sont libres dans la tombe, vivants parmi la mort.

Un jeune homme venu de Corse, pauvre et famélique, sut comprendre cet enseignement et sut, plus tard, sous les aigles et parmi la pourpre, s'en souvenir. Les Barbares vinrent qui détruisirent l'œuvre, brisèrent le moule où l'âme française se refondit, où la pensée se reforma. La tragédie de 93 pacifia les esprits de 1805. La trahison politique a, depuis, fait son œuvre.

Aussi bien ne sert-il point de récriminer. Cet énorme procès-verbal que nous avons tenté de dresser avec la foi d'un labeur utile, ne doit pas prétendre à mieux et plus que nous ne promîmes dans notre avant-propos.

Ce roman de la guillotine ne veut point être le procès de la Terreur. Il vise moins haut. Ce que nous avons voulu, répétons-le, c'est fixer une heure trouble et passionnée de la vie française, l'aspect d'une ville où les pierres qui parlaient hier se tairont demain. Cette suite de petites gravures, que nous essayâmes de rendre minutieuses et précises, fut quelquefois traitée à la manière noire. C'est que l'époque ne se prêtait guère aux pochades aux tons clairs et rieurs. Elle eut la frénésie du sang, la fureur du désespoir. Il en demeure des cris qui sont difficiles à étouffer, malgré le fracas forcené de la Gloire.

Paris, 1907 — 21 *janvier* 1908.

TABLE DES MATIÈRES

LIVRE III

L'INSTRUMENT AU TRAVAIL

LIVRE IV

LE CHAPITRE DES RÉGICIDES

LIVRE V

L'ÉPOPÉE DE LA FILLE A GUILLOTIN

LIVRE VI

LE COUTEAU TOMBÉ

Imp. Art. L.-Marcel Fortin et Cie, 6, Chaussée d'Antin, Paris.

Les sept premières années

de

l' " Assiette au Beurre "

Liste complète des numéros parus à ce jour :

			Prix
1,2,3,4,5,6,7,	divers.	Dessins divers, chaque numéro.......	» 60
7 bis	Divers.......	Le cas de M. Monis..	» 60
8, 9, 10, 11, 12, 13		Dessins divers, chaque numéro.......	» 60
14	Hermann-Paul..	La Guerre	» 60
15	Steinlen	14 Juillet	» 60
16	Divers	Dessins divers	» 60
17	Roubille	Villégiatures	» 60
18	Divers	Dessins divers	» 60
9	Camara	Les Souverains	1 »
0	Michaël	Les Snobs	» 60
1	Divers	Dessins divers	70
2	Hermann-Paul .	Lourdes	» 60
3	Divers	Dessins divers	» 60
4	Jossot	Les Tapinophages .	» 60
5	Dubuc	Le Tsar en France .	» 60
6	Jean Veber	Les Camps de reconcentration	1 »
7	La Jeunesse....	Les Tumaslu	» 60
8	Willette	Les Emmerdeurs. .	» 80
9	Balluriau	L'Ad-mi-nis-tra-tion	» 60
0	Van Dongen ...	Petite histoire, etc..	» 60
1	Gottlob	Les Pompes funèbres	» 70
2	Noël Dorville ..	L'Assistance pblique	» 60
3	Heidbrinck	L'Héritage	» 60
4	Jouve	Vengeances sociales	» 60
5	Métivet	Les Joujouxdu Préfet	» 80
6	Ibels	La Censure	» 60
7	A. Guillaume...	A nous l'espace!...	» 80
8	Camara	Les Baudins de nos jours	» 60
9	P. Balluriau....	Noël	» 60
0	Caran d'Ache ..	Ferblanterie	» 80
1	Kupka	L'Argent	» 50
2	Weiluc	Les Tueurs des Routes..........	» 50
3	Jossot	Fixe !	» 50
4	X. Gosé	Les Sportsmen	» 60
5	Minartz	L'article de Paris ..	» 50

			Prix
46	Jacques Villon..	La vie facile	» 50
H. S.	Divers	Les Falsificateurs .	1 10
27	Steinlen	La Vision de Hugo .	» 60
48	Valloton	Crimes et Châtiments	» 70
49	Sancha	Les Petits Métiers..	» 50
50	Louis Morin....	Les Masques	» 50
51	Abel Faivre	Les Médecins	2 »
52	Does	Les Gens pratiques.	» 50
53	Testevuide	Des Mensonges	» 50
54	Clément	Les Parvenus	» 50
55	Grandjouan ...	L'Assiette au Beurre municipale	» 60
56	Braun	Pour être Député ..	» 50
57	Kupka	Pour garder l'Assiette au Beurre.....	» 50
58	G. Meunier.....	L'Amour, qu'est-ce?	» 60
59	Jossot	Crac	» 50
H. S.	Divers	La Foire aux Croûtes	» 50
60	Goussé	Les Avocats	» 70
61	Braün	Têtes de Turcs	» 50
62	Noël Dorville...	La Cage	» 50
63	Grandjouan ...	L'Assiette au Beurre franco-russe	» 50
64	Vogel	Danse macabre ...	» 50
65	Camara	L'Assiette au Beurre britannique	» 50
66	Delannoy	Notre-Dame de l'Usine	» 40
67	Camara	Nos Généraux (1res s.)	» 40
68	Léonce Burret..	La Traite des Blanches	» 40
69	Mirande	L'Assiette au Beurre des Gosses	» 40
70	Divers	Cosas de Espana...	» 40
71	E. Cadel	Les Fonctionnaires.	» 40
72	Michael	L'Assiette au Beurre turque	» 40
73	Sancha	Un dimanche d'été à Paris	» 40
74	Robida	Bains de Mer......	» 40

N°	Auteur	Titre	Fr.	C.
75	D'Ostoya	Der Kaiser Guillaume II	»	50
76	Carrier	Nos Belles-mères	»	40
77	Cadel	La Chasse	»	40
78	Aroun-al-Raschid	Nos Musiciens	»	40
79	Léandre	Les Monstres de la société	»	75
80	Barcet	La Bourse	»	40
81	Baseilhac	Les Gueux	»	40
82	Camara	Amiraux et généraux (2e série)	»	40
82	Widhopff	La Toussaint	»	40
84	Capiello	Gens du Monde	»	60
85	Vogel	M. le Ministre	»	40
86	R. de la Nézière	Les Chasseurs	»	40
87	Grandjouan	Le Gaz	»	40
88	Rabier	Bêtes et Gens	»	40
89	Couturier	Les Filles-Mères	»	40
90	Willette	Le Singe	»	60
91	Mirande	Noël	»	40
92	Sancha	Le Anglais chez nous	»	40
93	Cadel	Les Omnibus	»	90
94	Camara	Les Cabots	»	40
95	Chéret	Les Chérettes	»	60
96	Camara	Les Cabotines	»	40
97	Huard	Pêcheurs et Armateurs	»	40
98	L. Georges	Les Bouilleurs de cru	»	40
99	Divers	La ManoNegra...	»	40
100	Pressig	Les joies du foyer	»	40
101	Camara	Les Académisables	»	40
102	Jossot	Passementerie	»	40
103	Dedina	Le Flirt	»	40
104	Grün	Leurs Gueules	»	60
105	Hradecky	La Bête victorieuse	»	40
106	Vogel	Rédemption	1	»
107	Galanis	Les Pharmaciens	»	40
108	Iribe	Esthètes	»	40
109	Camara	Vive l'Angleterre!	»	40
110	Grandjouan	Colonisons	»	40
111	Poulbot	Journalistes	»	40
112	Divers	La Police	»	40
113	Divers	Les Apaches du Préfet	»	40
114	Hradecky	Les Crimes du Tsarisme	»	40
115	Georges Carré	Les Courses	»	40
116	Emery	Les Instituteurs	»	40
117	Lempereur	La Traite des Planches	»	40
118	Gosé	Les Rastas	»	40
119	Divers	Loubet à London	»	50
120	Lengo	Bistro 1er, Imperator	»	40
121	Divers	Pape et Papabilli	»	40
122	Florane	Monstres et Satyres	»	40
123	Willette	Magistrats!	»	60
124	Divers	Les Humbert	»	40
125	Divers	Le Metro-Necro	»	40
126	Launay	L'Appareil !!!	»	40
127	Camara	Visions?	»	40
128	Courboin	Aux Champs	»	40
129	Divers	Erreurs judiciaires	1	»
130	Camara	Majestés et Altesses	»	40
131	Torent	La Bretagne...	»	40
132	Hoetger	Dur labeur	»	40
133	Camara	Viva l'Italia!	»	40
134	Delannoy	La Petite Ville	»	40
135	Hradecky	Trente ans d'assassinat	»	40
136	Camara	Blocards et Frocards	»	40
137	Steinlen	Les Deux Justices	»	40
138	Giris	Le Pape	»	40
139	Cahard	Les Trusts	»	40
140	Divers	Le Maroc	»	40
141	Divers	Les Messes Noires	»	40
142	Camara	Blocards et Frocards (2e série)	»	40
143	Vogel	De Bethléem à Rome	»	40
144	Jossot	Dressage	»	40
145	Higgins	L'Assiette au Beurre des pauvres	»	40
146	Géo-Dupuis	Les Dames n'entrent pas ici	»	40
147	Hermann-Paul	Les Besoins naturels	»	40
148	Divers	La Question d'Alsace-Lorraine	»	40
149	Grandjouan	A bas les Monopoles	»	40
150	Jossot	Circulez!	»	40
151	Adaramakaro	Assiette au Beurre Japonaise	»	40
152	Balluriau	Rastaquouères	»	40
153	Géo-Dupuis	La Hurle	»	40
154	Hermann-Paul	Un Roman	»	40
155	Roubille et Grandjouan	La Liberté de l'Enseignement	»	40
156	Jossot	Les Refroidis	»	40
157	Vogel	Le Rêve d'un Bourgeois	»	40
158	Camara	Cabotins et Cabotines (2e série)	»	40
159	Léon-Georges	Mossieur l'Entrepreneur	»	40
160	Camara	Loubet à Rome	»	40
161	Vogel	Les Peintres	»	40
162	Kupka	Religions	»	40
163	Jossot	Le Credo	»	40
164	Divers	Postes-Télégraphes-Téléphones	»	40
165	Ricardo Florès	Les Larbins	»	40
166	Sancha	Les Traine-la-Vie	»	40
167	Camara	Les Diplomates	»	40
168	D'Ostoya	Petite Garnison	»	40
169	Jossot	Les E. de la V.	»	40
170	Pezilla	Les Inutiles	»	40
171	Roubille	La Tentatrice	»	40
172	Camara	Le Million des Chartreux	»	40
173	Delannoy	Asiles de Fous	»	40
174	Hermann-Paul	Jésus de Nazareth, roi des Juifs	»	40
175	H. Goussé	La Basoche	»	40
176	Grandjouan	Rupture du Concordat	»	40
177	Kupka	La Paix	»	40
178	Jossot	La Graine	»	40
179	Hellé	Plaisirs Parisiens	»	40
180	Bellery-Desfontaines	Grandes et petites superstitions	»	40

N°	Auteur	Titre	Prix
181	D'Ostoya	Le Monsieur de chez Maxim	» 50
182	Hermann-Paul	Chez les Jésuites	» 40
183	Divers	Paris la nuit	» 40
184	Camara	Jaunes et Blancs	» 40
185	Radiguet	Roman d'un jeune homme pauvre (Arthur Meyer)	1 »
186	Carl Hap	Le Taximètre	» 40
187	Divers	Les Ecorcheurs	» 40
188	Grandjouan	Le Bagne de l'Amour	» 40
189	Radiguet	La Grande Muette	» 40
190	Divers	Le Sauvetage de l'enfance	» 40
191	Radiguet	Les Cabots Sauveteurs	» 40
192	Bernard-Naudin	Assez !	» 40
193	Divers	Boules de l'Auto	» 40
194	D'Ostoya	Pourquoi ils voyagent	» 40
195	Divers	Les Petits Noëls de l'Assiette au Beurre	» 40
196	Radiguet	Le Bilan de l'Année	» 50
197	D'Ostoya	Le Roi boit	» 50
198	Divers	Les Palmes	» 50
199	Roubille	Les pensées d'un ventru	» 50
200	Grandjouan	Le Concierge	» 50
201	Divers	Le Tsar rouge	» 50
202	Camara	Bébés Ministres	» 50
203	Grandjouan	Un bal à l'Hôtel de Ville	» 50
204	Gottlob	Les Tapeurs	» 50
205	Giris	Carnaval	» 50
206	Willette	Les Bourreaux des Noirs	» 50
207	Divers	Les Avariés	» 50
208	Radiguet	Le Privilège des avocats	» 50
209	Gottlob	Les Déguisés	» 50
210	Bernard-Naudin, Radiguet	Le Blanc de Céruse	» 50
211	Rapegno	Il n'y a plus de Pyrénées !	» 50
212	D'Ostoya	L'Assiette au Beurre du Caporal Lohengrin	» 50
213	H-G. Ibels	La Foire du Trône Républicain	» 50
214	B. Naudin et Grandjouan	La Grève	» 50
215	Roubille	L'Printemps	» 50
216	Barcet	L'Hôtel des Ventes	» 50
217	Camara	Alphonse XIII à Paris	» 50
218	Ricardo Florès	Le Mont-de-Piété	» 50
219	Nadar, Steinlen et Roubille	La Misère du Cheval	» 50
220	Galanis	Les Gueules de Bois	» 50
221	Renefer	Les Grands Sentiments	» 50
222	Divers	A bas l'Alliance Russe	» 50
223	Hermann-Paul et Iribe	L'Entente cordiale	» 50
224	Geoffroy	La République	» 50
225	Camara	Le Chah	» 50
226	Poulbot et Sancha	Les Types de Paris	» 50
227	Bernard Naudin	Biribi	» 50
228	André Triou	Paris qui mange	» 50
229	Divers	Ceux de Toulouse	» 50
230	Villemot	Officiers de réserve	» 50
231	Hermann-Paul	Les Joies de la Rue	» 50
232	D'Ostoya	Aux manœuvres	» 50
233	Florane	Le Sanatorium	» 50
234	Roubille	Bêtes féroces	» 50
235	Poulbot	La Graine de bois de lit	» 80
236	Hermann-Paul	Monsieur Morale	» 50
237	Fourment	Les Maritimes	» 50
238	Camara	Loubet en Espagne	» 50
239	Grandjouan, divers	Profits et Pertes	» 50
240	Delannoy et Grandjouan	La Mutualité	» 50
241	D'Ostoya et Kober	Sainte Russie	» 50
242	Galantara	Le Vatican	» 50
243	Camara	Carlos à Paris	» 50
244	Steinlen, Kupka divers	Les Eteignoirs de la Pensée	» 50
245	Poncet	Les Martyrs	» 50
246	D'Ostoya	Les Armées de la IIIe République	» 50
247	Camara	Noëls !	» 50
248	Grandjouan	Petites baraques et cris de l'année	» 50
249	Villemot	Les Rois	» 50
250	Grandjouan	Les Prétendants au Trône	» 50
252	Iribe et Camara	Algésiras	» 50
253	Fourment	Les Grands Educateurs	» 50
254	Galantara	Vive la Russie !	» 50
255	Divers	Le Déménagement d'Emile	» 50
256	Hermann-Paul	L'ange du foyer	» 50
257	Divers	Les Retraites ouvrières	» 50
258	Divers	Le Conseil de Révision	» 50
259	Radiguet	Les Images morales	» 50
260	Delannoy Grandjouan	Courrières	» 50
261	Grandjouan	Les Inventaires	» 80
262	Wagner	Les Vocations	» 50
263	Divers	La Liberté	» 70
264	Radiguet	Les Maîtres chanteurs	» 50
265	Grandjouan	Le Premier Mai	» 50
266	Villemot	Candidatures	» 50
267	Vadasz	L'Amour	» 50
268	Hermann-Paul	Les Vœux perpétuels	» 50
269	Carlègle	Ça sent la chair fraîche !	» 50
270	Camara	Le Mariage d'Alphonse XIII	» 50
271	Valery-Muller	Rouges et Jaunes	» 50
272	Poulbot	Les Arpètes	» 50
273	A. et H.-G. Ibels	Beuglants de Province	» 50

N°	Artiste	Titre	Prix
274	Camara	Sisowath à Paris ..	» 50
275	Divers	Conseils de Guerre .	» 50
276	Guydo	Brevets supérieurs.	» 50
277	Bernard	Spectacles variés..	» 50
278	Ricardo Florès	La Mendicité	» 50
279	Grandjouan ..	Vos papiers !	» 50
280	Gallo	Les Humanitaires .	» 50
281	Poulbot, R. Florès	Les Réservoirs	» 50
282	Villemot	Les Plages	» 50
283	Divers	L'Encyclique	» 50
284	Radiguet	Faits divers	» 50
285	Galanis	La Rue de la Paix..	» 50
286	Grandjouan ..	Le Repos du Dimanche	» 50
287	Galantara	Chronique russe ...	» 50
288	Poulbot, Florès et Bernard .	L'Alcool	» 50
289	Paul Iribe	La jeune fille de bonne famille....	» 50
290	Camara	S. M. Georges Ier...	» 50
291	Poulbot, R. Florès	Les Bleus	» 50
292	Grandjouan ..	Les Défroqués	» 50
293	Kirchner et Jozsa	Leurs Statues.....	» 50
294	Camara et Radiguet	Les Grandes Réformes	» 50
295	Malteste	Les Classes dirigeantes	» 50
296	Jossot	Médiocratie	» 50
297	Divers	Les tournants de l'Histoire	» 50
298	Camara	Les autos illustres .	» 50
299	Galanis	Le Fils de l'Homme.	» 50
300	Grandjouan ..	Ecce Homo	» 50
301	Radiguet	L'Education de la Démocratie	» 50
302	Jossot	Le Respect........	» 50
303	Divers	Les Métiers qui tuent	» 50
304	René Berger ..	Le Duel	» 50
305	Malato et d'Ostoya	L'affaire Ferrer ...	» 50
306	Delannoy	La Traite des Gosses	» 50
307	Divers	Les Jeux	» 50
308	Bernard Naudin	La Mouise	» 50
309	Grandjouan ..	La Guerre du Pape	» 50
310	Divers	La Peine de Mort ..	» 50
311	Jossot	La Pudeur	» 50
312	Divers	Soleillant's	» 50
313	Galanis	La Ballade de la Cloche	» 50
314	Léal da Camara	Alphonse XIV	» 50
315	Hermann-Paul	Les faiseuses d'anges	» 50
316	Jossot	Panurgisme	» 50
317	Savignol	Les réflexions de César Tripet.....	» 50
318	Grandjouan...	L'Impôt sur le Revenu	» 50
319	Edouard Bernard	La Question sociale.	» 50
320	Poulbot	La Première Communion	» 50
321	Grandjouan ..	Le Sabotage	» 50
322	Jossot........	L'Honneur	» 50
323	Divers	La Révolte des Vignerons	» 50
324	Divers	Europa	1 »
325	Galantara	La Paix à la Haye .	» 50
326	Ricardo Florès .	Les Croquants	» 50
327	D'Ostoya	Fausse Monnaie ...	» 50
328	Delannoy	La Fête à Marianne.	» 50
329	Barcet	Le Conservatoire ..	» 50
330	Jossot	Les Poivrots	» 50
331	Grandjouan ..	La Confédération générale du Travail.	» 50
332	Hermann-Paul	Au nom de la Loi ...	» 50
333	Radiguet	Les cocus	» 50
334	Galanis	Paris l'été	» 50
375	Divers.......	Civilisons le Maroc..	» 50
336	Ricardo Florès.	Les Fortifs	» 50
337	Poncet	Les Hommes d'ordre	» 50
338	Delannoy	Faisons des Enfants	» 50
339	Kirchner	L'Art Nouveau ...	» 50
340	Plumet	Le Bagne	» 50
341	Jossot	Légitimement	» 50
342	Grandjouan ..	Les Deux Gosses ..	» 50
343	Radiguet	Les Apaches	» 50
344	Divers	Les Quinze mille ..	» 50
345	Jossot	Les Jurés	» 50
346	Divers	Derrière l'Aigle noir	1 »
347	Divers	Antimilitaristes ...	» 50
348	Delannoy	La Petite Roquette.	» 50
349	Divers	Le Krack de l'Or ..	» 50
350	Divers	Léopold en Ménage.	1 »
351	Divers	Le Réveillon du Petit Jésus	» 50
352	Grandjouan ..	La Trève des Confiseurs	» 50
353	Divers	Les Grandes Entreprises	» 50
354	Radiguet et Poulbot	Fillettes de joie	» 50
355	Divers	Le Terme	» 50
356	Divers	Le Pain de Ménage.	» 50
357	Divers	Il faut manger pour vivre	» 50
358	Radiguet	Plaisirs d'Hiver ...	» 50
359	Divers	Les Mouchards	» 50
360	Divers	La Chiennerie	» 50
361	Divers	Les Vagabonds ...	» 50
362	Grandjouan ..	L'omnibus à deux sous............	» 50
363	Divers	Terre à galons	» 50
364	Hellé	De vilains masques.	» 50
		TOTAL	184 75

On peut souscrire aux sept premières années de l'*Assiette au Beurre*, payables **Cinq francs par mois**, en envoyant son nom, son adresse et sa profession à Monsieur le Directeur de l'*Assiette au Beurre*, 62, rue de Provence, Paris.

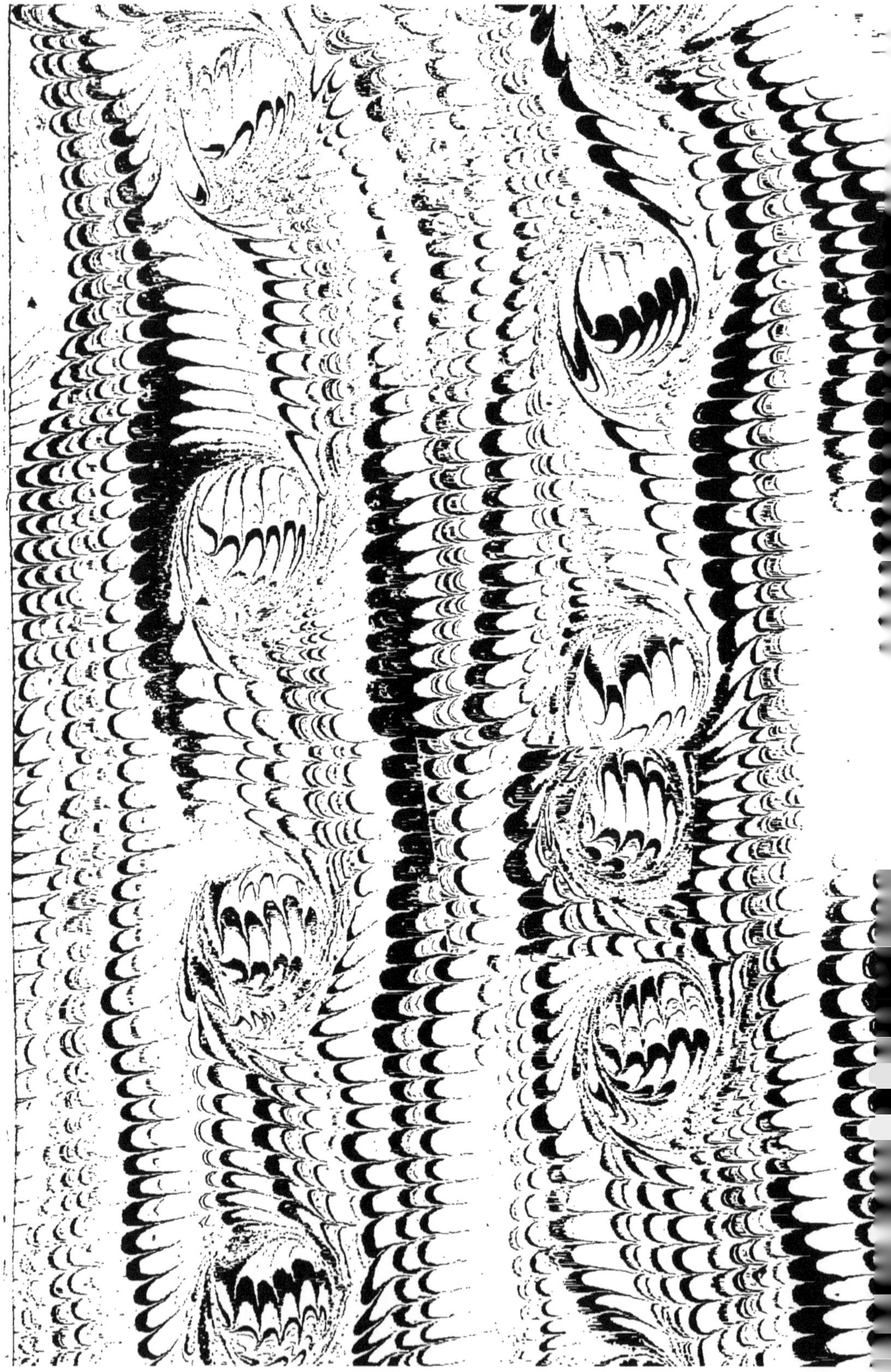

www.ingramcontent.com/pod-product-compliance
Ingram Content Group UK Ltd.
Pitfield, Milton Keynes, MK11 3LW, UK
UKHW021911290826
14628UKWH00020B/339